107 $\frac{15}{25}$

LES JARDINIERS
DE LA FOLIE

ÉDOUARD ZARIFIAN

LES JARDINIERS
DE LA FOLIE

POCHES
ODILE JACOB

© ÉDITIONS ODILE JACOB, MARS 2000
15, rue SOUFFLOT, 75005 PARIS

ISBN : 2-7381-0797-4

À la mémoire de mon père

Introduction

La folie est-elle l'affaire de tous ? On pourrait le croire, à considérer l'intérêt passionné qu'elle suscite, les controverses qu'elle provoque, l'angoisse qu'elle fait naître. Sujet brûlant, sujet tabou, la maladie mentale n'est pas laissée à ceux qui ont pour mission de la soigner, les psychiatres, et chacun a son opinion – en général bien arrêtée – sur la question. Comme la politique, la psychiatrie appartient au domaine public où la connaissance va de soi, où règnent les idées toutes faites, et les jugements *a priori*. Les conflits idéologiques s'y donnent libre cours et la passion, trop souvent, obscurcit l'intelligence et fait taire la raison.

L'universalité et la fréquence des troubles du comportement humain font entrer très tôt les mots « folie », « fou » dans le vocabulaire. Avec ces mots, c'est la peur qui entre dans les esprits : peur des autres, peur de soi-même.

La maladie mentale n'est que l'exagération, la caricature de tout comportement humain. La considérer en face, c'est se regarder sans les complaisances habituelles. N'est-ce pas là précisément ce qui fait le plus peur, ce qui engendre les comportements de fuite et d'exclusion ? Et pourtant...

Depuis que l'homme a utilisé sa pensée pour réfléchir sur le sens de son existence et de son destin, il a dû prendre en compte la folie dans ses raisonnements.

Maladie mentale... Étrange formule, en vérité. Le terme « maladie » se réfère directement à la médecine (ce que d'aucuns contestent, soit dit en passant) : quand on emploie ce mot, c'est du corps qu'il s'agit. Mais pas ici, puisqu'il est question de « maladie mentale ». Nous voici donc emportés vers de tout autres horizons : l'esprit, la psykhè... N'ayons pas peur des mots : c'est de l'âme que nous parlons. Vertigineux retournement, association paradoxale qui alimente depuis bien longtemps d'infinies polémiques. L'opposition traditionnelle entre le corps et l'âme reste, sous une forme renouvelée, toujours actuelle dans la psychiatrie moderne, qui a toutefois introduit depuis peu une autre composante de la folie : la société. Et ces trois points de vue s'affrontent aujourd'hui dans la recherche, la pratique médicale, le débat idéologique.

Le premier consiste à nier l'irrationnel en le concrétisant. Les troubles mentaux ayant pour siège le cerveau, c'est dans le jeu complexe des molécules neuronales de mieux en mieux connues que réside le mystère. La preuve en est apportée par l'efficacité des médicaments qui agissent sur le cerveau et améliorent les symptômes de certaines maladies mentales jusqu'alors inaccessibles à toute thérapeutique. C'est le courant neurobiologique.

Une autre position consiste à maîtriser l'irrationnel en fournissant une explication logique – et donc séduisante pour l'esprit – de tous les cas où il se manifeste. Tout comportement humain implique l'existence d'un appareil psychique dont la genèse, l'organisation, le fonctionnement et les déviances sont décrits. Tous les cas de figure sont prévus et le système est ainsi construit qu'une explication est toujours possible, même lorsque survient l'imprévisible. Ces théories de l'appareil psychique appuient leur démonstration sur l'efficacité des psychothérapies qui, par le jeu de la parole et de l'écoute, du passage de l'inconscient au conscient, du décryptage de l'irrationnel, font aussi la preuve de leur efficacité. C'est le courant psychodynamique et plus particulièrement psychanalytique.

Le dernier point de vue nie purement et simplement la folie en soi. Il l'extériorise de l'individu et en projette la responsabilité sur le groupe. Le déviant n'est que l'expression d'une collectivité malade, le symptôme du groupe au sein duquel, par le jeu subtil des interactions individuelles, un bouc émissaire va jouer à son corps défendant un rôle stabilisateur et protecteur vis-à-vis de la collectivité. L'irrationnel apparent est une fois de plus maîtrisé, nié, expliqué, et le système s'applique aussi bien à un malade et sa famille qu'à un groupe humain par rapport à une collectivité plus importante. C'est le courant sociologique, qui a donné naissance aussi bien à l'antipsychiatrie qu'aux thérapies familiales. Il a fait également la preuve de son efficacité.

Peut-on attendre quelque conciliation entre ces courants de pensée ? Quels progrès de la connaissance résulteraient d'une confrontation de ces approches ? L'intense souffrance morale du déprimé, l'angoisse d'identité du psychotique, le monde tumultueux de l'halluciné trouvent-ils une meilleure explication à travers ces différents regards ?

Le but de ce livre est d'examiner sans parti pris les apports et les limites de cette trinité de la folie : le cerveau, l'appareil psychique, l'environnement social.

Mais, au-delà des idées et des théories, il y a nos semblables qui souffrent. Et leur souffrance est plus grande encore de n'avoir pas droit de cité. Souffrance indicible, inavouable, honteuse, parce qu'elle n'est pas admise par la société. L'exclusion de la maladie mentale hors des murs et hors des cœurs s'explique certes, mais elle ne s'admet pas, surtout pour un soignant. C'est donc le monde de la maladie mentale qui sera également décrit, de l'intérieur, ainsi que les mécanismes mis en place par tous – société, famille, soignants même parfois – et en toute bonne conscience, pour aliéner plus encore la maladie mentale et cantonner définitivement le malade (le souffrant !) dans ce monde dont il n'est plus question de sortir dès lors qu'on y est entré : la folie.

Le mot « folie » n'est jamais utilisé par les psychiatres ou par les malades. Par définition, le fou, c'est l'autre ! J'ai, à diverses reprises, entendu des patients hospitalisés dans des services psychiatriques où je travaillais venir se plaindre du comportement perturbant pour le groupe d'un autre « pensionnaire », en disant : « il est complètement fou celui-là ! ». Le mot est alors pris dans son acception de tous les jours, celle de l'homme de la rue, celle de nous tous. C'est ce sens générique que j'aurai en vue lorsque je parlerai de « folie » ou de « fou » dans ce livre.

L'attitude à l'égard de la folie est fondamentalement une attitude de peur. Peur existentielle, extrêmement profonde (archaïque, diraient les psychiatres), qui concerne à la fois la stabilité de notre propre identité, la justification de la norme comportementale admise par le groupe, et l'incapacité à rationaliser le comportement déviant de cet autre, image en miroir de nous-mêmes, le fou. La folie (le comportement déviant et irrationnel) est donc par essence déstabilisante pour le groupe, déstructurante pour l'individu, porteuse du terrible danger de mise en cause de la norme. Totalement incompréhensible, échappant à la rationalisation, rebelle à l'explication logique, la folie engendre un sentiment irrépressible d'insécurité, la peur de l'inconnu : dès lors des mécanismes de défense se mettent en place que sous-tendent à la fois les divers courants de pensée qui prétendent rendre compte de la folie, et nos propres attitudes vis-à-vis de l'irrationnel.

Devant la folie la peur a ses raisons, qui ne sont pas toujours raisonnables et, elles, engendrent des explications qui voudraient bien l'être.

Comme tout domaine technique, la psychiatrie a son vocabulaire, réservé aux initiés. Les profanes l'utilisent cependant, et de manière en général erronée. Qui n'a pas traité une femme inaccessible d'« hystérique », un collègue plus brillant de « paranoïaque », une épouse méticuleuse de « maniaque » ? Qui ne s'est jamais senti « anxieux » (voire « stressé »), parfois « déprimé », ou n'a pas qualifié de « délirante » une histoire peu vraisemblable ? Ces termes appartiennent à la psychiatrie et n'ont, dans la plupart des cas, qu'un rapport lointain avec le sens qui leur est attribué dans la vie de tous les jours. Mais leur utilisation contribue à former l'image péjorative de la maladie mentale, car ils ont en règle générale une connotation injurieuse. Traiter une femme d'« hystérique » ou un collègue de « paranoïaque » ne procède pas précisément du compliment ! Les termes que l'on accepte de s'attribuer résonnent mieux à l'oreille : « anxieux », « déprimé », sont des mots admissibles qui prêtent même à la commisération. Et ces mots cachent parfois d'autres maux ! Il est plus facile de dire à son médecin, ou à son voisin : « j'ai été hospitalisé pour une dépression », que « j'ai fait un séjour en clinique à la suite d'une rechute de schizophrénie paranoïde » !

Les mots blessent, les mots peuvent aliéner plus sûrement encore que le fait d'avoir des idées délirantes.

Le terme « folie » est bien vague si l'on suit les dictionnaires, mais c'est une insulte dans la langue de tous les jours. Étrange, en vérité, qu'une insulte serve aussi à désigner une maladie... Personne ne songerait à traiter un chauffard qui a brûlé un feu rouge de « cancéreux » ou de « cardiaque » ; on dira de lui qu'il est fou. Dès lors, celui qui est atteint de folie sera considéré avec un autre regard et seuls les poètes et les psychiatres sauront lui trouver un intérêt.

Aliéner, exclure. D'autres minorités sont également victimes de ce rejet de la société. Autrefois, c'était la syphilis, la tuberculose qui faisaient naître la peur (« Il n'y a pas de tuberculeux dans ma famille, monsieur... »), aujourd'hui on observe la même réaction à propos du sida qui continuera d'engendrer terreurs, fantasmes, excès, jusqu'à ce que l'on apprenne à le guérir.

L'universalité de l'intérêt porté à la psychiatrie tient donc à la peur qu'elle provoque et au vocabulaire qu'on lui emprunte. Que cet intérêt soit relayé et amplifié par les médias, on ne s'en étonnera pas. Une certaine distorsion de l'information qui, au demeurant, ne peut toujours être évitée, et des orientations délibérément choisies parce que « journalistiques », contribuent à asseoir dans le grand public une certaine image de la maladie mentale souvent bien éloignée de la réalité. Là encore, ce sont les malades qui en font les frais.

L'intérêt de l'opinion se porte essentiellement sur trois domaines : certains aspects cliniques de la psychiatrie, comme l'insomnie, l'anxiété ou la dépression ; les grands courants théoriques que j'ai déjà évoqués ; enfin, certains aspects médico-légaux.

Parmi les aspects cliniques, la trilogie anxiété-insomnie-dépression fait partie de ce qui est acceptable, de ce qui peut arriver à tout le monde. On insiste en général sur la fréquence de ces troubles en mélangeant d'ailleurs anxiété normale et anxiété pathologique, insomnie vraie (très rare) et sensation d'avoir mal dormi, dépression et tristesse. On met l'accent sur des causes supposées et jamais démontrées : la vie dans les grands ensembles, les cadences de travail, les agressions de la vie quotidienne. En revanche, on parle peu de la schizophrénie, des névroses invalidantes ou des personnalités pathologiques qui, cependant, sont tout autant dignes d'intérêt.

L'image ainsi donnée de la maladie mentale est acceptable, honorable, logique, en un mot : aseptisée. Les cas évoqués sont choisis parce qu'ils suscitent la compassion et permettent aux intéressés un retour sans arrière-pensée au sein de la communauté. En effet, non seulement l'anxiété, l'insomnie et la dépression sont d'une telle banalité que tout le monde peut en être atteint, mais il s'agit surtout de troubles qui, en règle générale, ne perturbent pas l'ordre public et la bienséance. Il en serait tout autrement s'il s'agissait, par exemple, d'un cas de bouffée délirante.

Les grands courants qui agitent la psychiatrie sont curieusement inséparables, dans la représentation commune, d'une certaine idéologie politique et d'une conception de la société. En forçant quelque peu le trait, on peut dire que la psychanalyse s'appuyait sur des positions de gauche et s'est progressivement « centralisée ». Elle reste néanmoins interdite de séjour dans certains journaux et demeure encensée dans d'autres publications. Son odeur de soufre s'est cependant dissipée au fil du temps. Pourtant, aujourd'hui encore, rares sont les articles consacrés à la psychanalyse qui sont objectifs : il faut être partisan ou adversaire, ce qui rend bien compte, en fait, de l'état d'esprit qui règne chez la plupart des psychanalystes. En matière de débat d'idées, la conciliation est exceptionnelle et les compromis sont considérés comme des faiblesses, voire comme des défaites.

L'abord sociologique de la maladie mentale, et plus particulièrement des psychoses, demeure engagé très à gauche. Quoi de plus menaçant pour la société, de plus « révolutionnaire », que de considérer la collectivité et la famille comme responsables de la folie ? Quoi de plus dangereux pour l'ordre établi et pour les normes traditionnelles que d'affirmer que c'est la réaction du groupe face à l'originalité ou à la contestation d'un de ses membres qui est pathogène ? Entre l'individu et la société, on n'hésite pas à choisir, c'est une question de survie. L'individu déviant doit disparaître, définitivement marginalisé et rejeté. C'est de ce conflit idéologique que sont nées l'antipsychiatrie, les thérapies familiales et les tentatives de désinstitutionnalisation. Dans ce domaine encore, pas de nuance. On est définitivement pour ou contre, selon des positions le plus souvent purement politiques, personne ne posant en général la vraie question : « Les thérapeutiques issues de ces positions théoriques ont-elles fait la preuve de leur efficacité pour les malades ? »

Plus récent mais déjà très largement développé, le courant d'intérêt pour la neurobiologie et les mystères du cerveau n'échappe pas non plus aux ancrages idéologiques et politiques. La neurobiologie serait « de droite ». On oppose ainsi au sujet-roi et à la société perturbatrice chers à l'antipsychiatrie la rassurante logique de la cause cérébrale identifiable et de la prothèse réparatrice. Un déviant un (a-normal) doit son comportement à une différence neurobiologique repérable aujourd'hui ou demain. La correction existe – ou existera demain –, alignant le sujet sur l'image rassurante du plus grand nombre. De la molécule miracle à la greffe de cerveau, tous les espoirs sont permis et ne concernent plus seulement la lénifiante trinité anxiété-insomnie-dépression, mais s'adressent enfin à la psychiatrie cachée : schizophrènes, déviants sexuels, voire criminels dangereux.

Les troupes sont en ordre de bataille : il faut choisir son camp. Psychogenèse, sociogenèse ou organogenèse : le public doit prendre parti. Aux malades, en revanche, on n'a pas demandé leur avis. Nul ne saurait s'en étonner : après tout, ils sont fous...

Les aspects médico-légaux de la psychiatrie exercent eux aussi un attrait – non dépourvu d'ambiguïté – sur le grand public. En effet, la psychiatrie et la loi entretiennent d'étroits rapports. Les mesures de protection à l'égard des « incapables majeurs » (tutelle, curatelle, etc.), la législation sur les alcooliques et les toxicomanes en constituent quelques exemples. Mais c'est indiscutablement la fameuse « loi de 38 » (parce qu'elle date de 1838)[1] régissant les internements, qui attire avant tout l'attention. La référence à cette loi, toujours critiquée, est faite dans deux circonstances. Dans le premier cas, le meurtre, annoncé par exemple en gros titre dans le journal, est suivi du commentaire suivant : « Le criminel avait déjà fait un séjour en hôpital psychiatrique... » ou « le meurtrier était connu des services de psychiatrie du département... ». Dans le deuxième cas, la vertueuse indignation annonce : « L'affaire X : un nouveau cas d'internement arbitraire... » ou bien « après vingt ans d'internement, monsieur X est déclaré sain d'esprit... » Et dans tous les cas, pris entre le marteau et l'enclume, un coupable : le psychiatre. La loi de 38 est une loi qui se retourne en doigt de gant, elle doit gouverner une liberté modulable au mieux des intérêts du citoyen. Elle doit permettre d'interner l'autre s'il présente un danger pour moi. C'est le rôle du psychiatre de protéger la société. Inversement, celle-ci ne doit en aucun cas me menacer moi, et donner au psychiatre un pouvoir exorbitant sur ma liberté. En d'autres termes, c'est à moi de décider qui est fou et, en tout état de cause, il ne peut s'agir de moi, bien entendu. Cette présentation des choses est à peine une caricature de la réalité. Elle illustre le rôle impossible que l'on veut faire jouer au psychiatre à son corps défendant : garantir la sécurité de la société et ne pas menacer la liberté individuelle. On est loin du rôle de

---

1. Cette loi a été discrètement révisée en 1990. Le vocabulaire a changé. On ne parle plus de « placement volontaire » mais d'« hospitalisation à la demande d'un tiers », et l'« internement d'office » est devenu « hospitalisation sous contrainte »...

médecin soignant qui devrait être le sien, dont l'unique souci serait de protéger les intérêts du malade.

L'alternative prison/internement psychiatrique, qui dépend de la responsabilité du coupable, ne se joue pas seulement à propos de l'article 64 du Code pénal (« le sujet étant en état de démence au moment des faits qui lui sont reprochés... »), elle est même parfois directement proposée à l'intéressé, comme par exemple dans la loi de 1970 sur les toxicomanes : « À vous de choisir : l'hôpital psychiatrique pour vous faire soigner, ou la prison... » Une dialectique particulière est élaborée sur la base de ces rapports entre justice et psychiatrie. Elle concerne les actes criminels incompréhensibles. Pour le public, tout acte criminel qui ne comporte pas une logique apparente, un motif clair, relève de la folie. Le sujet doit être interné et, selon l'avis général, le plus longtemps possible. Les infanticides sont les cas les plus fréquents où se pose la question. Une jeune femme, indemne de tout antécédent psychiatrique, dont le comportement apparaissait tout à fait normal à son entourage, poignarde soudain son bébé. Un acte aussi monstrueux, aussi irrationnel, doit nécessairement, aux yeux du public, comporter une explication. Une seule est admissible : la folie. Or, souvent, cette explication est sans fondement : en dépit des expertises multiples, aucun élément de diagnostic psychiatrique n'est retrouvé. Mais l'absence d'explication, devant un tel acte, est insupportable. Il en faut une, si possible un diagnostic solide qui engage définitivement l'avenir de la coupable. La société pourra alors respirer, car rien n'est plus insupportable que l'inexplicable.

Ces rapports que la psychiatrie, à la différence des autres disciplines médicales, entretient avec la justice, elle s'en passerait bien ! À cela s'ajoute que les affaires médico-légales portées à l'attention du public contribuent à renforcer l'image menaçante de la maladie mentale. En fait, on ne cite guère les chiffres – infimes – concernant les actes criminels commis par des malades mentaux en proie à une phase aiguë de leur maladie. L'alcool, la jalousie, la cupidité, l'inconséquence sont des pourvoyeurs infiniment plus prolifiques d'actes criminels, mais, dans tous ces cas et dans bien d'autres, on parvient à trouver une explication satisfaisante pour l'esprit. Et c'est le principal !

Où en est donc la psychiatrie aujourd'hui ? En son sein, les approches théoriques et les pratiques cliniques divergent, s'opposent, se succèdent. À l'extérieur, la collectivité reste largement sous l'influence de représentations archaïques et c'est la peur, le rejet qui déterminent le plus souvent attitudes et comportements. Et le malade dans tout cela ? Éternelle victime expiatoire ? Simple enjeu de querelles d'école ? On en viendrait à le croire tant la situation paraît confuse. Une chose est certaine, pourtant, qui permet de ne pas désespérer : c'est en prenant en compte la souffrance du malade mental et elle seule, que l'on peut parvenir à y voir plus clair, à jeter quelque lumière sur cette obscurité de l'âme qu'est la folie.

CHAPITRE 1

Qu'est-ce que la maladie mentale ?

Comment la folie se manifeste-t-elle ? Pour décrire les troubles mentaux, la clinique psychiatrique traditionnelle a mis au point une terminologie qui s'est largement répandue en dehors du cercle des initiés, mais dont l'usage incertain conduit souvent à bien des équivoques. Le propos n'est donc pas ici de présenter quelque « abrégé de psychiatrie ». Du reste, il s'agit moins d'apprendre que de faire comprendre et peut-être même avant tout de faire ressentir. En effet, face aux troubles psychiques, la connaissance intuitive ou re-connaissance, la sympathie au sens étymologique du terme (souffrir-avec) sont des modes d'approche fréquents et plei-nement justifiés. Chaque cas est une histoire individuelle, celle d'un homme qui souffre, et dont il faut envisager les deux versants : celui de l'entourage (famille, médecin) et le monde intérieur du patient, son regard sur les autres. Trop souvent les symptômes qui servent à fonder un diagnostic sont considérés « hic et nunc » : l'univers intérieur du patient semble de peu d'intérêt comparé à l'observation du médecin ou des commentaires de la famille. Pourtant, c'est bien la souffrance ressentie par le malade qui donne un sens particulier aux symptômes.

Sans chercher à rendre compte de toute la pathologie psychiatrique, on peut donc tenter d'illustrer les principaux diagnostics par quelques brefs portraits.

L'anxiété

L'anxiété habite chacun de nous dans certaines circonstances de la vie. C'est un comportement humain normal,
lorsqu'il est lié à un événement précis, limité dans sa durée
et son intensité, et qu'il n'entrave pas de façon durable
l'activité du sujet. L'anxiété pathologique, elle, est bien différente dans son intensité et dans ses conséquences. Pourtant,
anxiétés normale et pathologique possèdent qualitativement
un large fond commun qui permet à chacun de comprendre
l'anxiété d'autrui. Ce sentiment pénible d'attendre une catastrophe imminente nous est familier. Un fait réel, très attendu
et très redouté, paraît engager notre existence par ses conséquences négatives. Cette inquiétude majeure, parfois véritable peur, est une douleur affective que l'on peut ressentir
avant un examen, une rencontre, une confrontation, une
échéance quelconque investie d'une importance particulière.
Parfois l'anxiété est sans objet apparent – seulement apparent – et l'on vit dans la tension oppressante d'un danger
imprécis, non formulable, mais imminent. Qui n'a pas connu
de telles sensations ?

C'est la référence à notre expérience personnelle qui nous
permet de saisir et de comprendre l'anxiété des autres.
L'anxiété pathologique revêt deux grands aspects : des manifestations aiguës prenant la forme d'une crise d'angoisse et
des symptômes chroniques qui peuvent être associés ou
demeurer isolés. La crise aiguë peut être unique dans la vie

d'un individu ou se répéter avec une fréquence variable, engendrant parfois une véritable invalidité.

Un homme, ou plus souvent une femme jeune, en dehors de toute difficulté existentielle au moment de la crise, ressent brusquement une impression de malaise physique qui stoppe son activité. Le corps devient subitement présent, car le cœur s'accélère et tape dans la poitrine. La gorge se noue et la respiration devient difficile, une sensation alternée de chaleur et de froid traverse la poitrine qui se serre, la vue se brouille et les jambes deviennent faibles. Brutalement l'idée s'impose : « Mais je vais mourir ! Qu'est-ce qui m'arrive ? À l'aide ! » Les paroles mal articulées franchissent à peine les lèvres... L'entourage affolé arrive, pressent le pire, interroge et n'obtient pas de réponse. Vite, un médecin. « Docteur, il va mourir ! » Le malade est là, pâle, en sueur, suffoquant, la main crispée sur la poitrine. Des syllabes incompréhensibles s'échappent de ses lèvres. Les questions restent sans réponse. « Tu as mal, dis-nous quelque chose ! – Je vais mourir, je deviens fou, de l'air... » Prostré, les yeux fermés, tremblant et incertain dans ses gestes, le sujet bondit vers la fenêtre qu'il ouvre brusquement, affolant plus encore les témoins. Va-t-il se jeter dehors ? Non, c'est pour respirer par goulées saccadées un air qui ne veut pas entrer dans la poitrine. Puis, tout aussi brutalement que la crise a débuté, le cœur ralentit, la respiration devient plus ample et plus facile, la sensation de renaître survient avec une impérieuse envie d'uriner ; dans un ralenti merveilleux, la vie réapparaît : la crise d'angoisse est terminée...

Le médecin, appelé en urgence, arrive souvent après le dénouement. Une telle crise peut ne survenir qu'une fois ou deux dans la vie ou se répéter avec une fréquence variable, entraînant alors la crainte plus permanente d'une récidive. Les Américains appellent ces épisodes « attaques de panique », ce qui ne change rien à leur description. C'est dans les cas de répétition fréquente qu'un traitement médicamenteux est indiqué.

Plus souvent l'anxiété pathologique se manifeste de manière permanente. Les symptômes physiques sont alors variables. Si l'anxiété psychique est au premier plan, ils peuvent être discrets, dans d'autres cas ils représenteront la manifestation quasi exclusive de l'anxiété.

L'anxiété chronique, d'intensité variable, est toujours un état qui perturbe l'existence, engendre un malaise persistant et empêche toute détente et toute joie de vivre. L'entourage en pâtit, car l'anxiété, perçue par la famille ou les collègues de travail, gâche bien des plaisirs et détériore les relations sociales.

L'anxieux, habité par une tension douloureuse, guette sans cesse ce qui pourrait menacer ses intérêts. L'insécurité constante rend le présent incertain, l'avenir redoutable, et alimente les regrets du passé. Tout événement est amplifié et vécu sous l'aspect le plus péjoratif. En effet pessimisme et anxiété vont souvent de pair. Un malaise physique, une douleur corporelle inattendue et banale deviennent des signes révélateurs d'une maladie grave, en général mortelle. En outre, bien souvent l'anxiété s'accompagne de palpitations cardiaques, de sensations d'oppression respiratoire ou de maux de tête qui sont identifiés par le sujet comme des signes annonciateurs d'un infarctus du myocarde, d'un cancer ou d'une tumeur cérébrale. Toujours sur le qui-vive, l'esprit assailli de pensées, les muscles tendus, l'anxieux ne connaît jamais le repos ou la détente, d'autant que le sommeil est souvent difficile à trouver. Doutant de lui-même, tout choix lui paraît hasardeux, dangereux, et il hésite à s'engager, craignant toujours de passer à côté de l'opportunité la plus favorable. Un tel comportement perturbe la vie professionnelle et renforce le sentiment d'échec et d'infériorité qui est si fréquent dans l'anxiété. Sursautant au moindre bruit, très émotif, instable dans son humeur, l'anxieux apparaît timide et se marginalise petit à petit en s'excluant des groupes sociaux au sein desquels il se sent si mal à l'aise.

Un tel tableau constitue une forme majeure d'anxiété chronique. Le plus souvent, l'anxieux emprunte certains des symptômes évoqués, avec une intensité variable permettant cependant une vie sociale acceptable bien que pénible.

Schématiquement, le troisième volet de l'anxiété peut n'être constitué que de manifestations physiques sans tension psychique particulière ni crainte exagérée de l'avenir. Ces patients consultent pendant des années des spécialistes somaticiens : cardiologues pour des douleurs précordiales ou des palpitations, pneumologues pour une gêne respiratoire, rhumatologues pour des douleurs diverses, lombaires ou cervicales.

Ailleurs, des manifestations abdominales, des maux de tête persistants, une fatigue générale conduiront à des investigations multiples et sans résultat et à des traitements toujours inefficaces.

Parfois enfin, une lenteur à l'endormissement ou une simple rumination d'idées pessimistes marqueront transitoirement une période d'anxiété.

Ce sont ces dernières manifestations, insomnie et plaintes physiques, qui amènent à consulter un médecin généraliste, car l'anxiété n'est pas identifiée par le malade comme la cause de ses troubles.

L'anxiété physiologique, « normale », est caractérisée par certains des symptômes décrits précédemment, qui demeurent modérés dans leur intensité et strictement liés à l'attente d'un événement jugé important. Les symptômes disparaissent lorsque l'événement s'est produit. On peut considérer l'anxiété physiologique comme une mobilisation de l'individu et de ses capacités avant la réalisation d'une action particulièrement attendue. C'est le trac du comédien avant d'entrer en scène, la crainte de l'étudiant avant l'oral, ou la peur du sportif avant le match. Mais les symptômes de l'anxiété physiologique disparaissent en général au moment où l'action démarre.

L'anxiété banale survient par période de quelques jours à quelques semaines. Modérée dans le nombre et l'intensité de ses symptômes, elle est favorisée par des circonstances existentielles : soucis professionnels, familiaux, financiers, perturbations de la vie affective (déception, rupture, deuil) ou des habitudes de vie (fatigue excessive, alcoolisme, surmenage).

Il existe donc une continuité qualitative entre les différentes formes normales ou pathologiques de l'anxiété. Les différences concernent l'intensité des manifestations, la richesse de leurs associations et leur durée dans le temps.

La dépression

La dépression de l'humeur est un autre grand domaine de la psychiatrie. Souvent utilisé, mais pas toujours à bon escient, le terme « dépression » correspond à une entité précise dont le noyau est une tristesse profonde de l'humeur. Il existe différentes formes de dépression dont la sévérité, le pronostic et le contexte peuvent varier. Comme l'anxiété, la dépression de l'humeur fait référence à une disposition affective que tout être humain a pu ressentir. On peut imaginer ce qu'est la dépression en se remémorant des périodes personnelles de tristesse intense comme on en éprouve au cours d'un deuil.

Un lien existe donc entre une tristesse intense, normale, liée à un événement très pénible, et une dépression de l'humeur, plus riche en symptômes, plus intense en gravité et qui est une forme d'inadaptation à un épisode conflictuel de l'existence. Le même lien se poursuit avec la forme majeure de la dépression appelée mélancolie, qui survient sans cause apparente, possède un génie évolutif particulier et constitue la forme la plus grave et la plus pénible de dépression, celle où le risque de suicide est le plus grand.

C'est souvent chez une femme qu'apparaissent des troubles du caractère. Habituellement calme et paisible, elle devient irritable et agressive avec son entourage. Cette hostilité à l'égard des proches peut s'accompagner de quelques manifestations impulsives et violentes : éclats de voix, gestes inconsidérés de réprimandes à l'égard des enfants. Puis apparaît une anxiété qui se manifeste par une tension désagréable, et c'est en quelques jours que l'humeur, le comportement et la vision du monde vont se transformer. La patiente ne comprend pas ce qui lui arrive, mais elle est intimement persuadée du bien-fondé de ses pensées et nulle exhortation affectueuse de l'entourage ne pourra modifier ce qu'elle ressent. L'appétit diminue, une fatigue semble paralyser les gestes qui se ralentissent, la mimique s'appauvrit, le regard devient fixe et douloureux, la parole rare traduit une lenteur de l'idéation. Bien vite, toute initiative disparaît chez cette femme qui cesse ses activités habituelles ou ne les réalise qu'au prix d'un effort considérable. Tout projet devient impossible, toute source de plaisir ou d'intérêt s'évanouit dans un monde gris, sans espoir, envahi par une tristesse si profonde qu'elle en devient douleur et fait couler des larmes qu'on ne peut retenir.

La déprimée ne trouve de consolation ni auprès des siens ni en elle-même. L'indifférence à l'égard des autres, cette anesthésie affective invincible, est perçue comme une faute contre laquelle toute lutte est impossible. Le contact avec autrui s'amenuise et tend à disparaître, et la déprimée se trouve confrontée à son monde intérieur d'incapacité, de laideur, de dévalorisation et de culpabilité. La malade pense que la vie ne vaut plus la peine d'être vécue, mais aussi qu'elle est indigne de vivre et l'on voit s'amorcer les idées lancinantes de suicide, seule solution envisagée face au chaos noir de la mélancolie.

La brève période d'agressivité initiale envers les autres s'est transformée en agressivité retournée contre soi, alimentée par la rumination obsédante du passé. C'est un passé empli de fautes imaginaires, de reconstruction de ce qui aurait dû être ; c'est un présent vécu dans l'autodépréciation permanente ; c'est un futur bouché, vide de sens, qui ne peut s'ouvrir que sur la mort. Certains mélancoliques pensent que leur souffrance est incurable, aucun n'envisage la guérison, et la mort est réclamée, sinon recherchée, comme la seule fin possible devant un état aussi pénible.

Une telle mélancolie en l'absence de traitement va évoluer pendant des semaines ou des mois. Le malade, amaigri et figé, demeure alité dans l'obscurité, oubliant de manger et de boire, ayant perdu tout souci d'hygiène et restant indifférent aux sollicitations. À tout moment une recrudescence de son anxiété peut le faire sortir de son apathie et le pousser à réaliser ses projets de suicide. Heureusement, les traitements actuels permettent une guérison d'un tel état mélancolique en une vingtaine de jours.

Une dépression mélancolique survient en général sans cause apparente. En l'absence d'un traitement préventif, elle risque de récidiver à intervalle régulier et frappe souvent plusieurs membres d'une même famille. Les dépressions non mélancoliques, les plus fréquentes, sont différentes. Si elles peuvent emprunter à la mélancolie beaucoup de ses symptômes, y compris les idées de suicide, l'intensité des troubles et leur richesse sont moindres, la récidive n'est pas la règle et il n'y a pas de caractère familial. Le plus souvent, la dépression banale est la traduction d'une impossibilité du sujet à s'adapter à une situation conflictuelle ou pénible qui dure et face à laquelle il ne trouve pas de solution.

Dans les deux cas, mélancolique ou non, la dépression va évoluer pendant des semaines et perturber gravement, en l'absence de traitement, la vie du sujet qui en est atteint.

Bien différents sont le deuil et la tristesse. Un deuil peut reproduire pratiquement tous les aspects d'une dépression. Mais il en diffère par le début brutal, lié à la perte affective d'un être cher, par la conservation relative des activités en parallèle au « travail de deuil », et par sa durée limitée dans le temps.

On peut en rapprocher les épisodes de tristesse, parfois intenses, consécutifs à la perte d'un bien matériel, à une blessure narcissique ou à une désillusion. Toute perte d'un investissement narcissiquement gratifiant, toute frustration importante peut entraîner un épisode de tristesse plus ou moins long. L'humeur est donc une instance affective qui module de manière agréable ou désagréable nos états d'âme et colore d'optimisme ou de pessimisme notre vision de l'existence.

Comme dans l'anxiété, un certain continuum qualitatif existe entre le normal et le pathologique : la tristesse peut donc être normale, en revanche l'intensité et la richesse des symptômes, leur durée, le contexte de leur survenue et la perturbation invalidante du comportement permettent dans d'autres cas d'identifier la dépression pathologique.

Nombre de gens tristes, traversant une période difficile de leur existence, viennent consulter leur médecin généraliste. Une crise existentielle, quelle qu'en soit l'origine (professionnelle, affective, matérielle...), engendre tristesse, perte d'espoir, anxiété, insomnie.

Peu de ces consultants sont des déprimés. Leurs symptômes sont transitoires dans la journée, fluctuants en fonction des événements et des rencontres heureuses ou malheu-

reuses. Les activités habituelles sont conservées en totalité
ou en partie, même si elles n'apportent pas les mêmes gratifications. Les comportements fondamentaux, alimentaires,
sexuels, sont totalement ou partiellement conservés. Cette
tristesse enfin, et la relative aboulie qui peut l'accompagner,
ne durera que quelques jours, s'opposant ainsi à la dépression vraie dont la symptomatologie prend une autre dimension dans le temps.

Il est important de faire la différence entre ces réactions
de tristesse à des ennuis réels et les vraies dépressions, afin
d'éviter la prescription de traitements médicamenteux inutiles à des gens momentanément en difficulté qui ont essentiellement besoin de soutien moral, de conseils et de manifestations de solidarité.

L'état maniaque

Le langage courant qualifie de « maniaque » la ménagère
qui exige des patins pour traverser son salon où les meubles
dorment sous leurs housses. Ses pots de confiture à l'aligne-
ment sur les étagères traduisent une méticulosité excessive
et un goût de l'ordre trop développé. Le même mot est
appliqué à l'employé de bureau qui, entouré par l'ordre ritualisé de ses ustensiles à écrire et à effacer, souligne à la règle,
avec des crayons de différentes couleurs, les paragraphes de
son texte. Dans les deux cas, s'il fallait emprunter un mot
au vocabulaire de la psychiatrie, ce serait le qualificatif
« obsessionnel ». Le terme maniaque désigne exclusivement
une forme anormale d'euphorie qui s'oppose point par point
à la symptomatologie de l'accès mélancolique et en constitue
une image en miroir.

Chez un homme jeune, une insomnie s'installe brusquement. Sans ressentir aucune fatigue, il éprouve un besoin

irrésistible d'activité. Tout devient plus facile, la vie est belle, les projets fourmillent, rien n'est impossible. Cet homme si gai, si volubile, se lance dans des achats considérables, conclut des contrats, reconstruit le monde. L'insomnie devient totale, l'hyperactivité se transforme en agitation, il en oublie de boire et de manger, écrit trente lettres par jour, ne cesse de parler, d'invectiver, d'interpeller. L'euphorie du début a fait place à un fantastique comportement ludique, il chante, il rit, il plaisante. Histoires drôles, jeux de mots ne sont interrompus que pour railler de manière déplacée et souvent agressive toute personne passant à proximité. La tenue est devenue débraillée, le verbe tonitruant, la familiarité se transforme en gaudriole avec les femmes. N'ayant plus ni retenue ni censure, le maniaque peut tout faire, rien ne lui résiste. Il rejoint les dieux dans un vrai délire de grandeur et de toute-puissance. Gare à celui qui s'oppose à lui : le geste violent succède à l'invective et les actes médico-légaux viennent mettre un terme à cette grande fête de la démesure. On conçoit combien un tel comportement, s'il n'est pas traité précocement, peut engendrer de situations traumatisantes pour les proches et culpabilisantes *a posteriori* pour le malade.

De nombreux états maniaques ont une symptomatologie plus modeste et peuvent évoluer un certain temps sans intervention médicale. Enfin, certaines personnes, dites « hypomanes », partagent avec l'état maniaque seulement ses bons côtés : hyperactivité, rapidité d'idéation, résistance à la fatigue, jovialité. Quand ils restent dans des limites acceptables, tous ces aspects de comportement sont en fait des facteurs de succès dans l'existence.

Un accès maniaque sous traitement est parfois suivi d'un épisode dépressif. Le plus souvent, accès maniaques et accès mélancoliques se succèdent, chez une même personne, à intervalles variables (mois ou années), constituant ce qu'on appelle une psychose maniaco-dépressive.

Les traitements actuels, heureusement, empêchent les rechutes et garantissent une vie normale dans cette affection qui, autrefois, était extrêmement invalidante. Il faut enfin préciser qu'entre les épisodes maniaques ou mélancoliques – pathologie exclusive de l'humeur –, le comportement est tout à fait normal.

La bouffée délirante aiguë

La bouffée délirante aiguë est un accident brutal qui fait passer, pratiquement sans transition, de la réalité au monde du délire. Il s'agit d'un jeune homme ou d'une jeune fille au comportement strictement normal jusqu'alors, qui, brusquement, en marchant dans la rue, prend conscience que tout ce qui l'entoure a un sens nouveau. Les gens qui attendent l'autobus, là-bas, le regardent d'un drôle d'air... Bien sûr, ce sont des espions qui le surveillent !

Une grande angoisse surgit, il faut fuir... Tout disparaît, le lieu où il allait, sa famille, les références habituelles, jusqu'à sa propre identité qui s'évanouit. Le monde devient effrayant, empli de dangers qui surgissent à chaque pas. Tout se mélange dans sa tête, tout se bouscule. On lui en veut, on le recherche... Mais qui ? Pourquoi ?

Cette voiture blanche qui s'approche... ce sont eux. Des têtes grimaçantes apparaissent aux vitres de la voiture, et cette voix qui commande la pensée et qui répète : « Tu es un salaud, ils vont t'avoir... »

La bouffée délirante est « un coup de tonnerre dans un ciel serein » et plonge le sujet dans un vaste délire compliqué dont les thèmes de persécution, de grandeur ou de mysticisme s'enchevêtrent en un kaléidoscope effrayant.

Des hallucinations visuelles et auditives se mêlent à des intuitions, des interprétations de la réalité font douter le sujet de sa propre identité. L'angoisse est intense, le malade agité, et son humeur passe de l'euphorie à la tristesse selon les fluctuations du délire auquel il adhère totalement. Aucun médecin, aucun parent ne peut entamer cette conviction absolue de la réalité de ce qui est vécu. On peut douter de la réalité, on ne doute jamais de son délire.

Sous traitement, les éléments du délire vont disparaître en quelques semaines. La conviction initiale va s'atténuer, le doute va apparaître, puis la critique du délire et la prise de conscience de son irréalité signeront la guérison.

Une telle bouffée délirante peut demeurer absolument isolée dans la vie d'un individu. Sans aucun lendemain, elle permettra de poursuivre une vie absolument normale. Dans d'autres cas, elle pourra se répéter à intervalles variables, souvent au cours d'une période conflictuelle de l'existence. Alors des traitements préventifs analogues à ceux utilisés dans les troubles récidivants de l'humeur seront possibles. Enfin, la bouffée délirante peut marquer l'entrée de l'adolescent dans une affection délirante chronique évoluant sur plusieurs années.

Comme souvent en psychiatrie, devant un diagnostic donné, le pronostic est difficile : seule l'évolution dans le temps apportera la réponse.

La schizophrénie chronique

Le mot « schizophrénie » est, lui aussi, d'usage fréquent. Comme il recouvre déjà des entités différentes pour le psychiatre, on peut s'interroger sur le sens qu'on lui prête dans le langage courant. La psychiatrie ne dispose que de ce seul mot « schizophrénie » pour désigner des troubles très différents dans leurs symptômes, leur réponse au traitement et leur pronostic. C'est une des grandes lacunes de la psychiatrie internationale – car aucun pays ne propose de solution miracle – que d'utiliser un vocable unique pour nommer un groupe d'affections, souvent, mais pas toujours, d'évolution chronique, dont on décrit de multiples aspects selon le début, les symptômes ou l'évolution. Utiliser le terme « psychotique » au lieu du terme « schizophrène » est à peine plus restrictif... Mais notre but n'est pas d'entrer dans les distinguos des spécialistes. Contentons-nous de donner une idée générale de la schizophrénie chronique.

C'est un adolescent de dix-huit ans, dont la scolarité est bonne et qui s'entend bien avec sa famille. Mais voilà que, petit à petit, il s'intéresse moins à ses études, abandonne le sport et cesse de voir ses amis. Irritable à la maison, ses sautes d'humeur étonnent puis agacent. Il ne peut terminer un repas avec tout le monde, s'enferme interminablement dans sa chambre, dort le jour et écoute de la musique tonitruante une partie de la nuit. Interrogé sur son comportement, ses réponses sont évasives, parfois surprenantes. À d'autres moments, on ne peut l'arracher à son mutisme. Il se prend d'une passion subite pour l'étude de l'astronomie ou du chinois, achète des livres, mais ne les lit pas. Même s'il semble avoir des intérêts, son dilettantisme est tel qu'aucune entreprise n'aboutit.

De plus en plus déconcertant en famille, son indifférence et sa froideur affective lassent ses proches qui s'irritent, puis s'inquiètent. C'est en général devant une désinsertion sociale et scolaire (ou professionnelle) que les parents poussent l'adolescent à consulter un psychiatre.

On découvre alors un jeune homme ou une jeune fille réticents, qui entrecoupe de longues périodes de silence, les yeux fixés dans le vide et le visage sans expression, d'un discours incohérent, centré sur des préoccupations de transformation corporelle, de changement, et traduisant une sorte d'immense vide intérieur. Parfois sont déjà extériorisées des idées délirantes à thème mystique ou de persécution. Des hallucinations auditives, sous forme de voix donnant des ordres, expliquent des comportements gestuels qui paraissent n'avoir aucun sens. La pensée est sans cesse interrompue, donnant au discours un caractère haché et difficile à suivre, ou aboutissant parfois à une incohérence totale. Petit à petit, les éléments majeurs de la schizophrénie chronique vont se développer : la passivité, l'incapacité d'agir et l'indifférence affective associées à un délire incohérent appelé paranoïde. L'évolution, même sous traitement, est imprévisible et peut durer des années, expliquant les très longs séjours en milieu psychiatrique.

Il existe bien sûr de nombreuses formes de la schizophrénie qui diffèrent par leurs aspects symptomatiques, évolutifs, pronostiques de ce qui vient d'être décrit. Néanmoins, la schizophrénie chronique qui a été évoquée montre ce qu'est un délire chronique et rend compte de la difficulté à communiquer avec un patient paralysé par son aboulie et envahi par un délire qui lui tient lieu de réalité.

Le plus souvent, l'amélioration demande des années, ce qui rend difficiles les efforts de réinsertion sociale et professionnelle.

Le délire paranoïaque

Le délire paranoïaque est une autre forme de délire chronique dont l'aspect est bien différent.

Il survient souvent, mais non toujours, chez un patient dont la personnalité antérieure est caractérisée par une intense et constante surestimation de soi. La personnalité paranoïaque affiche orgueil, suffisance et rigidité dans ses opinions.

Le sujet ne s'intéresse qu'à ses propres idées, il a toujours raison, il se méfie des autres et ne manque jamais une occasion de leur porter la contradiction. Ses jugements, souvent faux, l'amènent à des généralisations abusives qui lui permettent d'avoir un avis péremptoire sur toute chose sans l'ombre d'une autocritique ou d'une nuance.

Un jour, le délire va éclater. Les thèmes sont toujours centrés sur la revendication, qu'il s'agisse de jalousie ou de préjudice. Ce persécuté se découvre de nombreux persécuteurs qu'il va poursuivre de sa vindicte en utilisant toutes les formes de la légalité : plaintes, procès multiples jusqu'à ce que, parfois, il rende la « justice » lui-même de manière violente et définitive.

Le délire paranoïaque, qui évolue des années, ne comporte pas de traitement radical et ne s'atténue parfois qu'avec l'âge. Il est basé sur un raisonnement faux qui s'appuie sur des faits réels. Le paranoïaque utilise toute son intelligence, souvent grande, pour développer de manière pseudo-logique et irréfutable sa croyance erronée dans la persécution dont il se croit victime et qu'il dénonce. Il s'agit d'un délire qui laisse intactes toutes les capacités du sujet, lui permet de continuer ses activités professionnelles et souvent n'apparaît pas dans les contacts sociaux. Seuls les proches, qui vivent un enfer, sont pris à témoin de manière continuelle, épuisante, leur adhésion sans faille aux raisonnements faux du délirant paranoïaque étant sollicitée en permanence. Aucun argument ne peut atteindre celui-ci et tout contradicteur est immédiatement assimilé à la bande des persécuteurs. L'intelligence du paranoïaque, la belle clarté de son propos, la base de réalité de ses accusations habilement construites abusent de nombreux interlocuteurs. Seuls les magistrats, les avocats et les psychiatres peuvent avoir une idée exacte de ce qu'est un délire paranoïaque.

C'est ainsi que de nombreux délirants paranoïaques nous croisent tous les jours, hantent les salles des tribunaux, harcèlent leurs avocats et font la une des journaux, comme victimes apparentes, ou comme soi-disant justiciers.

Un dernier domaine de la psychiatrie reste à définir. Il fait transition entre ce qu'on appelle la normalité et les grandes manifestations bruyantes qui viennent d'être décrites. Il s'agit des personnalités pathologiques et des névroses.

La personnalité, c'est l'ensemble des caractéristiques individuelles qui modulent notre mode de relation à autrui. On parle de personnalité difficile, ouverte, renfermée, chaleureuse, méfiante, etc. En effet, chacun d'entre nous, du fait de son histoire personnelle et des traits de son caractère, a sa façon privilégiée, parfois exclusive, d'établir une relation humaine. Un tel est réservé, tel autre cherche à séduire, celui-ci a toujours raison, celui-là doute et hésite dans ses choix. Ces traits de caractère façonnent notre personnalité et si les psychiatres leur accolent parfois un qualificatif emprunté à leur jargon, on reste dans le strict domaine de la normalité. En effet, toute personnalité équilibrée est constituée d'un certain nombre de traits de caractère, dont certains sont plus saillants que d'autres, mais qui permettent une excellente adaptation à la réalité et une modulation des comportements en fonction des circonstances.

Il n'en est pas de même pour les personnalités pathologiques. Les traits de caractère sont alors tellement marqués qu'ils gouvernent sans nuance les modes de comportements. La modulation et l'adaptation deviennent difficiles voire impossibles. Dans certains cas, ces personnalités pathologiques sont structurées sur un mode univoque regroupant un certain nombre de traits de caractère qui induisent un comportement exclusif et stéréotypé.

On parle de personnalité hystérique à propos de quelqu'un de suggestible qui cherche à plaire, dont la relation est fondée sur la séduction, la fabulation, la démonstration bruyante et qui associe versatilité et manifestations émotionnelles spectaculaires.

Une personnalité obsessionnelle se manifeste par une attitude réservée et rigide. Elle est marquée par le doute perpétuel, l'incapacité à choisir et à se décider, la méticulosité excessive, l'avarice, la tendance à la vérification.

Une personnalité phobique rendra compte d'une certaine forme de timidité, d'une tendance à éviter les contacts humains trop proches en gardant ses distances dans la relation, d'une hypervigilance permanente accompagnée d'anxiété contenue, mais toujours perceptible.

Une personnalité paranoïaque associera surestimation de soi et rigidité du raisonnement, de la pensée et du jugement, froideur affective et égocentrisme, orgueil, suffisance et méfiance à l'égard d'autrui.

Une personnalité psychopathique est caratérisée par une grande impulsivité, la facilité à passer à l'acte sans réflexion, l'intolérance à la frustration, l'impossibilité à tenir compte de l'expérience du passé.

On retrouvera chez une personnalité psychotique une tendance à l'isolement, au repliement sur soi, une froideur affective avec difficulté à établir des contacts, une pensée volontiers abstraite voire bizarre, difficile à suivre.

Il ne s'agit là que d'une description succincte de différentes formes de personnalités pathologiques. Les modes de comportements sous-tendus par ces structures de personnalités peuvent être parfaitement compatibles avec une vie sinon heureuse, du moins adaptée aux exigences de l'existence. La pathologie se définira uniquement pour le sujet par le degré d'inconfort ou d'inadaptation que sa structure de personnalité lui impose. Ce sera le seul critère amenant à consulter un psychiatre. Le milieu social et professionnel rendra donc plus ou moins tolérables au sujet les conséquences de ses propres comportements selon ce que sera ce contexte. À pathologie de personnalité équivalente, l'adaptation au milieu socioprofessionnel et la tolérance de celui-ci seront possibles ou pas.

On a vu les gradations qui existaient entre personnalité normale s'adaptant aux circonstances, traits de caractère marquant une personnalité, et personnalité pathologique rigidifiant un comportement.

À un degré de plus dans la pathologie apparaissent des symptômes. On parle alors de névroses, en référence à la théorie psychanalytique et aux descriptions faites par Freud. Trois types de névroses seront ainsi distingués : hystérique, obsessionnelle et phobique. En revanche, je laisserai de côté la névrose d'angoisse à laquelle s'applique ce qui a été dit à propos de l'anxiété.

Les névroses surviennent chez les personnalités pathologiques précédemment décrites. La névrose hystérique, ou hystérie de conversion, ajoute à la personnalité hystérique des symptômes physiques ayant des caractères bien particuliers. Il s'agit de pseudo-troubles neurologiques : paralysie, cécité, mutisme, insensibilité à la douleur, etc., qui n'ont aucune base lésionnelle, qui sont guérissables spontanément ou par la suggestion, mais qui ne sont pas des simulations volontaires. Traduction d'un conflit émotionnel non extériorisé consciemment, ces troubles peuvent aussi disparaître sous l'influence d'un autre choc émotionnel important. Telle personne « paralysée » des deux jambes depuis un an, brusquement, dans un contexte particulier, se lève et marche ; telle autre retrouve la vue ou la parole. Moins spectaculaires, mais plus fréquents sont les troubles pseudo-organiques d'autres natures : cardio-vasculaires, rhumatologiques, abdominaux, etc., qui lassent les spécialistes somaticiens et gonflent inutilement d'examens complémentaires les dossiers médicaux.

La névrose obsessionnelle, véritable enfer pour celui qui la vit, comporte des rituels de vérification ou de propreté vécus en pleine lucidité avec une parfaite autocritique sur leur absurdité, mais une non moins parfaite impossibilité de les interrompre volontairement. Il peut s'agir de lavages des mains répétés des dizaines de fois, jusqu'à ce qu'apparaissent des lésions cutanées, de vérifications sans cesse renouvelées de rangement, de propreté, de sécurité, il peut s'agir de litanies mentales ou verbales, de circuits à parcourir indéfiniment, etc.

La névrose phobique, souvent invalidante, a pour symptôme la peur panique de rencontrer un objet ou une situation, contraignant le sujet à tout faire pour éviter cette rencontre : peurs de l'avion, des ascenseurs, de la foule, sont compatibles avec une vie normale, mais la multiplication des phobies chez un même sujet peut le confiner chez lui et lui interdire toute activité sociale.

On voit que ce qui caractérise la névrose, c'est la présence de symptômes si prononcés qu'ils entravent la vie sociale. La pathologie est donc définie par l'inconfort qu'elle engendre.

En fait, qui n'a pas eu une douleur rebelle et sans cause retrouvée, sans être pour autant hystérique ? Qui n'a pas ses « petites manies » de rangement ou un air de musique lancinant qui trotte dans sa tête sans pour autant être obsessionnel ? Qui n'a pas peur des araignées, du noir ou des serpents sans être phobique ?

Les névroses étant définies, on aura presque envisagé les principales maladies mentales si l'on s'attarde un instant sur ce qu'on appelle les psychoses. Encore un terme tombé dans le domaine public. De la « psychose de peur » après une série d'attentats au qualificatif de « psychotique » attribué à telle personne dans une conversation mondaine, on est bien loin du sens attribué par les psychiatres à ce mot. Même les spécialistes ne s'accordent pas avec précision sur son contenu, tout en reconnaissant qu'il désigne des entités diverses.

Pour simplifier, on peut admettre qu'une psychose est une affection délirante, aiguë ou chronique, quelle qu'elle soit.

La bouffée délirante est une psychose aiguë, le groupe des schizophrénies, le délire paranoïaque sont des psychoses chroniques. Il s'agit d'une convention de termes. On a vu combien les symptômes et le pronostic étaient divers dans ces différentes psychoses et pourtant elles ont un point commun, le délire, qu'on ne retrouve dans aucune autre affection en dehors des délires provoqués par des substances toxiques.

La psychose est donc une maladie caractérisée à un moment ou à un autre de son évolution par une activité délirante. On oppose sur ce point névrose à psychose. Il n'y a jamais de délire dans les névroses, c'est-à-dire que les patients ont conscience de leur trouble, expriment leur souffrance et demandent à être aidés. Un délirant n'a pas conscience de son trouble puisqu'il vit son délire comme s'il s'agissait de la réalité. Il ne peut critiquer ou reconnaître comme illusoires ses hallucinations auditives ; il ne peut donc en toute lucidité, comme le ferait le névrosé, exprimer sa souffrance et réclamer des soins.

La psychose associe un délire chronique à une structure particulière de personnalité, décrite plus haut, et appelée personnalité psychotique. Dans l'intervalle de ses épisodes délirants, le schizophrène, par exemple, établit avec difficulté sa relation à autrui. Il est vulnérable face aux conflits de l'existence, s'adapte de manière malaisée aux changements de son environnement. Son affectivité est peu expansive, sa pensée très abstraite, son comportement parfois déconcertant par ses contradictions ; la mise en action des paroles est fréquente, comme si les conventions sociales n'existaient guère pour lui.

Un tel malade peut ne jamais présenter de psychose délirante. Il n'en reste pas moins qu'il sera considéré comme psychotique sur la seule expression de sa structure de personnalité.

Ce panorama, volontairement succinct et simplifié, ne rend pas compte, bien évidemment, de toutes les nuances de la réalité. Il vise simplement à apporter au lecteur une description de ce que les psychiatres décrivent cliniquement sous le nom de « maladies mentales ».

Les symptômes caractérisant ces maladies sont regroupés pour permettre d'établir un diagnostic. Un diagnostic, cela semble aller de soi quand on se réfère aux maladies somatiques. Mais peut-on légitimement parler de diagnostic en matière de psychiatrie ?

CHAPITRE 2

Le normal et le pathologique

Oui, c'est bien de la folie qu'il s'agira dans ce chapitre. Les psychiatres ont rayé ce mot de leur vocabulaire et pourtant c'est bien de la folie dont on a peur lorsque l'on parle de maladies mentales ou de psychiatrie. C'est en fait la grande question : comment peut-on affirmer de quelqu'un qu'il est normal, qu'il est « fou » ou qu'il est guéri ? Ce serait tellement rassurant de savoir que c'est simple, qu'il y a les fous et les autres...

Le terme « fou » prend un sens différent selon qu'on se l'attribue ou qu'il sert à caractériser son prochain. « Je suis fou » marque l'excès, la passion et n'est pas péjoratif. C'est une évaluation quantitative : être fou d'amour, de joie ou de chocolat au lait... En revanche, dire « il est fou » est une caractéristique qualitative et stigmatise la différence, la singularité, l'altérité. Au fond, la folie est toujours définie par un autre, jamais par soi-même. C'est là qu'apparaît d'emblée la nécessaire référence extérieure, la référence sociale sans laquelle la folie n'existerait pas. On est toujours le fou des autres, de la société ou de son mandataire : le psychiatre.

C'est la psychiatrie qui définit la folie.

Ne pas rencontrer la psychiatrie, c'est éviter l'étiquette indécollable de « fou ». Le rôle de la psychiatrie, c'est d'officialiser ce statut. Des « originaux », acceptés dans leur différence, au sein de certains milieux peu médicalisés et tolérants, mourront sans jamais savoir – et leur entourage non plus – qu'ils auraient pu être fous s'ils avaient rencontré, ailleurs, la psychiatrie.

La société accepte, comme soupape de sécurité, que certains de ses membres accèdent à la liberté du non-conformisme sans recevoir l'étiquette de « fou ». Ces marginaux sont souvent célèbres et respectés si leur domaine d'activité se situe dans la créativité, les arts ou le spectacle.

Les comportements, les discours publics et les vêtements qui conduiraient tout citoyen à l'asile peuvent faire exception si l'on est sur une scène ou sur un écran de télévision. Ce comportement « a-normal » – simple comportement de liberté le plus souvent – est toléré car son espace d'expression est circonscrit, donc sans danger. La fonction est même de faire rêver à ce que l'on s'interdit de faire. La société permet alors à la psychiatrie d'être permissive. Ailleurs, là où la liberté politique et la liberté d'expression tout court ne sont pas autorisées, la psychiatrie joue parfaitement le rôle qui est attendu d'elle par la société et l'on interne des formes cliniques de schizophrénie politique ou de schizophrénie sociale. On aurait tort de s'indigner en France d'un pareil processus. Nous agissons de la même manière en ayant simplement mis la barre de la liberté plus haut. Mais les psychiatres dans le monde entier fonctionnent encore, face à la psychose, sous la pression de la société et plus particulièrement de ce microcosme représenté par la famille. Un psychiatre est incapable de dire non, lorsqu'un sujet est amené dans son service pour avoir perturbé le « sacro-saint » ordre public ou la norme familiale. S'il était tenté de le faire, il aurait vite contre lui l'opinion publique et la société tout entière. La genèse de la folie, c'est l'interdit de la singularité. Quand on est différent du groupe, on est contre le groupe. Si l'on est contre le groupe, on risque de le détruire. Dans ces conditions et pour se protéger, le groupe doit exclure le danger représenté par la différence. Le perturbateur porte un nom : il est fou, et la société qui le brûlait ou l'enfermait autrefois lui propose maintenant l'appareil apparemment médicalisé – donc civilisé – de la psychiatrie.

Attribuer à la folie un statut de maladie donne bonne conscience à la société qui ne se sent pas impliquée dans la genèse du phénomène. La folie est un corps étranger que l'on expulse vers le rationnel, le savoir, la science, c'est-à-dire vers le médecin psychiatre.

Le plus petit échantillon représentatif de la société est la famille. Il est intéressant de constater que la famille du malade se comporte bien souvent comme la société en général. Les théories systémiques de la communication ont analysé le processus relationnel entre le patient et son entourage. Le sujet atteint est bien souvent le symptôme d'une famille malade qui ne peut garder sa cohérence qu'en attribuant à l'un de ses membres la fonction de bouc émissaire. Dès lors, une dialectique de la contradiction perpétuelle se met en place et la seule alternative est la folie – c'est-à-dire le délire – ou l'absorption destructrice par l'exagération de la sollicitude familiale. Mais l'interaction entre le sujet et le groupe n'est pas la seule manière d'envisager la folie. Plus traditionnellement, la folie a été considérée en soi.

Voltaire souligne cependant dans la définition qu'il donne de ce terme la différence avec les autres et la contradiction avec la norme sociale : « Qu'est-ce que la folie ? C'est d'avoir des pensées incohérentes et la conduite de même. Le plus sage des hommes veut-il connaître la folie, qu'il réfléchisse sur la marche de ses idées pendant ses rêves... La folie pendant la veille est de même une maladie qui empêche un homme nécessairement de penser et d'agir comme les autres. Ne pouvant gérer son bien, on l'interdit ; ne pouvant avoir des idées convenables à la société, on l'en exclut ; s'il est dangereux, on l'enferme ; s'il est furieux, on le lie. » (*Dictionnaire philosophique*.)

Edgar Poe, quant à lui, y voit peut-être l'ouverture vers le génie et cette perspective est encore soutenue par certains de nos jours : « Les hommes m'ont appelé fou ; mais la science ne nous a pas encore appris si la folie est ou n'est pas le sublime de l'intelligence... si tout ce qui est la profondeur ne vient pas d'une maladie de la pensée... Ceux qui rêvent éveillés ont connaissance de mille choses qui échappent à ceux qui ne rêvent qu'endormis. » (*Histoires grotesques et sérieuses*.)

Foucault s'en tire par une boutade, mais laisse à penser que la pathologie des comportements joue le rôle d'une loupe pour comprendre la normalité : « Jamais la psychologie ne pourra dire sur la folie la vérité, puisque c'est la folie qui détient la vérité de la psychologie. » (*Maladie mentale et psychologie*.)

Enfin Breton rejoint Edgar Poe dans cette vision d'un compagnonnage entre la créativité, l'imagination et la folie : « Ce n'est pas la crainte de la folie qui nous forcera à laisser en berne le drapeau de l'imagination. » (*Manifeste du surréalisme*.)

Il est vrai que la création est une différence par rapport à la norme, mais l'adaptation à la réalité reste le critère de différenciation entre la folie et l'originalité.

Il est donc pratiquement impossible de définir la folie. Une définition en soi paraît illusoire et une définition par rapport au groupe social paraît abusive. La solution serait-elle de transformer la folie en une série de maladies mentales selon un modèle dûment médical, concret, objectif, quantifié ? L'estampillage officiel rassure dans la mesure où il marque une frontière entre ceux qui sont déclarés atteints de maladie mentale et ceux qui en sont indemnes. Il existe même des experts pour cela. Mais on verra plus loin sur quoi reposent les critères de diagnostic en psychiatrie.

En dépit de la rationalisation extrême utilisée pour définir les maladies mentales, en dépit de l'utilisation pseudo-scientifique des ordinateurs, il n'existe aucun consensus et par voie de conséquence aucune reconnaissance universelle et indiscutable des entités répertoriées dans les manuels de psychiatrie. La raison en est simple : on se situe en permanence dans le registre du subjectif. Reconnaître une dépression névrotique, différencier une hystérie grave d'un état psychotique ne sont pas des diagnostics absolus comme ceux qui existent en médecine somatique, mais représentent un pourcentage de chances variable pour le psychiatre qui tente l'opération. Lorsque plusieurs psychiatres sont confrontés à cet exercice et que des différences inévitables de vues existent, le diagnostic final est imposé par le plus âgé, le plus titré ou le plus persuasif. Le recours à des « critères diagnostiques » officiels et validés ne change pas grand-chose à l'affaire. D'une part, il existe pratiquement autant de critères diagnostiques que de zones d'influence culturelle : nord-américaine, anglaise, allemande, scandinave, française... D'autre part, le pourcentage de recouvrement de ces différents systèmes n'excède pas 30 %. En d'autres termes, ce n'est que trois fois sur dix que les systèmes seront d'accord pour émettre le même diagnostic. De surcroît, pour un même système diagnostique utilisé dans le même milieu culturel, deux psychiatres différents n'aboutiront pas toujours au même résultat. Si la transformation de la folie en maladies mentales n'apporte pas la réponse absolue à cette recherche d'une définition impossible, comment caractériser la folie ? Une tentation compréhensible serait de l'opposer à la normalité psychique. Mais comment définir la normalité ?

La normalité, en médecine somatique, est une valeur statistique qui caractérise la moyenne d'une population. On peut ainsi décrire la valeur « normale » de la concentration d'une substance chimique dans le sang, définir les caractéristiques de fonctionnement d'un organe ou la morphologie d'un viscère.

Bien entendu, la valeur « normale », c'est-à-dire moyenne, s'assortira de chiffres s'écartant plus ou moins de la médiane et constituant les limites de la fourchette de normalité. Toutes ces données n'ont de sens que pour une population précise, caractérisée par son patrimoine génétique et ses habitudes culturelles. La taille « normale » de la population française n'est pas à comparer avec la taille « normale » d'une population de pygmées. La valeur « normale » du cholestérol dépend des habitudes alimentaires liées au milieu culturel. Dans tous les cas, les données évoquées se réfèrent au registre de l'objectif et du quantifiable. Il n'en est pas de même en matière de comportements psychiques.

Toute « maladie mentale » est d'abord une « maladie » de la pensée. Les comportements jugés anormaux ne sont que l'expression d'une pensée déviante ou l'extériorisation d'une erreur de jugement. Lorsqu'il y a distorsion entre la pensée et le comportement, on se trouve plutôt dans le registre des maladies neurologiques. Tel comportement moteur jugé anormal (contorsions, mouvements divers des membres...) peut s'accompagner d'une pensée lucide qui constate l'impossibilité du contrôle de ces mouvements par la volonté. Il s'agit d'une lésion cérébrale comme on en voit dans certains syndromes neurologiques.

Tel autre comportement, grossièrement analogue, correspondra à la logique d'une pensée délirante qui peut justifier les raisons de ces contorsions étranges. Il n'existe pas, en psychiatrie, de comportements – élémentaires ou élaborés –

qui ne correspondent pas à l'expression de la pensée et du jugement.

Mais qu'est-ce que la norme en matière de pensée ? Avant d'envisager cette question, il est utile de s'arrêter un instant sur le contenu du mot « pensée ». Il s'agit là d'une pure considération clinique, et non d'une digression philosophique qui ne s'accorderait pas à mes compétences. Le terme « pensée » recouvre synthétiquement une série d'opérations complexes qui sont différentes, mais qu'il est quasiment impossible de considérer séparément. La pensée nécessite la conscience, c'est-à-dire une fonction neurophysiologique qui est la vigilance. Toute altération de celle-ci modifiera la pensée, c'est-à-dire perturbera les opérations psychiques toujours synthétiques et simultanées qui la caractérisent, ainsi que l'enchaînement des idées exprimées dont le rythme, la fluidité et la logique seront modifiés.

Les effets d'un médicament sédatif, une tendance à l'endormissement ou l'abus d'alcool sont susceptibles de réaliser une telle perturbation. Cependant la vigilance, si elle est une condition nécessaire, n'est pas une condition suffisante à la pensée. La pensée, c'est aussi l'ensemble des activités psychiques qui concourent à la connaissance, c'est-à-dire au raisonnement et au jugement. On touche ici deux aspects différents. L'un concerne les outils intellectuels – innés et acquis –, c'est-à-dire le potentiel opératoire où la culture, l'apprentissage jouent un grand rôle. L'autre concerne la manière de les utiliser, c'est-à-dire l'ensemble des opérations mettant à contribution les capacités intellectuelles pour qu'elles donnent la solution la plus adaptée à une question posée. Raisonnement et jugement sont l'expression à la fois d'un stock de connaissances et de la façon de s'en servir.

Mais la pensée, c'est aussi un système de valeurs qui est propre à chaque individu et qui guide ses sentiments, son affectivité et son idéologie. Enfin, la pensée est une capacité réflexive sur soi-même où, d'une manière étrange, le sujet devient objet. Ces quelques remarques – non exhaustives – sur la pensée visent à souligner la complexité de ce que recouvre le terme, et à illustrer que l'esprit est un tout qu'il est artificiel de vouloir décortiquer en ses composantes élémentaires, sauf à le dénaturer. La pensée est la résultante d'opérations simultanées qui ne sont jamais indépendantes les unes des autres.

Y a-t-il donc une norme psychique ? Peut-on définir une pensée normale et de ce fait caractériser les comportements qui en résultent ?

La normalité de la pensée peut s'évaluer de deux manières : par rapport au sujet lui-même et par rapport aux autres. Les situations sont bien différentes. Dans un cas, c'est le fonctionnement habituel de la pensée du sujet qui constitue sa ligne de base ou sa référence. Dans l'autre, c'est le comportement du groupe social – ses valeurs – qui constitue la norme. Notre propre pensée peut présenter des variations qualitatives ou quantitatives par rapport à elle-même. On peut cesser de voir une situation telle qu'elle est et l'interpréter de manière totalement différente. C'est le cas de la pensée délirante, persécutive par exemple. L'anomalie de la pensée peut être quantitative : c'est particulièrement vrai dans le domaine de l'humeur où la tristesse exagérée constitue la mélancolie et l'euphorie exubérante la manie. Mais cette variation par rapport à soi-même n'est jamais perçue par le sujet, ni comparée avec son comportement antérieur pour en tirer la conclusion d'une anomalie. Le délire, la mélancolie ou la manie deviennent des états envahissant tout l'individu et lui tenant lieu de nouvelle réalité. La croyance aux idées délirantes de persécution, au pessimisme de la mélancolie ou au sentiment de grandeur engendré par la manie est totale. Seul un observateur extérieur pourra, de manière subjective, évaluer ce nouvel état. La comparaison du sujet à lui-même nécessite toujours l'intervention de l'autre. C'est encore plus évident lorsque la normalité s'évalue en référence au consensus du groupe socioculturel auquel appartient le sujet. L'apprentissage, le conditionnement, la conformité aux habitudes définissent la norme et soulignent le poids du milieu. Quand on vous dit : « Bonjour », il est « normal » de répondre. L'absence de réponse prend un sens : il est sourd ? il est fâché ?

Il est « normal » d'aimer son enfant pour une mère. L'inverse entraîne des appréciations péjoratives auxquelles s'attachent des connotations pathologiques (froideur affective).

La norme, c'est aussi l'adaptation à une situation donnée. Elle peut être jugée positivement par rapport à la réponse habituelle attendue par le groupe social et témoigne de l'efficacité des conditionnements. Mais cette adaptation peut être conforme au désir du sujet, contribuant à sa gratification et à la satisfaction de son besoin.

Les deux formes d'adaptation sont, en règle générale, antagonistes. Ce qui est bon pour l'individu est rarement bon pour le groupe et inversement. C'est la question contradictoire de la liberté individuelle et de la cohésion du groupe. La démarche de chacun d'entre nous est de concilier ces positions diamétralement opposées. L'anormalité, ou l'a-normalité, peut être déclarée lorsque la distance devient trop grande entre la position de l'individu et celle du groupe auquel il est censé appartenir.

Un autre point mérite attention concernant la normalité et la pathologie psychiques, c'est l'implication de l'individu tout entier dans cette définition. En effet, en pathologie somatique, une anomalie peut être strictement localisée. On peut souffrir d'un ulcère du duodénum et posséder un appareil cardio-vasculaire parfaitement sain. La pathologie de la pensée est différente, elle se situe dans une dimension affective obligatoire et dans une interdépendance des opérations psychiques qui en font la spécificité. Une pathologie de l'humeur, une dépression par exemple, n'est jamais isolée du reste du comportement de celui qui en est atteint. L'appareil psychique fonctionne toujours dans sa globalité. On ne peut dire : « À part ma mélancolie, tout va bien... » Une anomalie de fonctionnement de la pensée envahit toujours celle-ci tout entière.

La normalité procède aussi largement de la manière dont on appréhende le réel pour en faire notre réalité. En effet, nos comportements sont des adaptations à la réalité et non au réel. Le même fait objectif – le réel – sera perçu, ou aura une signification différente selon les individus. La réalité du fait variera selon des processus qui ne sont pas univoques. Et pourtant, pour chacun il n'y aura qu'une seule réalité, celle à laquelle il croit comme s'il s'agissait du réel. Ces réalités différentes entraîneront forcément des réponses d'adaptation différentes dont certaines seront jugées « normales » et d'autres pathologiques.

Les processus de transformation du réel objectif en réalité individuelle sont multiples. Nos appareils sensoriels nous apportent d'abord une information brute. Une altération organique de ceux-ci transforme déjà le réel (surdité, cécité...). Dans certains cas, des hallucinations sensorielles élémentaires (bruit, couleur) ou complexes (voix, vision) viennent apporter un réel qui n'existe pas et engendrent des comportements « anormaux » mais qui ont une logique, car ils sont la réponse à une réalité vécue.

L'information sensorielle exacte ne garantit en rien une coïncidence du réel et de la réalité. En effet, le message sensoriel a besoin d'être décrypté, c'est-à-dire de prendre un sens. Or ce décodage du message implique toute l'histoire individuelle, à chaque fois unique, de chacun de nous. Les mots ont un sens et une valeur symbolique qui sont fonction des résonances culturelles et affectives qu'ils réveillent au fond de chaque individu. Le message est donc interprété de manière plus ou moins erronée par rapport au réel. C'est ainsi que l'on peut se sentir concerné à tort par une remarque, voire persécuté, et chacun petit à petit construit ainsi sa propre réalité. Une dernière étape de distorsion entre le réel et la réalité concerne notre capacité d'autocritique. La mise à distance de notre comportement, le passage de celui-ci à l'objet que l'on observe permettent de redresser des erreurs d'interprétation. Le paranoïaque en est incapable, envahi par la conviction systématique d'avoir toujours raison. L'hystérique, méconnaissant son comportement de séduction, s'étonnera des réponses que celui-ci engendre chez l'interlocuteur.

En fonction de toutes ces considérations, on peut s'interroger sur ce qui unit, ou ce qui sépare, le normal du pathologique. Le pathologique est-il une dérive par rapport à la norme ou l'inverse de celle-ci ? La dichotomie normal/pathologique est-elle justifiée ou existe-t-il un continuum entre les deux ? Une sorte de mouvement perpétuel, oscillant entre deux extrêmes ? On est en fait plus ou moins normal selon le moment, selon les circonstances extérieures. Si la pathologie, dans certains cas, peut exister en soi (hallucinations visuelles ou mélancolie par exemple), marquant une rupture par rapport à un état antérieur, la normalité peut difficilement apparaître comme un état stable et définitif. Le seuil d'apparition de la pathologie est plus ou moins élevé selon les individus, et les causes des symptômes sont probablement multifactorielles. Si des facteurs intrinsèques (génétiques par exemple) fixent la hauteur du seuil, la rencontre du sujet avec des circonstances existentielles liées au milieu permet l'apparition des symptômes. On peut avoir un seuil bas – ou une tolérance aux événements du milieu limitée – et ne jamais entrer dans le domaine de la pathologie si le milieu est particulièrement favorable. À l'inverse, on peut avoir un seuil élevé – et donc être *a priori* « normal » – mais se trouver un jour submergé par des conditions d'environnement qui engendrent l'apparition de symptômes pathologiques.

La « folie » existe en germe en chacun de nous. C'est peut-être pour cela que le meilleur moyen de l'empêcher de pousser chez soi est de la cultiver chez les autres. C'est ce que font – souvent, mais non toujours, à leur corps défendant – la société, la famille et les soignants en psychiatrie. Affirmer que la folie existe potentiellement chez tout le monde nécessite des preuves. En fait tout cerveau humain est capable, dans des circonstances particulières, de fabriquer tous les symptômes rencontrés en psychiatrie. Il n'y a donc pas une différence qualitative, mais seulement une différence quantitative, entre les « fous » et les « normaux ». Simplement le seuil d'apparition des symptômes varie d'un individu à l'autre en fonction de ses caractéristiques biologiques intrinsèques (génétiques, biochimiques, etc.). Des circonstances exceptionnelles peuvent modifier le comportement de n'importe quel individu. Certains médicaments hypotenseurs (réserpine) sont susceptibles de générer de véritables dépressions. Une injection intraveineuse d'acide lactique déclenche un incoercible état d'angoisse aiguë. Une privation d'oxygène, une fièvre élevée, l'absorption de LSD sont autant de circonstances susceptibles d'induire des hallucinations visuelles. L'intoxication aux amphétamines entraîne des états schizophréniques ou paranoïaques. Certaines substances médicamenteuses (cardiazol), l'alcool et l'insomnie favorisent l'apparition de crises convulsives. Une intoxication chronique par l'alcool prédispose à l'épilepsie, à la dépression et au délire. On pourrait ainsi multiplier encore les

exemples qui montrent la fragilité de la frontière entre le
« normal » et le pathologique.

La conjonction de l'inné et de l'acquis semble nécessaire
à l'apparition de la pathologie. La variabilité du seuil est
fixée par l'inné et l'apparition des symptômes est déterminée
par l'acquis. Comme on l'a vu, le caractère anormal des
symptômes est un autre aspect de la frontière entre la normalité et la pathologie, car il nécessite une appréciation extérieure. Canguilhem a bien montré en pathologie somatique
que l'anomalie n'est pas l'anormalité. Est-on malade si l'on
ne se sait pas malade ? En psychiatrie il n'y a pas d'anomalie
objective, mais il peut, ou non, y avoir une anormalité en
fonction des circonstances, et de la tolérance du milieu. Le
délirant d'une ferme isolée du Cantal n'aura pas la même
existence que le délirant d'une cité-dortoir de la banlieue
parisienne. Le débile rural est devenu pathologique avec la
disparition de certains emplois d'intérêt communal. Quelles
sont donc les limites et la pertinence des concepts de folie
et de normalité ? L'intérêt pratique est évident. Il vise à protéger la société en créant une distinction entre le groupe
conformiste et celui qui est en rupture de ban. Différents
systèmes sont ainsi érigés à chaque fois qu'une menace
apparaît : les bien-pensants et les autres, les idéologies politiques, la couleur de la peau, l'infraction à la loi... Pour
l'intéressé le bénéfice est plus aléatoire. On pourrait penser
que donner le statut de malade mental conduit vers les voies
rédemptrices de la médecine. Objectivement il faut être
modeste et le pouvoir de « guérison » de la psychiatrie est
encore limité. L'intérêt des concepts de normalité et de folie
concerne bien, et avant tout, la protection du groupe social.
Les limites entre folie et normalité sont assez difficiles à
tracer. On a vu que les distinctions concernent plus les
comportements que les sujets qui les mettent en œuvre,

puisque les différences entre le sujet normal et le sujet malade sont quantitatives et non qualitatives.

Reste la question de la pertinence de la séparation entre normal et pathologique. Sur quoi repose l'affirmation d'une maladie mentale et quels sont les critères de diagnostic ? On parle de diagnostic en psychiatrie clinique comme on en parle en pathologie somatique. Il s'agit d'un ensemble de symptômes dont la coexistence prend un sens pour définir une entité. La grande différence entre l'organique et le fonctionnel, c'est d'abord qu'en psychiatrie il n'existe aucun symptôme objectif. Pourtant on va tenter d'apprécier et même de quantifier le subjectif. On dira que tel malade est plus anxieux, ou moins anxieux que la veille. Cette évaluation peut varier d'un observateur à l'autre et même d'un jour à l'autre pour un observateur identique mais dont le propre niveau d'anxiété aura changé. C'est donc sur la base de l'identification d'une série de symptômes subjectifs (l'humeur, la clarté de la pensée, l'anxiété, les idées délirantes...) et sur eux seuls qu'un diagnostic est établi en clinique. On ne prend en compte dans les critères diagnostiques généralement utilisés ni la vie psychique du sujet (c'est-à-dire tous les aspects psychodynamiques : fantasmes, symboles, expressions de l'inconscient...) ni les facteurs d'environnement, c'est-à-dire les interactions avec le milieu.

Établir un diagnostic (en médecine) dans le cadre d'une démarche médicale est une chose aisée. Il existe des signes fonctionnels, physiques, biologiques, etc., qui, rapportés ou non à une étiologie connue, permettent de classer un malade dans une catégorie unique. La maladie est une différence par rapport à un état qui se définit comme étant la santé. En psychiatrie il est beaucoup plus difficile de suivre la démarche médicale. Il n'existe aucun signe objectif et la pathologie mentale s'inscrit en règle générale dans un trouble du comportement par rapport à une norme. Mais où est l'étalon référence ? Il n'existe pas de norme en soi, mais seulement un consensus du groupe culturel sur ce qui est comportement normal et ce qui est comportement déviant. La norme varie avec le milieu et avec la culture. Mais l'influence du groupe s'exprime surtout sur les modalités d'expression comportementale. L'affect tristesse sera exprimé de manière strictement opposée en Asie et en Occident, mais il a une existence universelle. Il sera partout considéré comme anormal parce qu'il est différent des affects habituels du groupe. On utilisera un mot particulier pour le désigner. Dès lors il y a place pour un diagnostic.

Il est impossible d'évoquer un diagnostic en psychiatrie de manière univoque. Il serait dangereux et probablement vain de porter la discussion à un niveau général et globalisant. Celui qui émet un diagnostic, le contexte du diagnostic et les buts de celui-ci doivent être définis car des situations bien différentes peuvent être rencontrées.

Je prendrai trois exemples qui me sont familiers. En milieu hospitalier, c'est-à-dire dans le cadre d'un travail institutionnel et collectif, le diagnostic permet de communiquer à propos d'un malade. Il s'agit d'une approche descriptive « hic et nunc » basée essentiellement sur une description de symptômes en plus ou en moins par rapport à un état antérieur. Lorsqu'un soignant évoque un malade déprimé, il va asseoir son affirmation sur l'existence d'une tristesse intense, d'une douleur morale, d'une inhibition psychique et motrice, etc. Lorsque le diagnostic de schizophrénie paranoïde est énoncé, il est appuyé sur l'existence d'hallucination auditive, de discordance, d'automatisme mental, etc. Il s'agit d'une approche descriptive de symptômes gênant l'activité du malade, le diagnostic est une convention acceptée par le groupe, et permettant la communication au sein de celui-ci. Le but habituel des soins est de faire disparaître les symptômes. Le diagnostic reste alors une « étiquette » dont le malade sera définitivement pourvu.

Mon intention n'est pas ici de critiquer une attitude pourtant critiquable, mais de schématiser une situation bien fréquente. Cette convention admise par le groupe lui est propre. On le voit bien lorsque le malade change d'institution : il change aussi parfois de diagnostic. La structuration du groupe est en grande partie responsable du diagnostic. Dans tel service le diagnostic d'hystérie fleurit, dans tel autre il est exceptionnel. Ici, tout le monde est psychotique ; là-bas, on ne porte ce diagnostic qu'après des années d'évolution. Une anecdote illustrera mon propos. Il y a quelques années une équipe américaine publiait à grand fracas des résultats étonnants de guérison par hémodialyse dans la schizophrénie. Un peptide bizarre était même retrouvé dans le liquide d'épuration. La presse s'empara de l'affaire. J'exerçais à l'époque à l'hôpital Sainte-Anne et les familles de malades nous pressaient de mettre enfin en œuvre ce traitement miraculeux. Très soupçonneux et peu désireux d'infliger une hémodialyse sans preuve « de visu » à nos malades, nous avons alors dépêché l'un d'entre nous aux États-Unis afin d'examiner les patients. Après maintes difficultés, notre collègue put constater que les « schizophrènes » étaient pour la plupart des hystériques. Le « traitement » fut d'ailleurs abandonné quelques années plus tard.

Le deuxième exemple implique des circonstances différentes et particulières. Il ne s'agit plus de psychiatrie hospitalière de soins, mais de recherche en psychiatrie. Le but n'est pas seulement de communiquer, mais il est de comparer des groupes de patients entre eux. C'est une approche qui se veut « objective ». Qu'il s'agisse de mesurer une différence biologique entre un groupe de malades et un groupe contrôle, ou qu'il s'agisse de comparer les effets d'un médicament à un placebo, les groupes doivent être les plus homogènes possible. On va utiliser dans ce but des « systèmes de diagnostic » définissant *a priori* des critères d'inclusion et des critères d'exclusion. Le but est moins d'avoir un diagnostic « vrai », que d'avoir des patients les plus semblables possible, la mesure du changement s'effectuant grâce à des outils validés. On se trouve dans un système de pure convention *a priori*. L'évaluation des résultats sera statistique afin d'effacer les différences individuelles. Là où le bât blesse, c'est lorsque l'on veut extrapoler de l'information statistiquement significative pour le groupe à un individu isolé avec ses spécificités individuelles uniques.

Mon dernier exemple concerne le « colloque singulier ». À l'hôpital ou en ville, le consultant n'a de comptes à rendre à personne. Il peut n'éprouver jamais le besoin de communiquer avec d'autres collègues, il n'a que faire de la quantification. Il possède en effet son système propre d'évaluation. Il n'est que de voir ce que sont les notes de consultations griffonnées après un entretien. Le diagnostic n'est plus nécessaire, car l'approche est essentiellement intuitive et le système de convention totalement personnel et plus ou moins intransférable.

Trois situations différentes, trois buts différents, la réalité est toujours approchée sans être jamais atteinte. Mais il est encore d'autres situations que je n'ai pas évoquées. Lorsque je demande un avis à un psychologue sur l'efficience d'un malade, ou sur sa structure de personnalité, il utilisera ses outils, son langage, et son but sera encore différent. Son diagnostic aussi parfois.

Lorsque j'adresse un patient à un psychothérapeute qui me livrera une analyse psychodynamique et posera une indication thérapeutique, j'entendrai un autre registre d'évaluation et les perspectives ne seront plus symptomatiques.

On pourrait multiplier les exemples avec le développement des thérapies comportementales ou des thérapies systémiques.

Dans tous les cas, le diagnostic – ou son absence – est fonction de l'approche utilisée et du but poursuivi. Un des dangers réside dans l'absence de conscience permanente de cette diversité et dans l'utilisation par tous des mêmes mots recouvrant des concepts différents. Les mots « dépression » et « schizophrénie » peuvent peut-être illustrer cette affirmation. Le terme de dépression est d'apparition récente en psychiatrie. Sauf erreur, Falret l'aurait introduit en 1851. Le terme de mélancolie était, quant à lui, utilisé depuis l'Antiquité.

On voit les enrichissements, ou les distorsions, apportés au concept par les différentes approches de Janet à Freud en passant par les phénoménologistes, les pharmacologistes et maintenant la presse. On décrit même en psychiatrie des dépressions « masquées » dont la caractéristique est de ne comporter aucun trouble de l'humeur !

Le concept de schizophrénie – dont il faudrait bien se passer s'il n'était aussi peu remplaçable – recouvre aussi des réalités, et des malades bien différents. Sans évoquer les différences existant de part et d'autre de l'Atlantique, on entend ce « diagnostic » utilisé au sein d'une même institution pour désigner des patients dont les symptômes, les caractéristiques évolutives, le fonctionnement social et le devenir à long terme sont parfois opposés.

On entend par « système de diagnostic » des outils de classification des malades psychiatriques essentiellement dans un but de recherche clinique, épidémiologique, biologique ou thérapeutique. Le grand nombre de ces systèmes rend compte de l'insatisfaction générale. Aucun des systèmes existant ne semble apporter une réponse susceptible d'entraîner un consensus. Il n'est pas question ici de les

détailler ni même de les évoquer tous. Trois exemples ser-
viront simplement à illustrer la démarche de leurs auteurs.

La classification française de l'INSERM, complètement
caduque, visait initialement à faciliter les statistiques épidémiologiques hospitalières. Elle n'est jamais sortie de nos
frontières et correspond à une vision spécifiquement française de la psychiatrie. Pour l'établir, un groupe de psychiatres hexagonaux « représentatif » de la population de
psychiatres a établi une simple liste de diagnostics, comprenant une série de formes cliniques et se référant à la « nosologie française » telle qu'elle existe dans le manuel de H. Ey
qui a formé des générations de psychiatres. Tout utilisateur
est donc censé connaître le sens du terme utilisé, et celui-ci
est censé être parfaitement univoque.

Un autre exemple est la classification des maladies mentales de l'OMS connue sous le nom de CIM 9 (Classification
Internationale des Maladies, 9ᵉ version [1]). Des groupes de
travail internationaux ont établi des listes de diagnostics dont
chaque terme a été préalablement défini. On peut ainsi vérifier ce qui est entendu pour un diagnostic donné puisque la
définition en est précisée en quelques lignes. Toute différence par rapport aux termes de la définition interdit le diagnostic. Très sagement, les rédacteurs ont de nombreuses
rubriques « inclassables ». Cette démarche est calquée sur la
classification des diagnostics pour les maladies somatiques.
C'est une démarche typiquement médicale, donc symptomatique. De nombreux systèmes utilisent cette approche
comme l'AMDP qui fournit un glossaire détaillé définissant
chaque terme utilisé, ou comme les LICET de Pull et Pichot
pour la dépression et la schizophrénie.

Le dernier exemple concerne le fameux DSM III nord-amé-
ricain. Ce manuel, *Diagnostic et Statistique* (3ᵉ version), est

---

1. La 10ᵉ version est parue en 1994.

régulièrement remanié par la puissante Association Américaine de Psychiatrie [2]. L'originalité consiste à réaliser un véritable manuel de psychiatrie ne prenant en compte que les symptômes « objectifs » à l'exclusion de toute référence théorique ou étiologique. C'est ainsi que le terme de névrose a été banni puisqu'il renvoie à une théorie, mais les symptômes névrotiques sont bien entendu décrits. Seuls ont été retenus ceux qui présentaient une fréquence statistique significative pour pouvoir identifier un diagnostic. Le DSM III comporte plusieurs « axes » qui prennent en compte, par exemple, les antécédents, l'absence d'organicité et surtout, ce qui est original, la dimension temporelle des troubles. Le diagnostic de schizophrénie ne peut ainsi être porté pour la première fois que chez un sujet de plus de seize ans, de moins de quarante-cinq ans, dont les troubles évoluent depuis au moins six mois. Un sixième « axe » sera peut-être ajouté dans la 4e version si les groupes de psychanalystes américains qui travaillent actuellement sur le sujet arrivent à intégrer et à systématiser les informations d'ordre psychodynamique propres à un diagnostic.

La démarche diagnostique du DSM III apparaît bien souvent comme un arbre de décision dichotomique permettant d'arriver à une seule solution possible devant un tableau symptomatique non univoque.

On ne peut être qu'admiratif devant l'ampleur du travail réalisé, mais cette admiration n'empêche pas la critique à l'égard du DSM III, comme à l'égard de tout système diagnostique.

En effet, le DSM III ne devrait servir qu'à une activité de recherche pour établir des groupes homogènes de patients en vue d'une étude très limitée dans le temps. Or, le DSM III est utilisé pour établir des diagnostics « à vie » puisqu'il sert à

---

2. Le DSM IV est paru en 1994.

informatiser des dossiers hospitaliers. Il contribue ainsi – comme les autres systèmes – à fixer le patient sous une étiquette et à figer aussi l'équipe soignante dans une attitude thérapeutique sans nuance. Le DSM III méconnaît le fait qu'une symptomatologie même très lourde peut n'être qu'un moment – parfois très long – de l'existence d'un patient, mais que cette symptomatologie ne conditionne pas systématiquement l'avenir. Les études qui s'accumulent sur le devenir à long terme des schizophrènes sont éloquentes à ce sujet. Qu'il s'agisse d'études déjà anciennes comme celle de Ciompi et Muller ou celle de Manfred Bleuler, ou qu'il s'agisse d'études plus récentes, essentiellement anglaises, on découvre qu'au bout de vingt à trente ans d'évolution les symptômes dits psychotiques n'existent plus chez 50 % des malades. Ils sont remplacés parfois par des manifestations très pauvres et peu marquées d'allure névrotique, phobique et/ou obsessionnelle.

Le rôle iatrogène des institutions n'est pas évoqué pour les patients qui ne sont pas re-socialisés, mais il s'agit d'une autre histoire.

Les psychotropes ont joué un rôle important et non innocent dans l'évolution des concepts diagnostiques. C'est surtout le marketing pharmaceutique qui en est responsable. Comme il y a une justice en ce bas monde, il a, comme conséquence, stérilisé la recherche en matière de psychotropes.

Je voudrais m'expliquer sur ces affirmations. Les propriétés comportementales des psychotropes ont été découvertes par hasard et grâce à la sagacité des cliniciens. Nulle stratégie neurobiologique n'a abouti au développement de psychotropes originaux. La chlorpromazine (Largactil), développée comme antihistaminique anti-allergique, s'est révélée contre toute attente être une substance active sur l'agitation motrice, l'excitation euphorique et certaines

formes de délire, essentiellement hallucinatoire. Très sagement Delay et Deniker ont baptisé cette molécule « neuroleptique », la caractérisant par son aptitude à engendrer un
état de sédation et des signes neurologiques extrapyrami-
daux. Les Américains, ne reculant devant aucun excès, ont
appelé cette classe de médicaments « antipsychotiques ».

Les tranquillisants ou anxiolytiques, ainsi que les antidépresseurs, se définissent d'eux-mêmes dans la plus grande
clarté. Découvrant les propriétés comportementales des IMAO
(inhibiteurs de la monoamine oxydase), Nathan Kline avait
bien essayé de les caractériser comme « énergiseurs psychiques », ce qu'ils sont probablement, mais le marketing en
a voulu autrement et leur a fait rejoindre le groupe des antidépresseurs, ce qu'ils ne sont que dans certains cas.

Les psychostimulants ont fort mauvaise réputation et ne
sont utilisés que sous des masques d'emprunt (antidépresseur
par exemple).

Quant au lithium, il dérange. Traitement curatif des états
maniaques (mais trop lentement pour avoir un intérêt pratique), c'est spécifiquement et uniquement un traitement pro-
phylactique de la psychose maniaco-dépressive. Cet ion
appartient au domaine public, n'est protégé par aucun brevet
et coûte trois francs six sous. Il ne mérite donc pas de caractériser une famille de psychotropes. « Thymorégulateur » est
le nom, guère glorieux, qu'on lui a trouvé.

Bien que les psychotropes ne soient que des traitements
symptomatiques et non spécifiques d'une affection mentale,
le décor est planté. Les classifications de psychotropes renforcent la situation. Il existe des antipsychotiques, des antidépresseurs et des anxiolytiques. Il existe *donc* des psychoses, des dépressions et l'anxiété.

En partant d'une modification comportementale symptomatique, on individualise des classes thérapeutiques quasi

« étiologiques » et on fige la nosologie en trois grandes catégories de diagnostics.

Mais toute médaille a son revers. La recherche de « nouveaux psychotropes » est passée par la reproduction des substances mères. En effet, on cherche actuellement des « antidépresseurs » ou des « anxiolytiques » non pas en se basant sur les anomalies biologiques éventuellement en cause dans la dépression ou l'anxiété mais en reproduisant avec une molécule nouvelle les modifications biologiques induites par les molécules de référence. On a fabriqué un moule, et les « nouveaux » psychotropes sont ceux qui entrent dans le moule. On est condamné à répéter indéfiniment le modèle.

Le diagnostic est maintenant défini par le traitement qu'on lui applique. La dépression masquée est une dépression, même sans trouble de l'humeur, puisque ses symptômes disparaissent sous antidépresseurs. Le fait que les antidépresseurs aient bien d'autres propriétés, sédatives ou stimulantes, antalgiques, antihistaminiques, etc., ne change rien à l'affaire. Ce sont des antidépresseurs et ce qu'ils traitent doit être dépression. La même remarque s'applique à ce que traitent les anxiolytiques. Les comportements qu'ils améliorent sont forcément des comportements anxieux, puisque les traitements utilisés se définissent comme anxiolytiques même s'ils sont aussi anticonvulsivants, myorelâchants et sédatifs de la vigilance...

La psychopharmacologie a sûrement eu – plus ou moins volontairement – des conséquences perverses sur la nosologie psychiatrique et sur la recherche en psychopharmacologie. Pourtant, les troubles du comportement observés en pathologie mentale ne peuvent se réduire aux seules entités de la psychose, de la dépression et de l'anxiété. Il serait aussi utile que les chercheurs en neurobiologie puissent fournir aux cliniciens des molécules actives sur le fonctionnement cérébral sans qu'elles possèdent déjà au départ une étiquette préétablie, ce qui permettrait peut-être de trouver des propriétés symptomatiques réellement originales. Mais il existe bien sûr d'autres approches possibles selon qu'elles s'intéressent à la structuration de l'appareil psychique et à l'inconscient, aux mécanismes neuropsychologiques (cognition en particulier), qui permettent de décrire des catégories en psychiatrie. Il existe donc des démarches diagnostiques diverses ayant leur spécificité et leur but propre, qui montrent qu'établir un diagnostic univoque est une tâche impossible même si elle est souvent nécessaire.

Cette fragilité du diagnostic en psychiatrie, le caractère incomplet des bases sur lesquelles il repose rendent discutables l'autonomie et la singularité des entités décrites. On a déjà vu la mouvance des frontières entre névrose et psychose. On a évoqué le « no man's land » entre normalité et pathologie. Mais d'autres questions se posent. Le délire existe-t-il en soi ou seulement à travers le jugement extérieur ? Le délire, c'est la conviction absolue d'une réalité qui n'est pas admise par les autres. Mais si la conviction exprimée est acceptée par la société, le délire existe-t-il toujours ? Il en est ainsi des croyances profondes, mais sans l'ombre d'une preuve, qui sont socialement admises, qu'elles soient politiques ou religieuses ou parfois les deux à la fois. *Les Chants de Maldoror* sont-ils l'extériorisation de la pathologie de Lautréamont ou seulement le résultat d'une créativité artistique débridée ? La schizophrénie existe-t-elle en tant que maladie ? L'invention de Bleuler, c'est d'abord l'invention d'un mot. Le diagnostic repose sur des symptômes non univoques au point que les différents systèmes de diagnostic en usage dans le monde ne sont jamais concordants.

De la richesse descriptive des premiers auteurs (Bleuler, Kraepelin, Guiraud) que reste-t-il dans le DSM III ou surtout dans un certificat d'internement ? C'est reposer une fois de

plus la question : la folie existe-t-elle en soi ou est-ce purement une invention des hommes qui désignent certains
d'entre eux pour faire croire à son existence ? Quelle est la
réalité de quelque chose que l'on ne peut pas définir ?

Toutes les considérations qui précèdent ne concernaient
que l'adulte. L'absence de frontière nette entre le normal et
le pathologique, le caractère souvent artificiel de la séparation des maladies mentales en entités distinctes, tout cela
excluait l'enfant. Et pourtant il existe une discipline appelée
pédopsychiatrie qui s'attache, selon le modèle appliqué à
l'adulte, à décrire des maladies mentales de l'enfant et à
proposer des traitements. Chez cet être en évolution, qui
n'est qu'un devenir, le chaos psychiatrique est encore plus
flagrant que chez l'adulte. La controverse sur les catégories
diagnostiques est acharnée, la polémique à propos des modalités thérapeutiques est féroce.

Plus encore qu'en psychiatrie d'adulte, on assiste à l'affrontement entre les partisans de l'organogenèse et ceux de
la psychogenèse des troubles. L'utilisation de médicaments
est impitoyablement rejetée par les tenants d'une psychothérapie appliquée dès les premières années de la vie. En
revanche, les « chimiatres » ignorent superbement toutes les
études sur les interactions précoces entre la mère et l'enfant.
Laissons évoluer sans les évoquer plus en détail ces tumultes
et ces soubresauts en espérant que le sens de la nuance et
de la mesure finira par atteindre les pédopsychiatres. Il ne
serait pas juste cependant de ne pas saluer le travail remarquable réalisé par certains d'entre eux dans des directions
d'ailleurs fort différentes. La recherche de lésions cérébrales
minimes postnatales jouant un rôle sur l'altération des processus cognitifs, la dynamique relationnelle entre l'enfant et
son entourage, le démembrement du concept de débilité
mentale sont quelques exemples parmi d'autres. Il existe
d'éminents pédopsychiatres qui n'ont cependant pas encore

su faire entendre raison aux représentants d'une discipline où les questions du normal et du pathologique sont encore plus difficiles à cerner que chez l'adulte.

La « folie » du début du XIXᵉ siècle s'est progressivement transformée en un catalogue très médical où se déclinent des « maladies mentales ». De l'unicité globalisante d'un dérangement de l'esprit, on a évolué vers des étiquettes caractérisant chacun selon ses mérites. Cependant le goût de la classification n'épargnant pas la psychiatrie, il est d'usage, aujourd'hui encore, de décrire deux grands domaines qu'on a voulu opposer presque point par point : les névroses et les psychoses. À examiner de près cette distinction fondamentale pour la psychiatrie on s'aperçoit que la situation n'est pas simple. D'une part les oppositions subtiles séparant les névrosés – cousins des « normaux » – et les psychotiques – les vrais « fous » – ne tiennent pas, face à une observation clinique honnête. D'autre part l'empirisme de la psychiatrie quotidienne justifie par son caractère opérationnel la distinction névrose/psychose. La clef de cette contradiction apparente se trouve peut-être dans la dimension temporelle de l'observation.

Au cours d'un examen comparatif, le sujet névrosé avec qui on converse aimablement de ses difficultés existentielles et le psychotique agité et envahi par son délire hallucinatoire appartiennent clairement à des registres différents de troubles et de projets thérapeutiques.

En revanche, l'observation au cours du temps – surtout si la période est longue – de ces deux patients réserve des surprises. Notre névrosé subnormal vient, au bout de dix ans d'évolution, de présenter un épisode délirant aigu alors que le psychotique, baptisé parfois chronique, a vu en vingt ans sa symptomatologie s'appauvrir puis disparaître, laissant la place à ce qu'un psychiatre non averti des antécédents qualifierait de « structure névrotique ». On voit combien la distinction est fragile, arbitraire, mais néanmoins justifiée à certains égards. Le danger réel est dans l'esprit de certains psychiatres, qui en font un dogme, et figent ainsi définitivement leurs malades, quoi qu'il arrive, sous une étiquette fossilisante.

La notion moderne de névrose est un concept psychanalytique développé par Freud. La psychanalyse, dans son approche théorique de la psychologie, propose une genèse de l'appareil psychique qui se trouve structuré au cours du développement selon des étapes précises. Une perturbation survenant dans cette évolution serait à l'origine de symptômes et de comportements baptisés « névrotiques ». Le concept psychanalytique de névrose est donc un concept étiologique caractérisant la « psychogenèse » du trouble. Cette vision s'oppose à « l'organogenèse » des psychoses où les facteurs organiques cérébraux (biochimiques par exemple) seraient prépondérants.

À cette dichotomie simplificatrice est venue s'ajouter ultérieurement la thèse de la sociogenèse. Névrose ou psychose se trouvaient enfin réunies dans une perspective causale différente. C'est l'interaction entre le sujet et un milieu perturbant qui engendrait le trouble. Cette approche a été vigoureusement défendue par le courant antipsychiatrique. La trilogie idéologique et théorique : psychogenèse, organogenèse et sociogenèse devenait un champ de bataille où chaque position excluait férocement les autres. Il est intéressant de noter que les termes névrose et psychose avaient, avant Freud, un contenu strictement inverse : les névroses étaient les maladies des « nerfs » (c'est-à-dire organiques), et la maladie de Parkinson faisait partie des névroses. En revanche les psychoses étaient les maladies de l'esprit d'où l'organicité était pratiquement exclue. Curieux renversement de situation. L'antagonisme actuel psychose/névrose a été largement le fruit de la psychanalyse. Un névrosé ne peut pas devenir psychotique. Sinon ce serait remettre en question le fondement même de la genèse de l'appareil psychique. L'arrivée des traitements psychotropes a renforcé cette vision. D'un côté les névroses – que l'on laisse aux psychothérapeutes, et sur lesquelles les médicaments ont peu d'efficacité. De l'autre côté les psychoses dans le traitement desquelles « triomphent » les médicaments et qui ont fort peu intéressé Freud et ses élèves.

À cette opposition névrose/psychogenèse et psychose/organogenèse s'ajoutaient les notions que la névrose est moins grave, que le sujet qui en est atteint est conscient de son trouble et qu'il exprime clairement sa souffrance en consultant un médecin. À l'inverse, la psychose serait plus handicapante, n'entraînerait ni conscience du trouble ni demande spontanée d'aide médicale.

Pour caricaturer cette caricature, on a pu dire : « Le névrosé est celui qui fabrique des châteaux en Espagne, le psychotique est celui qui les habite et le psychiatre... celui qui en perçoit les loyers. »

La réalité clinique montre que cette opposition s'affadit d'une part avec la longueur de l'observation, et comprend d'autre part de nombreuses exceptions. Des situations intermédiaires semblent exister entre ces deux extrêmes. Baptisées états limites (ou « border line »), constituent-elles une nouvelle entité ou doivent-elles remettre en question le concept ? Existe-t-il un continuum entre névrose et psychose ? Comment faire accepter l'opposition classique lorsque l'on voit des « névrosés » dont les symptômes absurdes sont reconnus comme tels par les patients mais demeurent inévitables (les rituels de vérification d'un obsessionnel) ou bien sont totalement méconnus (névrose hystérique) et aboutissent à des invalidités sociales ? De même il existe des « psychotiques » qui ne délirent jamais et mènent une existence sociale tout à fait acceptable.

La psychogenèse des névroses serait-elle aussi absolue qu'on l'imagine ? Autant de questions pour l'instant sans réponse claire, mais qui amènent à remettre en cause – sans l'abandonner tout à fait – la classique distinction. La folie n'est peut-être pas une et indivisible, mais les catégories actuelles de maladies mentales auraient besoin d'être nuancées, les diagnostics assouplis et les frontières entre névroses, psychoses et normalité sont sans doute plus mouvantes qu'elles ne le paraissent actuellement. Les successions, les mélanges et les retours en arrière existent. Névroses et psychoses sont des modes d'expression témoins d'un conflit d'adaptation entre le sujet et son milieu. Le symptôme est la résultante de toutes les instances de l'être : son identité biologique, sa vie psychique passée, et le présent de son environnement. La folie ne peut pas disparaître par simple changement du milieu. Mais celui-ci conditionne largement la reconnaissance ou l'acceptation de la folie. Que penser des « schizophrénies sociales » définies dans certains pays par la simple opposition au régime ?

Que penser des délires mystiques qui, selon le contexte, l'interlocuteur, ou l'époque, conduisent à la sainteté ou à l'asile ?

La relativité de la pathologie devrait conduire les psychiatres à ne pas se laisser abuser par les étiquettes, et le caractère conjoncturel de la normalité devrait pousser chacun de nous à plus de tolérance face à la folie.

Il est un domaine appartenant au quotidien qui illustre bien l'immense difficulté à différencier le normal du pathologique. C'est ce que j'appellerai « le coup de folie de l'homme normal ».

Ce sont les faits divers qui illustrent en général cette situation.

– Marié, père de famille, honorablement connu dans son quartier, il a violé une jeune fille...

– L'assassin de l'automobiliste était un homme sans histoires...

– Saisi d'un coup de folie, il tue sa femme et ses enfants avant de se donner la mort...

Devant la discordance existant entre l'acte réalisé et le statut social de son auteur il faut expliquer. Et comme le mobile rationnel est exclu, c'est la folie qui expliquerait tout. L'appareil social – judiciaire en l'occurrence – a tout prévu. Des psychiatres experts vont être commis et permettre de décider si l'acte reproché tombe sous le coup de l'article 64 du Code pénal. Ces psychiatres utilisent leur savoir pour décider si l'accusé ira en prison ou à l'asile. C'est donc à la demande de la société que le statut de « fou » sera attribué ou non lorsque l'auteur d'un acte horrible se trouve être Monsieur Tout-le-Monde. Les termes mêmes de l'article 64 ne correspondent à aucune terminologie psychiatrique actuelle et entretiennent la confusion.

Sont en effet déclarés non coupables les sujets qui « étaient en état de démence au moment des faits ». Le mot démence est ici employé en dehors de son acception scientifique et n'est qu'un euphémisme pour désigner la folie ou plutôt une folie passagère qui, seule, permet d'admettre qu'un homme « normal » cesse brusquement de l'être pour agir ses passions ou ses instincts. Les comptes rendus des experts sont fort instructifs car purement subjectifs bien entendu, et, en règle générale, contradictoires. Aller rechercher des anecdotes de la petite enfance ou des conflits familiaux pour justifier « l'assassinat de la pleine lune » est un exercice de style gratuit, dont l'intérêt majeur est de rationaliser dans un domaine où l'irrationnel est inacceptable. Si l'on ne dispose pas d'experts pour vous expliquer les cheminements obscurs et souterrains qui rendent inévitable la seconde de passage à l'acte, comment croire à la normalité ? Si tout le monde, vous, moi, le juge et les jurés, l'expert lui-même pourquoi pas, est capable de passer en un instant de la normalité à la transgression de l'interdit, voilà qui relativise le domaine de la folie.

Et pourtant c'est bien ainsi que les choses se passent. Normal avant, normal après, Monsieur Tout-le-Monde sera reconnu « dément au moment des faits » pour que l'honneur de la société soit sauf. En réalité, il est des explications simples. Ce qui sépare un comportement « normal » d'un passage à l'acte grave, c'est le poids des conditionnements culturels et sociaux, c'est l'autocensure de l'individu et du groupe, c'est la peur d'être pris, le sens de la faute, la crainte du remords. Il est des circonstances dues à la température de la soirée, au relâchement des interdits, au caractère désert du lieu ou à l'aveuglement de la colère qui font voler les carcans moraux en éclats. Tout homme « normal » porte en lui le germe de la folie, tout homme, sans exception, peut, à la seconde, basculer dans un autre monde. Parfois il ne s'agit pas d'un homme mais d'un peuple tout entier. Mais une telle idée est tellement insupportable, tellement peu compatible avec la dignité des notables, que des étiquettes existent pour que l'on sache tout de même à qui l'on a affaire.

Les difficultés à définir le normal et le pathologique n'empêchent pas de parler de guérison. Qu'est-ce que la guérison d'une maladie mentale et cette guérison est-elle possible ?

En médecine la guérison peut se définir par un retour à l'état antérieur ou à une disparition des symptômes. Mais dans sa thèse de 1943 sur *Le Normal et le Pathologique : réflexion sur le somatique,* Georges Canguilhem a montré que cela n'était pas si simple. L'opinion du sujet sur lui-même procède de la guérison. Se sentir malade ou en bonne santé est indépendant parfois de l'opinion des médecins.

Henri Jeanson disait : « Ma santé me rend malade. » Ce qui est déjà complexe pour le somatique devient encore plus difficile pour la maladie mentale. La guérison n'est certes pas un état, est-ce alors un retour à un état antérieur à la maladie ? C'est en tous les cas une situation qui implique obligatoirement une modification dans trois registres différents : les symptômes (c'est l'opinion du psychiatre), l'image de soi et l'équilibre psychodynamique (c'est à la fois l'opinion du sujet et parfois du psychothérapeute), enfin les rapports au milieu (c'est la norme sociale). S'il manque une transformation dans un des trois domaines, il n'y a pas de guérison. Quel sens peut avoir la seule guérison des symptômes qui laisse le sujet désemparé psychologiquement et désinséré socialement ? La rançon en est souvent le suicide, comme on le voit chez ces psychotiques dits « guéris » qui n'ont plus rien à eux, pas même leurs symptômes. Les psychiatres appellent parfois cela « dépression post-psychotique » pour ne pas s'avouer qu'ils ont failli aux deux autres missions qui étaient les leurs : redonner au sujet une image valorisée de lui-même et une autonomie sociale.

Dans d'autres cas, une réadaptation au travail et une réinsertion sociale forcées et isolées n'ont pas de sens et sont vouées à l'échec si les autres éléments du trépied de la guérison n'ont pas évolué en parallèle.

Les médicaments sont souvent efficaces pour effacer les symptômes : dépression, anxiété, délire. Mais comment contribuer à redonner au sujet une image de soi acceptable, des rapports à autrui non dévalorisants, et le sentiment psychologique de sa guérison ? Guérir, c'est aussi ne plus être différent – ou accepter sa différence – et ne plus se sentir inférieur. C'est réaménager ses rapports avec l'autre, qui se souvient et qui souvent a encore peur. Les psychothérapies dont le souci n'est pas la disparition des symptômes visent à permettre au sujet d'être en accord avec lui-même. La guérison psychothérapique permettra de supporter les frustrations existentielles sans trop d'anxiété et d'affronter les agressions du monde extérieur sans risques excessifs de perturbations intérieures.

Cette guérison est donc un processus complexe qui intéresse l'homme dans sa globalité physique, psychique et sociale. On voit d'emblée qu'une seule approche thérapeutique isolée, médicamenteuse, psychologique ou sociale, est une absurdité.

Après ce périple à travers la folie, la dichotomie normalité/pathologie apparaît difficilement soutenable.

Le normal passe au pathologique par une suite d'escalades progressives dont la nosologie ne rend pas compte. Elle n'individualise que le résultat final, le terme ultime et caricatural de ces dérapages. Le normal ne s'oppose pas au pathologique comme le noir et le blanc. Pour un individu précis, la normalité est une position moyenne d'équilibre constatée au cours du temps. A un moment donné, un individu normal peut être parfaitement pathologique pendant un bref instant. Angoisse, tristesse, interprétation erronée, persécution, phobie, obsession, perception déréelle, si elles sont brèves, peuvent se voir chez tout individu normal. C'est la durée temporelle de ces anomalies qui différencie le normal du pathologique.

Quand on regarde dans le miroir de la folie, on aperçoit son propre visage. Toute la « pathologie mentale » existe en chacun de nous, de manière potentielle, dans un recoin secret.

Jacques Lacan, reprenant une expérience de Kodak, faisait une analogie entre l'état psychique de l'homme et l'aspect d'un toit de tuiles qui, photographié au fil des heures, n'avait jamais la même teinte.

Ainsi l'homme normal est-il toujours le même et toujours

légèrement différent. La normalité et le pathologique, c'est ce continuum de nuances avec des accentuations de couleur dans certains cas. Il n'y a pas de différence dans l'absolu, il n'y en a que dans l'instant.

La souffrance du sujet atteint de maladie mentale et celle de son entourage sont accrues par l'incompréhension des phénomènes et par l'incommunicabilité avec autrui. Pourtant, la situation si proche du normal et du pathologique devrait pousser à la tolérance et à l'ouverture. Un autre regard sur la normalité nous montrerait qu'elle porte en elle le potentiel de toutes les folies et un regard sur la folie nous ferait découvrir que durabilité n'est pas immuabilité.

CHAPITRE 3

Les médicaments du cerveau

De tout temps des substances étrangères à l'organisme ont été utilisées pour modifier le comportement [1]. Le but recherché consistait le plus souvent à provoquer l'euphorie, à soulager la fatigue ou la douleur, à augmenter la résistance à l'insomnie ou à l'effort, voire à tromper la faim ou à provoquer des hallucinations visuelles. Les produits étaient utilisés par des sujets normaux et il s'agissait en règle générale de toxiques : alcool, coca, opium, peyotl ou mescaline. Toutes ces substances ont comme support de leurs effets comportementaux une action sur la transmission chimique cérébrale. Bien différents sont les médicaments du cerveau, ou psychotropes, qui ne sont utilisés que chez des sujets malades pour supprimer ou atténuer des symptômes gênants. Les psychotropes modifient eux aussi la chimie cérébrale. Ils sont utilisés comme moyen thérapeutique pour traiter les troubles mentaux dans une perspective purement symptomatique. Aucun médicament psychotrope n'a d'effet sur les

---

1. Tous les médicaments cités dans ce chapitre sont enregistrés et ne peuvent être délivrés que sur ordonnance.

causes des troubles psychiques. Ces traitements n'ont donc pas de spécificité absolue même si l'usage leur a dessiné des champs d'action relativement précis. Les psychotropes, contrairement à une idée fausse, ne modifient pas la personnalité. Modifient-ils seulement la pensée ? Sûrement pas d'une manière directe, mais peut-être secondairement, en interférant avec les processus cognitifs cérébraux. Administrés à des sujets normaux, ils n'auront, le plus souvent, aucun effet particulier, hormis une sédation de la vigilance et divers effets sur la motricité. Chez les sujets malades, la disparition des symptômes permettra le retour à un état antérieur par suppression de l'anxiété, de l'insomnie, de l'humeur dépressive ou des idées délirantes. Ces médicaments du cerveau sont-ils des médicaments de l'esprit ? C'est discutable, dans la mesure où ils n'agissent que sur les performances cérébrales ou sur des productions pathologiques de la pensée. L'action primaire des psychotropes ne permettra de changer ni une conviction religieuse ou politique, ni une éthique, ni un sentiment. L'amour ou la haine, les goûts et les aversions, les acquis du passé ne seront pas modifiés. Ce qui fait un homme ou une femme avec son histoire personnelle, ses souvenirs, ses forces et ses faiblesses, son affectivité et son intelligence, restera strictement inchangé lors d'un traitement par les psychotropes. C'est pourquoi, bien qu'indispensables, ils ne peuvent, à eux seuls, prétendre soigner totalement la souffrance psychique. Leur action sur les symptômes d'une pensée malade est incomparable, mais elle reste sans effet sur le vécu individuel du patient ou sur le retentissement social de sa maladie. L'histoire des psychotropes mérite d'être brièvement contée. Les médicaments du cerveau sont d'utilisation récente (moins de quarante ans) et ils ont tous été découverts en même temps, dans les années cinquante. Nulle stratégie de recherche, nulle brillante hypothèse neurobiologique n'ont présidé à leur caractérisation.

Leurs bonnes fées s'appelaient le hasard, la chance et l'observation de leurs effets par les cliniciens. Depuis les années soixante, c'est-à-dire depuis que la recherche de médicaments nouveaux repose sur des stratégies biologiques sophistiquées, aucune découverte notable n'est venue enrichir la panoplie des psychotropes. Le très rapide développement de nos connaissances sur le fonctionnement cérébral et la découverte régulière de nouveaux messagers des cellules nerveuses n'ont permis, pour le moment, aucune innovation décisive. On ne peut que le constater, sans pour autant le contester. Faut-il attendre une nouvelle manifestation de la chance pour espérer une grande découverte, ou faut-il simplement réviser les stratégies de recherche ? On verra plus loin qu'il existe peut-être des réponses à cette question.

Toutes les propriétés cliniques des psychotropes furent établies par l'observation de leurs effets sur l'homme. Il ne pouvait guère en être autrement, dans la mesure où il n'existe évidemment pas de modèle de maladie mentale chez l'animal de laboratoire. Cependant, le hasard et la sagacité de certains observateurs furent à l'origine de plusieurs grandes découvertes. En 1949, J. Cade, en Australie, étudie chez le cobaye une substance potentiellement utile en rhumatologie. Il constate que ses animaux, après injection du produit, sont d'une sagesse exemplaire. En fait, il existe un effet sédatif qui diminue l'activité locomotrice des cobayes. Tout aurait pu en rester là. Un effet non attendu, relativement banal, aurait normalement dû tomber dans l'oubli. Cade est intéressé et se demande si cette activité imprévue est due au produit qu'il a administré ou au solvant du produit. Il recommence l'expérience avec le solvant seul et avec la substance diluée dans un autre liquide. Seuls les animaux traités par le solvant manifestent une sédation. Le solvant contient un sel de lithium. Cade multiplie les expériences avec d'autres solvants et acquiert la certitude que seul le lithium est en cause.

Il s'agit du plus léger des métaux, un ion banal, comme le sodium ou le potassium. Cade, qui est psychiatre, imagine un emploi possible pour sa découverte : calmer les malades mentaux agités. En effet, à cette époque la « folie » se manifeste bruyamment par les grands états d'excitation psychomotrice des schizophrènes ou des maniaques qu'on est contraint de ligoter. Les premiers résultats sont très concluants. Les sels de lithium sont capables de calmer une agitation excessive sans endormir les malades comme le faisaient les barbituriques. Mais le lithium engendre des complications, dont certaines seront mortelles, et son utilisation est abandonnée vers 1953, d'autant que l'on ne comprend pas les raisons des accidents qu'il provoque. Le lithium aurait pu être définitivement oublié. Mais un Danois opiniâtre et clairvoyant, Morgen Schou, veut comprendre. Il se demande pourquoi le lithium est toxique chez certains patients et pas chez d'autres. Il émet alors l'hypothèse que la toxicité serait liée à des concentrations trop élevées de lithium dans le sang. Schou, après obtention d'une méthode de dosage, va travailler pratiquement seul, pendant quinze ans, contre l'opinion médicale de l'époque. Un article pseudo-humoristique, paru dans la grande revue médicale *Lancet,* le ridiculise. Patiemment, sans se décourager, Schou établit la vérité. Le lithium est efficace à partir d'une certaine concentration dans le sang, il est toxique au-delà d'une certaine valeur. Le contrôle par une banale prise de sang, tous les deux ou trois mois, suffit à assurer une sécurité absolue. En outre, si l'efficacité du lithium est confirmée dans les états d'agitation, Schou démontre surtout d'une manière irréfutable que l'administration continue de ce métal empêche ou limite les rechutes mélancoliques ou maniaques de la psychose maniaco-dépressive. L'effet préventif du lithium est démontré. 1 % de la population va pouvoir mener une vie normale et oublier les hospitalisations répétées. La famille des « régulateurs de l'humeur » est née. Quelques années plus tard, en 1952, une autre aventure commence. Une substance antihistaminique : la chlorpromazine (à propriétés potentielles dans l'allergie) est utilisée en anesthésie, associée à d'autres médicaments, par un chirurgien : H. Laborit.

Le « cocktail » de Laborit comprenait un hypnotique lui aussi antihistaminique, le Phénergan, et un dérivé de l'opium, le Dolosal. Laborit sait non seulement endormir ses malades, les opérer, mais il sait aussi les écouter. Ce que racontent les malades traités par la chlorpromazine intéresse vivement le chirurgien : ralentissement des idées et des gestes, indifférence à l'entourage, mise à distance du monde extérieur. Ces effets sont bien différents de ceux engendrés par le Phénergan et le Dolosal seuls.

La chlorpromazine aurait-elle un intérêt dans le traitement des états d'agitation ? À la suggestion de Laborit, certains de ses collègues, psychiatres à l'hôpital du Val-de-Grâce, essayent le produit associé au Dolosal dans un état maniaque, mais la tentative ne va pas plus loin. Les responsables de la firme qui fabrique la chlorpromazine (Rhône-Poulenc) avaient contacté le service de psychiatrie universitaire de l'hôpital Sainte-Anne dirigé par J. Delay. Dans ce service, il existe un « pavillon des admissions » où sont hospitalisés tous les grands agités. On imagine facilement l'ambiance d'un tel pavillon, où règnent les hurlements, le bruit et la fureur.

P. Deniker, chef de clinique, et Harl, interne, qui ont en charge ces malades, n'ont guère à leur disposition que du sirop de chloral, des barbituriques et... la camisole de force. L'introduction de la chlorpromazine dans ce pandémonium va avoir un effet miraculeux. Les agités se calment, les délires s'apaisent, le silence s'installe et la communication se rétablit. Plus tard, Delay, Deniker et leurs élèves vont multiplier les observations sur les effets de la chlorpromazine, ses indications et ses inconvénients : le Largactil est né. En 1957, ils proposent le terme « neuroleptique » pour caractériser cette classe de médicaments et ils ouvrent véritablement l'ère de la psychopharmacologie en transformant l'évolution des psychoses. La psychiatrie, comme les autres branches de la médecine, va enfin posséder son arsenal médicamenteux. Cette innovation est tellement spectaculaire dans ses effets, tellement rassurante dans sa portée, qu'elle va aligner un peu plus la psychiatrie sur le modèle médical et faire perdre de vue à certains qu'on ne soigne pas seulement des symptômes, mais aussi des hommes.

Les autres grandes découvertes en matière de médicaments du cerveau ne sont pas moins dues au hasard et à l'observation.

Les effets remarquables de la chlorpromazine vont pousser nombre de firmes pharmaceutiques à copier la molécule.

L'une d'entre elles, Ciba-Geigy, modifie légèrement la formule chimique de la chlorpromazine et propose l'imipramine dans la schizophrénie comme un « nouveau » neuroleptique. Les résultats sont globalement décevants. Cependant, un investigateur suisse, Roland Kühn, tout en confirmant la pauvreté des résultats obtenus dans les psychoses, constate une normalisation de l'humeur lorsque celle-ci était déprimée. Il insiste pour essayer l'imipramine dans la dépression seule. Après bien des réticences de la firme, il peut tester la molécule chez des mélancoliques. À la stupéfaction de tout le monde, en quinze jours, l'humeur des malades est transformée, les idées de suicide disparaissent, le goût de l'existence se manifeste de nouveau. On est en 1957. Le premier antidépresseur est né : il s'appellera le Tofranil.

La même année, de l'autre côté de l'Atlantique, une équipe de psychiatres américains avec N. Kline découvre les propriétés antidépressives d'un médicament antituberculeux.

Dès 1952, on connaissait en France les effets euphorisants d'un antituberculeux, le Rimifon. Dans les sanatoriums, l'ambiance était plutôt gaie, l'activité sexuelle stimulée et l'idéation accélérée. Aux États-Unis, ce sont des chirurgiens qui font les mêmes observations en traitant des lésions de tuberculose osseuse par l'iproniazide. Leurs collègues psychiatres ont alors l'idée d'administrer ce médicament à des déprimés. Les résultats, là aussi, sont spectaculaires ; le Marsilid, appartenant à une tout autre famille chimique que le Tofranil, apportait en 1957 une autre possibilité de traiter la dépression de l'humeur. Ces médicaments agissent en inhibant l'activité d'une enzyme : la monoamine oxydase, ce qui leur vaut l'appellation générale d'inhibiteurs de la monoamine oxydase ou, en abrégé, d'IMAO.

Les tranquillisants sont apparus à peu près à la même époque. Synthétisé en 1949, le Librium sera utilisé en 1958, et le Valium suivra très rapidement. En 1950, on découvre le méprobamate (Équanil et Procalmadiol), qui sera commercialisé en 1954. Si la famille des tranquillisants ne repose pas totalement sur l'observation et la chance, comme c'est le cas pour les autres psychotropes, les propriétés exactes et multiples des tranquillisants : relaxation musculaire, induction du sommeil, protection contre les convulsions, effet amnésiant, etc., ne seront établies que progressivement.

On ne peut parler de l'historique des médicaments du cerveau sans évoquer leur classification et les effets pervers et inattendus de celle-ci. Dès 1928, dans son livre *Les Paradis artificiels,* Lewin propose une nomenclature en cinq groupes des substances connues susceptibles de modifier le psychisme. Aucune d'entre elles ne constitue à proprement parler un médicament. La plupart sont des toxiques avérés. Les euphorisants et sédatifs dérivent de l'opium et de la coca, les hallucinogènes comprennent le peyotl et le chanvre indien, les enivrants ont comme chef de file l'alcool, les hypnotiques regroupent le chloral et le barbital (Veronal) et enfin les excitants réunissent de nombreuses substances comme le café, le thé, le tabac, etc. Mais c'est en 1961, toutes les grandes classes de médicaments du cerveau ayant été découvertes, que J. Delay propose une classification qui reste encore d'actualité à quelques variantes près.

Les classifications n'existent pas dans la nature, mais l'esprit humain aime organiser et trouver une logique aux choses de l'univers. Plus la logique est satisfaisante pour l'esprit et plus on croit à la réalité des classifications. Ce fut le cas pour la proposition de J. Delay. Le psychologue P. Janet avait décrit un « tonus psychique » de base caractérisant les individus à travers leur vigilance et leur humeur. Delay a alors classé les médicaments du cerveau en fonction de leur action sur ce tonus mental. Certains, les psycholeptiques, par leurs effets sédatifs, le diminuent. Ce sont les hypnotiques, les tranquillisants, les neuroleptiques et on y a rajouté récemment les régulateurs de l'humeur (lithium). D'autres, les psychoanaleptiques, élèvent ce tonus comme les antidépresseurs et les stimulants de la vigilance. Enfin une troisième catégorie, les psychodysleptiques, perturbent le tonus psychique en provoquant des productions inhabituelles comme les hallucinogènes, les stupéfiants ou les enivrants. On voit déjà que le tonus mental, pierre de touche des médicaments du cerveau, est essentiellement caractérisé par la vigilance et par l'humeur. Ces deux fonctions ne sont pas suffisantes pour définir la pensée et l'esprit humain. Les médicaments du cerveau ne sont donc pas des médicaments de l'esprit. En outre, les psychodysleptiques susceptibles de pervertir les instances affectives de l'individu et de provoquer des hallucinations sensorielles sont bien autre chose que de simples modificateurs de la vigilance et de l'humeur. Néanmoins, cette classification ayant le mérite de la clarté, de la simplicité et de la logique, elle fut unanimement adoptée. Nous n'avons pas fini d'en mesurer les conséquences néfastes... En effet, ce panorama mettait en place les médicaments du cerveau en leur donnant des noms évocateurs, précis, où l'action supposée définissait la pathologie traitée : anxiolytiques, hypnotiques, antidépresseurs et neuroleptiques, que les Nord-Américains appellent antipsychotiques. Première conséquence fâcheuse : les maladies mentales ne pouvaient plus appartenir qu'aux domaines de l'anxiété, de la dépression et de la psychose. En dehors de cette nosologie, point de salut. Mais la réalité clinique est plus subtile et elle échappe forcément aux classifications. Force fut donc de faire entrer la réalité, en la contraignant un peu, dans les cadres simplificateurs qui avaient été prévus pour elle. De surcroît, la fonction définissant l'objet, tout tableau clinique s'améliorant grâce à un anxiolytique devenait un trouble anxieux, tout bénéfice thérapeutique lié à l'utilisation d'un antidépresseur correspondait forcément à un syndrome dépressif. On a ainsi défini des « dépressions masquées » guérissant sous antidépresseurs et correspondant à des troubles divers (maux de tête, douleurs lombaires, etc.) dont le propre était de ne comporter aucune anomalie de l'humeur. Le comble du paradoxe était atteint, mais les effets souterrains d'un marketing pharmaceutique efficace n'étaient pas étrangers à la situation.

La classification des psychotropes n'avait pas seulement stérilisé la nosologie, elle allait aussi, et par voie de conséquence, entraver toute innovation en matière de psychotropes. En effet, lorsque des chercheurs découvrent qu'une nouvelle substance modifie le fonctionnement cérébral, il leur faut la baptiser en fonction de la classification des psychotropes. Celle-ci étant un dogme, il n'est pas imaginable de dire à un clinicien : « Testez cette nouvelle molécule, ce n'est ni un anxiolytique, ni un neuroleptique, ni un antidépresseur. À vous de trouver ses propriétés comme au bon vieux temps des années cinquante. »

C'est pourquoi de grandes découvertes gisent très certainement dans les corbeilles à papiers de l'industrie pharmaceutique et c'est pourquoi nombre de malades sans étiquette constituent les échecs des psychotropes d'aujourd'hui. Lorsque l'on contraint l'esprit humain dans les avenues rigides d'une classification simplificatrice et artificielle, on ne peut, de surcroît, lui demander d'innover ou, plus simplement, d'admettre la complexité de la réalité.

Les grandes catégories de médicaments du cerveau

1. Les neuroleptiques

Les neuroleptiques, appelés antipsychotiques aux États-Unis, furent les premiers psychotropes modernes à être commercialisés. Leurs effets et leur utilisation ont donné lieu à beaucoup de commentaires plus ou moins exacts dans le grand public. « Camisole chimique » pour certains, laissant le malade apathique, bavant, secoué de mouvements anormaux, obèse et impuissant, c'est la panacée du traitement de la schizophrénie pour d'autres. Où est la vérité ? Les neuroleptiques ne sont que ce que l'on en fait. Utilisés quand il le faut, selon une posologie individualisée, en évitant les associations médicamenteuses, ils ont indiscutablement transformé l'évolution des manifestations psychotiques aiguës et peut-être permis d'améliorer la prise en charge des psychoses chroniques. En revanche, mal utilisés par des médecins incompétents, administrés à titre de traitement unique dans la schizophrénie, ou *a fortiori* prescrits comme incapacitants chez des sujets normaux manifestant une opposition sociale, ils ne présentent que des inconvénients. Mais il ne faut pas tout mélanger ou pratiquer des généralisations abusives. Dans leurs conditions optimum d'utilisation, les neuroleptiques ont contribué à dépsychiatriser les formes les plus graves de maladies mentales et à désinstitutionnaliser les asiles. Mais ils ne peuvent le faire seuls si d'autres formes d'aide psychologique et sociale ne sont pas mises en œuvre. Ils ont contribué à les rendre possibles, et c'est déjà un bénéfice considérable.

Il existe une quarantaine de formes de neuroleptiques commercialisés en France, appartenant à quatre grandes familles chimiques. Les plus souvent utilisés s'appellent Largactil, Tercian, Nozinan, Moditen, Piportil, Melleril, Loxapac, Haldol, Orap-Opiran, Dogmatil, Barnétil... On ne peut les citer tous. Une polémique existe à propos de leurs propriétés. Sont-ils tous identiques, ou existe-t-il des différences entre eux ? Les Européens (Français surtout, et Belges) ont décrit des « classifications des neuroleptiques » où chacun avait sa petite particularité ; plus ou moins sédatif, ou plus ou moins stimulant (ou « désinhibiteur »). En revanche, le monde anglo-saxon ne reconnaît pas ces différences et considère que, dans des conditions équivalentes d'administration, tous les neuroleptiques ont les mêmes propriétés. Cette position ne fait évidemment pas la joie de la publicité pharmaceutique qui a bien du mal à différencier son produit de celui du voisin. N'entrons pas dans le détail de ces querelles de spécialistes ! Il est possible qu'administrés pendant quelques semaines, pour traiter des manifestations psychotiques aiguës, certains neuroleptiques, à certaines posologies, soient plus sédatifs que d'autres. Il est vraisemblable que, prescrits au fil des mois, voire des années, dans des psychoses chroniques, leurs propriétés thérapeutiques et leurs effets indésirables soient strictement analogues.

Parler de médicaments, c'est évoquer à la fois les bénéfices attendus mais aussi ce qu'on appelle parfois les effets secondaires, c'est-à-dire des manifestations gênantes pour le patient. La distinction est assez artificielle. En effet, le même médicament peut engendrer chez le même malade une sédation bénéfique au cours d'un état d'agitation ou à l'inverse une sédation gênante lorsque le calme est rétabli.

La différence entre l'avantage et l'inconvénient tient donc à l'indication du traitement, aux « symptômes cibles » qui sont visés par celui-ci, et au confort du malade. Globalement, et avec une puissance grossièrement proportionnelle à la posologie utilisée, les neuroleptiques ralentissent la vitesse idéatoire et la cinétique du mouvement. Ces effets psychomoteurs, bénéfiques au cours d'un état d'excitation aiguë, peuvent, en cas de surdosage, aboutir à un esprit « gelé » et à un corps soudé, véritable sidération de l'individu. C'est le ralentissement de la pensée et la difficulté à enchaîner les idées qui contribuent à créer un état d'indifférence psychique. Il existe aussi une altération de la vigilance avec induction d'une somnolence dont l'intensité est fonction de la dose de médicament. Cet effet sédatif contribue à apaiser l'anxiété pathologique.

Mais les effets les plus spécifiques et les plus remarquables des neuroleptiques sont leurs propriétés antihallucinatoires et leur efficacité sur les idées délirantes.

Toutes ces propriétés font des neuroleptiques des agents interférant puissamment avec les fonctions cognitives du cerveau, déprimant la vigilance et ralentissant l'initiation des mouvements.

Les indications des neuroleptiques découlent des effets qu'ils engendrent. Ils seront utiles, et même indispensables, dans les états qui associent une excitation psychique et motrice avec une accélération des idées, une agitation aiguë et des idées délirantes qui conduisent à des comportements excessifs, inadaptés et bien souvent dangereux. Une stricte adaptation individuelle de la posologie, selon des règles tech-

niques maintenant bien connues, doit entraîner une normalisation de l'état du malade, c'est-à-dire le retour à une
vitesse idéatoire compatible avec un dialogue, la restauration
d'une motricité adaptée, le rejet des idées délirantes et la
disparition des hallucinations. C'est un surdosage intempestif
qui risquerait d'aller au-delà du but recherché et d'entraîner
une sédation exagérée et un ralentissement psychomoteur
gênant. Toutes les psychoses aiguës sont des indications de
choix des neuroleptiques. Les accès maniaques, les bouffées
délirantes, tous les états délirants aigus d'une manière générale sont rapidement améliorés, alors qu'autrefois leur évolution spontanée mettait pendant des mois les malades dans
une situation d'inconfort extrême. Les neuroleptiques sont
aussi largement utilisés dans les formes chroniques de schizophrénie, ainsi que dans les autres types de délires chroniques. Dans ces cas, l'intérêt thérapeutique est variable. Au
cours des schizophrénies, le bénéfice est net lorsqu'il existe
un délire en évolution. Les neuroleptiques semblent également efficaces sur les désordres du cours de la pensée et sur
le repli intérieur des patients concernés. En revanche, les
formes déficitaires de la schizophrénie, caractérisées par le
vide idéique, le ralentissement psychomoteur sont peu
influencées, voire aggravées par les neuroleptiques. Il semble
bien que les stimulations obtenues par des neuroleptiques
dits « désinhibiteurs » ne soient en fait que des manifestations d'effets secondaires neurologiques dont le bénéfice réel
est douteux et qui s'épuisent d'ailleurs rapidement avec le
temps. Il faut bien admettre qu'il n'existe pas aujourd'hui de
traitements médicamenteux durablement efficaces des
formes déficitaires de la schizophrénie.

   Au cours de l'évolution chronique d'une schizophrénie
stabilisée, le traitement neuroleptique permet probablement
de limiter les rechutes sur un mode aigu. L'utilisation de
neuroleptiques à action prolongée peut être alors envisagée.

Il s'agit de formes pharmaceutiques particulières qui, injectées en intramusculaires, permettent une persistance des effets de deux à quatre semaines. On peut citer parmi les huit médicaments disponibles le Modecate, le Piportil ou l'Haldol Decanoas. Cette modalité d'administration permet un confort supplémentaire pour le malade qui, bien souvent, à ce stade d'évolution de sa maladie, n'est plus hospitalisé et a repris une activité. Cependant, il semble aujourd'hui douteux que l'administration de neuroleptiques au cours d'une schizophrénie chronique stabilisée depuis trois ans soit justifiée. Sans préjuger des autres modalités thérapeutiques mises en œuvre en parallèle, les neuroleptiques dans ces cas précis ne semblent plus apporter de bénéfice, mais conservent leurs possibles effets secondaires.

Les autres délires chroniques, non schizophréniques, sont beaucoup moins sensibles aux effets des neuroleptiques. Finalement, ce sont les hallucinations visuelles ou auditives surtout qui bénéficient du traitement. Les délires paranoïaques, quant à eux, ne sont guère influencés et la conviction délirante demeure souvent entière même après des années de médication.

Pour résumer, les neuroleptiques représentent le traitement d'élection des manifestations délirantes et des états d'agitation psychomotrice.

Mais toute médaille a son revers et les neuroleptiques, du fait de leur action sur certaines zones cérébrales bien précises, engendrent des effets indésirables dont l'intensité est d'autant plus marquée que le traitement n'est pas individualisé dans sa posologie. Les plus gênants des effets secondaires des neuroleptiques sont d'ordre neurologique. Ces médicaments bloquent en effet l'action d'un neurotransmetteur cérébral, la dopamine, dans une structure du cerveau, le striatum, qui gère des aspects importants de la motricité. Les effets neurologiques des neuroleptiques sont heureusement inconstants, variables dans leur intensité, et, pour la plupart d'entre eux, améliorables par un aménagement de la posologie. Certains apparaissent précocement au début du traitement, disparaissent souvent spontanément en quelques semaines et constituent des tableaux cliniques différents. Ils sont dans tous les cas totalement réversibles à l'arrêt du traitement. D'autres, beaucoup plus rares, de mécanisme encore inconnu, apparaissent tardivement et constituent un handicap sérieux car définitif.

Le premier groupe de manifestations comprend d'abord le syndrome parkinsonien. Il se manifeste par une certaine rigidité musculaire qui fige le patient. Les attitudes et les expressions sont peu mobiles, un tremblement des mains apparaît ainsi qu'une hypersalivation. Cette éventualité est banale, fréquente sous une forme tellement mineure que le patient n'en a même pas conscience. Tout disparaît spontanément en une quinzaine de jours ou sous l'influence d'un traitement correcteur si la gêne est notable. Dans certains cas, malgré des posologies importantes, il n'existe aucun signe neurologique de l'action du neuroleptique montrant l'importance des variations individuelles.

Parfois, l'imprégnation médicamenteuse se manifeste simplement par un ralentissement moteur, avec une mimique pauvre, un regard fixe et une voix monocorde.

Plus gênantes sont les deux autres formes des effets neurologiques précoces : les dyskinésies aiguës et le syndrome hyperkinétique. Sous ces noms barbares on entend, d'une part, des crises inopinées de contracture musculaire touchant la bouche, la langue, le cou ou les globes oculaires ; d'autre part, des manifestations d'impatience dans les jambes qui obligent le malade à déambuler sans cesse. Ces effets secondaires sont rares, mais pénibles. Les dyskinésies aiguës cèdent, quasi instantanément, sous l'influence d'un médicament correcteur injectable mais le syndrome hyperkinétique

est plus rebelle, encore que certains traitements soient efficaces. Si cela n'est pas le cas, l'arrêt du neuroleptique est
nécessaire. Les manifestations tardives, beaucoup plus rares,
sont aussi beaucoup plus sérieuses : il s'agit de dyskinésies
tardives. Ce sont des mouvements involontaires limités en
général à la face (grimace, mâchonnement, traction de la
langue) mais pouvant atteindre les bras et les jambes
(pseudo-tics, piétinements, etc.). Il n'existe pas de traitement
connu de ces inconvénients, d'autant plus graves qu'ils sont
en règle générale irréversibles malgré l'arrêt du traitement.
Leur fréquence est faible, mais souvent majorée par l'existence de manifestations analogues survenant spontanément
avec l'âge et qui n'ont aucune relation avec la thérapeutique.

Parmi les autres effets secondaires des neuroleptiques, certains sont exceptionnels (syndrome malin, accidents san-
guins, oculaires) ou banals (constipation, hypotension artérielle, bouche sèche). D'autres peuvent amener à interrompre
le traitement par la gêne qu'ils entraînent : prise de poids,
blocage de l'ovulation avec arrêt des règles, troubles sexuels.

Tous ces effets secondaires, en fait rares lorsque les traitements sont correctement conduits, doivent être mis en
balance avec le bénéfice escompté. L'acceptation d'effets
indésirables, même nets, ne se discute pas devant des formes
explosives de psychoses aiguës. En revanche, au cours d'une
psychose chronique stabilisée, l'interruption du traitement
sera parfois nécessaire si la gêne engendrée perturbe l'activité quotidienne.

Quoi qu'il en soit, les neuroleptiques ont contribué à
remanier totalement le confort de vie des malades délirants,
à permettre les prises en charge psychosociales, et à écourter
de manière spectaculaire la durée des grands états d'agitation.

Les neuroleptiques ne sont que ce que l'on en fait. Leurs
inconvénients majeurs sont liés à des erreurs d'indication et

à une méconnaissance de leurs règles d'utilisation. Ce sont en règle générale des médicaments utilisés par les psychiatres, surtout hospitaliers, et ils ne sont guère prescrits par les médecins généralistes.

2. *Les antidépresseurs*

Les antidépresseurs, comme leur nom l'indique si clairement, visent à normaliser l'humeur dépressive. De fait, c'est l'ensemble des transformations psychiques et physiques induites par la dépression qui constitue la cible de ces traitements. La prescription des antidépresseurs est considérable en France. Certes, la dépression authentique est fréquente, mais il est heureusement probable que tous les gens qui se voient prescrire des antidépresseurs ne sont pas vraiment des déprimés. La tristesse, la morosité, le découragement, la lassitude font partie du lot de l'existence et peuvent en imposer pour une dépression. Le grand public fait bien la différence entre ce qu'on appelle « la déprime » et la dépression vraie, qui peut conduire au suicide. Tous les médecins ne font pas cette distinction, c'est pourquoi on prescrit autant d'antidépresseurs.

Une dépression vraie est la forme majeure du fléchissement de l'humeur. C'est une tristesse intense, sans cause apparente, douloureuse et sans espoir, au point de susciter l'envie de mourir, s'accompagnant d'une inhibition des activités intellectuelles et instinctuelles, avec une insomnie du petit matin, un ralentissement des idées et des gestes auxquels s'ajoute souvent une anxiété survenant par bouffées. Des manifestations physiques sont presque constantes : perte de l'appétit, amaigrissement, constipation, bouche sèche... Tous ces symptômes sont durables, ne varient guère au cours de la journée, et il n'est pas possible par la seule persuasion de tirer le malade de son état.

Bien différente est la tristesse existentielle, consécutive à une situation conflictuelle ou frustrante, à laquelle on peut arracher le sujet après un entretien chaleureux et compréhensif. Pourtant, bien souvent, la prescription d'antidépresseurs sera la même dans les deux cas. Dans le premier, elle est indispensable ; dans le second, elle est abusive. Il faut cependant ajouter que les situations mentionnées sont délibérément sans équivoque, alors que la réalité est plus complexe et que des formes moins tranchées existent.

Toutes familles chimiques confondues, il existe une trentaine d'antidépresseurs commercialisés en France. Il est d'usage de les distinguer en trois grands groupes : les tricycliques (ce qui fait référence à leur structure chimique), les IMAO, inhibiteurs de la monoamine oxydase (ce qui fait référence à leur mode d'action biochimique) et les « nouveaux » antidépresseurs (ce qui ne fait référence à rien de particulier !...).

On peut citer quelques noms dans le premier groupe : le Tofranil, l'Anafranil, le Laroxyl, le Ludiomil ; dans le deuxième groupe : le Marsilid, le Niamide ; enfin dans le dernier groupe : le Vivalan, l'Athymil [2].

Il paraît juste de dire que, dans ce vaste domaine des antidépresseurs, il règne une grande hétérogénéité. Certains produits, les plus nombreux, sont de véritables antidépresseurs capables de guérir en une quinzaine de jours le tableau sévère décrit précédemment. En revanche, commercialement attirés par le vaste marché de la prescription, de « faux » antidépresseurs se sont glissés dans le lot. Je ne citerai évidemment pas de noms. Mais il existe des substances, essentiellement anxiolytiques, ou essentiellement psychostimu-

---

2. D'autres antidépresseurs ont été commercialisés depuis la parution de ce livre en 1988, dont le fameux Prozac. Aucun n'a bouleversé le traitement médicamenteux des dépressions.

lantes, qui se sont acheté le label prestigieux d'anti-dépresseur. Ce n'est pas trop grave dans la mesure où ces médicaments ne sont heureusement pas prescrits à des mélancoliques qu'ils ne pourraient guérir, mais à des « dépressions » existentielles de la vie de tous les jours.

Tous les vrais antidépresseurs ont comme propriété fon-damentale la possibilité de normaliser l'humeur dépressive. Par voie de conséquence, les symptômes secondaires à l'effondrement de cette dimension affective du comporte-ment vont s'améliorer. Parfois, surtout chez les malades atteints de mélancolie, les effets dépassent le but recherché et c'est une euphorie, pouvant être excessive et donc gênante, qui succédera à la dépression. L'humeur apparaît bien comme une fonction de la vie psychique qui tient sous sa dépendance la nature des pensées, la capacité d'antici-pation et le ressort de l'action.

La plupart des antidépresseurs ont d'autres propriétés qui peuvent être bénéfiques. Certains sont de surcroît sédatifs et vont être utiles dans l'anxiété, si fréquente au cours de la dépression, d'autres sont plutôt stimulants et peuvent contri-buer à mobiliser des formes très inhibées de la maladie. C'est le cas, par exemple, des IMAO.

Tous les antidépresseurs peuvent aussi engendrer des effets indésirables. Ils sont le plus souvent peu gênants, mais nécessitent une détection par le médecin, en particulier parmi les personnes âgées, chez qui leur gravité peut être notable. Les principaux inconvénients, provoqués surtout par des antidépresseurs dits « tricycliques », tiennent à une action biochimique de ces substances sur un neurotransmetteur : l'acétylcholine. Ces effets anticholinergiques se manifestent de manière inconstante, et plus ou moins marquée par la constipation, la sécheresse de la bouche, la difficulté d'ac-commodation de la vision, la miction laborieuse. Plus gênants, l'hypotension artérielle avec vertiges et le tremblement des mains peuvent s'observer. Mais tous ces symptômes sont en général peu importants et tout à fait supportables.

La toxicité cardiaque de beaucoup d'antidépresseurs est potentiellement plus préoccupante, surtout pour les sujets âgés, chez lesquels elle doit être systématiquement dépistée. Mais il faut reconnaître qu'aux posologies usuelles elle se manifeste exceptionnellement. Seuls les IMAO induisent parfois des modifications de la tension artérielle qui conduisent à l'arrêt du traitement. Ce sont en outre des médicaments assez délicats à manier et qui nécessitent le respect de toute une série de contre-indications médicamenteuses et alimentaires.

Les antidépresseurs ont une indication élective : tous les syndromes dépressifs authentiques, quel que soit le cadre nosologique, le risque potentiel de suicide et le terrible inconfort moral engendrés par une dépression, imposent un traitement médicamenteux qui sera efficace dans 70 % des cas en dix à quinze jours. D'autres indications existent, mais sont affaire de spécialistes.

En revanche, il est certain que les antidépresseurs sont très généreusement prescrits en médecine générale dans un cadre beaucoup plus large que le seul domaine de la dépression.

Quoi qu'il en soit, les antidépresseurs ont totalement transformé la vie des déprimés qui, autrefois, traînaient leur absence d'avenir, leur douleur morale et leur désir de mort pendant de très longs mois.

3. Les tranquillisants et les hypnotiques

Les tranquillisants, appelés aussi anxiolytiques, agissent sur l'expression psychique et physique de l'anxiété. Ils ont tous une action sur l'insomnie et peuvent être utilisés comme hypnotiques. L'insomnie habituelle, c'est-à-dire la difficulté d'endormissement, est en fait une manifestation d'anxiété. Le fantastique succès commercial des tranquillisants est aussi un phénomène de société qui concerne tous les pays occidentaux. La France et la Belgique détiennent actuellement le record mondial de consommation d'anxiolytiques par habitant.

L'engouement pour les tranquillisants tient probablement à plusieurs facteurs : le produit, le prescripteur et le consommateur. Les benzodiazépines – les anxiolytiques de loin les plus courants – représentent une gamme de molécules très homogènes : elles ont toutes les mêmes propriétés biochimiques et pharmacologiques. Elles auront donc toutes des effets cliniques de même nature et elles induiront les mêmes sensations internes chez le consommateur. Sentiment de détente musculaire, mise à distance du monde extérieur et des soucis qu'il apporte, émoussement des rugosités existentielles, discrète euphorie parfois et surtout relâchement de la tension psychique, telles sont les sensations provoquées par les tranquillisants. Il s'agit donc d'un traitement efficace de l'anxiété qui, de surcroît, est bien toléré et ne présente pas de toxicité notable. Mais un bon produit ne suffit pas pour expliquer le phénomène auquel on assiste depuis des années. Le médecin prescripteur joue, bien sûr, un rôle clef. Pourquoi est-il si généreux en anxiolytiques ?

Il y a au moins trois raisons à cela. Il est d'abord lui-même bien souvent un consommateur au long cours d'anxiolytiques et d'hypnotiques. Toutes les études entreprises sont concordantes et montrent que le milieu médical et paramédical vient en tête par catégorie professionnelle. Convaincu des bienfaits et de l'innocuité du produit, le médecin n'hésitera pas à le prescrire.

Les habitudes de la consultation jouent aussi un rôle important. Il est de règle de ne pas laisser partir le malade sans une ordonnance. Le médecin aurait souvent l'impression de dévaloriser son acte s'il n'était pas sanctionné par une prescription. Le malade aurait l'impression d'être frustré si l'examen ne se terminait pas par un don qui passe de la main à la main, assorti de promesses rassurantes. De plus, près de la moitié des personnes qui consultent un médecin généraliste n'ont pas une maladie organique. Il s'agit de troubles fonctionnels : douleurs, malaises, fatigue qui traduisent bien souvent un mal-être existentiel. Il y a tant de raisons à cela. Soucis financiers, professionnels, familiaux, conjugaux sont difficiles à exprimer au premier degré. Le symptôme fonctionnel, ou la plainte plus précise : anxiété, insomnie, tristesse sont des masques socialement plus admissibles. Que faire lorsque l'on est médecin ? Écouter, passer trois quarts d'heure avec le patient, se lancer dans une psychothérapie ? C'est bon pour les psychiatres qui pratiquent d'ailleurs des honoraires en rapport avec le temps consommé. Le médecin généraliste pourrait prescrire un placebo, mais ces substances ne sont pas encore officiellement remboursées par la Sécurité sociale. Restent les anxiolytiques et les hypnotiques qui, de surcroît, ont une activité pharmacologique. Comme le disait un médecin anglais : « Prescrire un tranquillisant est le moyen le plus rapide de mettre fin à une consultation... »

Et comme on n'hésite pas à prescrire simultanément plusieurs anxiolytiques associés auxquels s'ajoute, pour faire bonne mesure, un hypnotique appartenant à la même famille chimique, on comprend déjà mieux les raisons des records de consommation évoqués plus haut.

La dernière raison de l'attitude du médecin est, bien entendu, liée à l'efficacité du marketing pharmaceutique, et c'est tout à l'honneur des industriels du médicament.

Mais l'engouement pour les tranquillisants est aussi dépendant du consommateur. C'est probablement pour cette classe de substances que son rôle est le plus net. Le consommateur pratique en effet l'autoprescription ou la prescription induite. C'est lui qui précise à son médecin en fin de consultation, au moment de la sacro-sainte ordonnance : « N'oubliez pas de m'inscrire " mon " X ou Y..., pour les nerfs..., pour dormir... » Notre civilisation est celle du confort et du bien-être. Il n'est plus tolérable d'être anxieux ou de tarder à s'endormir parce que l'on a des soucis. De même qu'il n'est plus tolérable de souffrir chez le dentiste ou d'accoucher sans anesthésie péridurale. La définition de la santé par l'OMS ajoute à la lutte contre les maladies la nécessité d'améliorer le « bien-être » des patients. Mais la première prescription d'anxiolytique n'est pas anodine. Il ne s'agit pas d'un placebo. Bien souvent, le consommateur va « s'habituer » à son tranquillisant ou à son hypnotique. Il s'agit en général d'une dépendance psychologique liée à l'anxiété. Convaincu de ne plus pouvoir dormir sans son médicament du soir, celui qu'on ne peut appeler un malade va se trouver renforcé dans son opinion s'il tente un arrêt brusque de son traitement. En effet, un rebond d'insomnie immédiat va le faire courir chez son médecin pour un renouvellement d'ordonnance. Le conditionnement étant créé, la prescription est indéfiniment pérennisée. Le réflexe devant l'insomnie est si grand que tout hospitalisé, quelle que soit la cause de son hospitalisation, se voit régulièrement proposer « un cachet pour dormir... ». La situation est plus préoccupante chez les toxicomanes. Ce sont de très gros consommateurs de tranquillisants et d'hypnotiques qui extorquent des ordonnances plus ou moins sous la menace, qui les volent ou profitent d'un trafic. Ils associent volontiers les hypnotiques à l'alcool, aux drogues dures : héroïne ou cocaïne. Les effets sont « stupéfiants », supprimant toute angoisse, créant une amnésie et favorisant les passages à l'acte violents.

Dans un article publié le 4 août 1987 dans un grand quotidien, Sylvain Eplimenco rapporte une polémique aux Pays-

Bas à propos d'un hypnotique, très prescrit en France, et vendu à un million de comprimés par an pour la seule ville d'Amsterdam. L'association faite par les toxicomanes avec l'alcool ou l'héroïne et ce médicament engendrerait des accidents graves et des actes criminels. Plusieurs parlementaires hollandais voudraient faire interdire ce produit à la vente.

L'hyperconsommation de tranquillisants est vraiment un problème de société qu'il n'est pas possible de passer sous silence. Ce ne sont pas les molécules qui sont en cause, mais l'utilisation qui en est faite.

Tout ce qui vient d'être évoqué concerne les benzodiazépines commercialisées comme tranquillisants ou comme hypnotiques. Elles représentent l'essentiel du marché, et il existe en France une quinzaine d'anxiolytiques pour quatre ou cinq hypnotiques. Cependant, de nombreuses autres substances, appartenant à des familles chimiques diverses, sont aussi proposées.

Vingt hypnotiques, une petite dizaine supplémentaire d'origine variée et une vingtaine de tranquillisants divers. Chers patients, soyez rassurés et dormez tranquilles !

On peut citer, parmi les benzodiazépines anxiolytiques, le Valium, le Tranxène, le Seresta, le Temesta, le Lysanxia, le Xanax, etc. Parmi les hypnotiques : l'Halcion, le Mogadon, le Rohypnol, l'Havlane... Toutes ces substances ont les mêmes propriétés pharmacologiques : elles favorisent le relâchement musculaire, la sédation de la vigilance, sont anticonvulsivantes, amnésiantes et ont une efficacité sur les manifestations psychologiques et physiques de l'anxiété chez l'homme.

La commercialisation comme tranquillisant ou comme hypnotique tient d'une part à des considérations de marketing, et d'autre part à la durée de vie du médicament dans l'organisme. S'il est très vite éliminé, on le proposera plutôt comme hypnotique ; s'il persiste longtemps, on l'utilisera plutôt comme anxiolytique.

L'indication des tranquillisants est à l'évidence l'anxiété pathologique. Mais la distinction avec l'anxiété physiologique est importante à faire.

L'anxiété est un comportement normal qui mobilise l'individu dans l'attente d'un événement redouté ou attendu. Elle s'accompagne d'une hypervigilance, d'une série de manifestations physiologiques et d'une disposition psychologique particulière qui place le sujet en état d'hyperadaptation. L'anxiété normale cesse en général lors de l'action : elle est anticipatoire et donc intermittente. Parfois l'anxiété, tout en restant physiologique, est plus permanente, moins marquée, et constitue souvent un moteur de l'action, animant des gens qui entreprennent, se battent et veulent gagner. L'anxiété cesse d'être normale lorsque sa fréquence, son intensité, l'ampleur des signes physiques qui l'accompagnent entraînent un inconfort permanent, perturbent l'adaptation et inhibent l'action. Prescrire des anxiolytiques devant une anxiété physiologique serait priver le sujet d'une expérience existentielle irremplaçable et utile à la vie psychologique. Ce serait un peu comme vouloir traiter un deuil par des antidépresseurs.

En dehors des situations d'anxiété pathologique isolées ou associées à une affection psychiatrique (dépression par exemple), les anxiolytiques sont prescrits dans de nombreuses affections médicales. C'est le cas de l'alcoolisme, au moment du sevrage, d'affections cardio-vasculaires (coronariennes), de maladies dites psychosomatiques (eczéma, ulcère gastrique, asthme...), d'affections douloureuses, etc. On voit que le champ de l'anxiété est presque aussi vaste que celui de la médecine.

Les hypnotiques sont prescrits devant une insomnie. Mais trop souvent c'est le malade qui établit son diagnostic :

« Docteur, donnez-moi un somnifère, je ne dors pas de la nuit... » C'est dit en toute bonne foi et c'est pratiquement toujours faux. Les enregistrements de nuit en laboratoire de sommeil montrent que le retard à l'endormissement de une ou deux heures ou des réveils nocturnes même brefs donnent au sujet l'impression d'une totale nuit d'insomnie et le laissent fatigué au matin. Si une prescription d'hypnotique de plus de huit jours est faite, elle sera généralement pérennisée à la demande du consultant. Dès lors, il est peu probable qu'il puisse être facilement sevré. Les hypnotiques, quels qu'ils soient, désorganisent l'architecture électrique du sommeil. Une longue cure d'hypnotiques ne permet jamais une restauration facile d'un sommeil normal. D'où la règle de ne jamais prendre d'hypnotiques plus de huit jours de suite. S'il est des insomnies de causes évidentes au cours d'affections médicales ou chirurgicales, douloureuses ou non, s'il est fréquent que des troubles du sommeil accompagnent des maladies psychiatriques, les plus banales des insomnies sont dues à l'anxiété : ce sont en général des difficultés d'endormissement, liées à un défilement d'idées concernant des soucis du quotidien. Le traitement par un anxiolytique, prescrit dans la journée pendant une petite semaine, serait aussi efficace que l'hypnotique du soir. On peut aussi penser qu'il serait justifié de ne prescrire aucun médicament, mais c'est à chacun de définir le seuil de son propre confort.

Les benzodiazépines ont très peu d'effets indésirables si on les compare aux neuroleptiques et aux antidépresseurs. Une posologie mal adaptée peut être responsable de sédation avec tendance à la somnolence et sensation de fatigue musculaire. Une diminution des doses supprimera ces manifestations intempestives. En revanche, le risque de dépendance accompagnée d'une tendance à l'automédication est plus sérieux. Une amnésie des faits récents, rarement rapportée spontanément par le malade à la prise du médicament, et une diminution des performances psychomotrices, surtout en cas de posologie trop forte, sont des risques réels qui militent en faveur de traitement de courte durée. Cependant, globalement, dans les conditions habituelles de posologie, les benzodiazépines ont très peu d'effets gênants. Cette caractéristique, jointe à leur efficacité réelle sur les manifestations de l'anxiété, en font d'excellents médicaments, faciles à manier. Les benzodiazépines ne sont pas à condamner, mais l'utilisation qui en est faite en France est abusive, et seule l'information des médecins et des consommateurs permettra, comme aux États-Unis, de redresser la situation.

4. Les régulateurs de l'humeur

L'utilisation du lithium comme régulateur de l'humeur a été la plus grande découverte dans le domaine des médicaments du cerveau depuis les années soixante. On a vu au début de ce chapitre les heurs et les malheurs de ce métal, dont les propriétés avaient été subodorées en 1949 par Cade, et qui n'est devenu vraiment un médicament qu'autour de 1970, grâce à l'opiniâtreté de M. Schou.

On peut caractériser le lithium de la manière suivante :

– c'est le premier traitement préventif en pathologie mentale ;

– il a transformé l'existence des malades atteints d'une maladie autrefois très sévère (la psychose maniaco-dépressive) en leur permettant souvent de vivre une vie absolument normale ;

– c'est un élément constitutif du corps humain ;

– sa valeur marchande est quasi nulle, c'est pourquoi il n'a pas enthousiasmé l'industrie pharmaceutique.

Le lithium administré au long cours a la propriété de supprimer ou de réduire en durée et en intensité les rechutes

cycliques, maniaques ou dépressives, de la psychose
maniaco-dépressive. La composante génétique de cette maladie est actuellement envisagée, mais son mécanisme intime
n'est pas connu. Les patients qui en étaient atteints étaient
régulièrement hospitalisés, voire internés, pour des traitements neuroleptiques, des cures d'antidépresseurs ou des
séances d'électrochocs. Le lithium a complètement transformé leur vie. Certains ont une humeur absolument normale, une vie sociale et personnelle adaptée et sans particularités, et ne voient leur médecin que pour un contrôle
biologique du taux de lithium dans le sang tous les trois
mois. Ce traitement, dans les conditions actuelles des
connaissances, doit être poursuivi à vie. D'autres patients
conservent une fluctuation de l'humeur si minime qu'elle ne
nécessite aucun traitement supplémentaire. Cependant, ces
variations demandent parfois la reprise d'un traitement neuroleptique ou antidépresseur, de courte durée, simplement en
ambulatoire.

Enfin, malheureusement un petit pourcentage de malades
(10 à 30 % selon les statistiques) demeure partiellement ou
totalement réfractaire aux effets du lithium sans que l'on
puisse en comprendre la raison.

On peut dire que le lithium a vidé les cliniques et les
hôpitaux psychiatriques d'une partie de leur clientèle habituelle et a réduit considérablement le recours aux électrochocs.

Le lithium est essentiellement un traitement prophylac-
tique qui prévient les rechutes de la maladie. Il pourrait guérir à lui seul un accès maniaque, mais beaucoup moins rapidement qu'un neuroleptique, c'est pourquoi il n'est pas
utilisé dans cette indication. En revanche, il semble strictement inefficace pour traiter un épisode dépressif déclaré.
C'est donc le premier traitement préventif dans l'histoire des
psychotropes.

Pour être efficace et bien toléré, le lithium doit être utilisé selon des règles strictes. Il est d'abord contre-indiqué chez les malades dont les reins ou le cœur ne fonctionnent pas bien. Un bilan biologique préalable et bien codifié est donc nécessaire. Il requiert en outre une surveillance régulière de sa concentration dans le sang. On sait en effet qu'au-dessous d'une certaine valeur (0,60 à 0,70 milli-mole par litre) il sera inefficace. En revanche, au-dessus d'une autre valeur (1 à 1,10 milli-mole par litre), il peut devenir toxique et induire des symptômes digestifs et nerveux annonciateurs d'accidents graves. Une prise de sang tous les deux ou trois mois est suffisante. En effet, chez le même malade la stabilité des taux de lithium dans le sang est absolument remarquable. En pratique, les surdosages sont exceptionnels. En effet, l'utilisation du lithium ne peut s'envisager que s'il existe une parfaite collaboration entre le malade et son médecin. C'est d'ailleurs souvent une relation privilégiée qui s'instaure à cette occasion, au cours de laquelle le malade finit par savoir autant de choses sur le lithium que son thérapeute.

Il est dommage de constater qu'une substance aussi simple, ayant des effets aussi spectaculaires en psychiatrie, n'ait pas plus stimulé l'intérêt des chercheurs. Le mode d'action du lithium est encore inconnu. Certes, des travaux récents sur l'action du métal sur les messagers intracellulaires sont prometteurs. Mais l'on ne peut comparer la masse des travaux réalisés sur le mode d'action des neuroleptiques, des tranquillisants et des antidépresseurs et ceux consacrés au lithium. Les travaux venant du secteur académique sont peu nombreux et ceux venant du secteur industriel quasi nuls. Pourtant, comprendre le mécanisme d'action du lithium serait un fil conducteur fructueux pour éclairer bien des mécanismes cérébraux.

Le lithium est commercialisé en France sous forme de comprimés (Teralithe) ou sous forme d'un liquide buvable

(Neurolithium). Le sel réalisé (carbonate ou gluconate) est différent dans les deux cas, mais dès que le médicament arrive dans le sang, le lithium est libéré et c'est le métal seul qui agit.

L'indication du lithium est simple : la psychose maniaco-dépressive et elle seule. Le lithium n'a aucun intérêt dans les dépressions d'une autre nature. Enfin, il est utilisé par les spécialistes dans quelques rares indications marginales.

Ce traitement est exclusivement une thérapeutique préventive des oscillations pathologiques de l'humeur. Le lithium est susceptible d'engendrer des effets indésirables parfois gênants. Le tremblement des doigts, qui est inconstant, peut nécessiter un traitement correcteur s'il entrave l'écriture. Beaucoup plus fréquente, l'augmentation de la soif avec augmentation du volume urinaire oblige souvent à des mictions nocturnes. Aucune correction n'est possible en dehors de l'arrêt du traitement. Enfin, un goitre peut apparaître, en règle générale sans modification du fonctionnement de la glande thyroïde. S'il est assez important pour être disgracieux, un peu d'hormone thyroïdienne le fera disparaître. Ces inconvénients, heureusement le plus souvent minimes, sont en fait rares et représentent une contrepartie modeste aux fantastiques bénéfices procurés par le lithium.

Il ne serait pas juste de conclure sur les régulateurs de l'humeur sans mentionner deux médicaments qui peuvent constituer une alternative ou un additif au traitement par le lithium.

Le Depamide, doué de propriétés antiépileptiques, serait capable lui aussi de prévenir les rechutes maniaco-dépressives. Enfin, le Tegretol, un antiépileptique connu depuis très longtemps, a été très étudié depuis 1970 dans la psychose maniaco-dépressive. Il est maintenant démontré que ce médicament permet de traiter un accès maniaque comme le ferait un neuroleptique et surtout de prévenir les rechutes cycliques de la psychose maniaco-dépressive avec la même efficacité que le lithium. La famille des régulateurs de l'humeur s'agrandit, ce qui donne de l'espoir aux malades résistants au lithium.

Les stratégies thérapeutiques de l'utilisation des médicaments du cerveau

Les médicaments psychotropes font l'objet de véritables prises de position idéologique, tant parmi les soignants que parmi les soignés, qui correspondent en gros à l'idée que les uns et les autres se font de l'étiologie des troubles mentaux. Selon certaines idées reçues, il n'est pas anodin de consommer des psychotropes : on est pour ou on est contre, on refuse de se « droguer » ou on ne peut s'endormir sans son « cachet ».

Il y a les « chimiatres », pour lesquels une maladie mentale est une affection cérébrale médicale définie par ses symptômes cliniques. Une fois un diagnostic posé, on donne un ou plutôt des médicaments dont on augmente régulièrement la posologie si les symptômes « résistent ». Les effets indésirables sont considérés comme quantité négligeable ou entraînent des prescriptions de correcteurs qui alourdissent un peu plus l'ordonnance. Lorsque les symptômes ont disparu – s'ils disparaissent –, le malade est considéré guéri et on lui dit au revoir en attendant la prochaine rechute.

Puis il y a les « psychothérapeutes », qui s'écartent avec horreur de ces objets polluants : les médicaments, considérés exclusivement à travers leur capacité à induire des effets indésirables. Le psychotrope est en fait un concurrent inacceptable de leur toute-puissance psychologique et il attire honteusement l'attention sur un viscère qui ne joue aucun rôle dans la vie psychique : le cerveau. S'il est légitime qu'un psychothérapeute souhaite être différencié du médecin prescripteur, le plus souvent les attitudes de rejet correspondent à une nullité totale des connaissances en matière de psychotropes et des règles techniques de leur utilisation. Plutôt que d'engendrer des catastrophes, mieux vaut s'abstenir et plutôt que de reconnaître ses lacunes, n'est-il pas tentant de considérer que c'est l'objet incriminé qui est mauvais en soi ?

Et puis, il y a des variantes. Les détracteurs de psychotropes qui sont également prescripteurs de médicaments, par exemple. Ils trouvent, en toute innocence le plus souvent, des raisons de renforcer leur position imprécatoire devant les piètres résultats qu'ils obtiennent. Ce n'est jamais leur manière d'utiliser le médicament qui est en cause, mais toujours le psychotrope lui-même. C'est comme si on s'écrasait régulièrement les doigts avec un marteau en considérant que c'est lui qui en est responsable. Sauf que dans cette dernière éventualité, ce sont plutôt les doigts du malade que l'on écrase...

À côté de ces positions idéologiques, malheureusement assez répandues, il existe tout de même des positions pragmatiques qui attendent du psychotrope ce qu'il peut donner et qui connaissent ses limites d'utilisation. Cette attitude, jointe à une bonne connaissance des règles techniques de maniement, permet l'optimisation des traitements. Un individu qui souffre d'une maladie mentale présente trois ordres de perturbations qui sont liés : des symptômes cliniques qui altèrent sa pensée, son jugement et l'adaptation de son comportement. Telles sont les idées délirantes, la dépression de l'humeur ou l'angoisse. Ces symptômes entraînent un retentissement sur toute la vie psychique du malade en altérant l'image qu'il a de lui et des autres : culpabilité, persécution, agressivité en sont des conséquences. Bien entendu, le troisième ordre de perturbations concerne les rapports entre le sujet et son milieu. Il va modifier l'image que les autres ont de lui et engendrer de la part de son entourage des réactions différentes de ce qu'elles sont habituellement : agressivité, lassitude, découragement, rejet, etc.

Les psychotropes, il ne faut jamais l'oublier, ne sont que des traitements symptomatiques non spécifiques d'une maladie mentale. Ils ne doivent pas représenter une réponse pharmacologique à des difficultés personnelles, interpersonnelles ou sociales. C'est pourtant parfois l'utilisation qui en est faite. Absorber une benzodiazépine parce que l'on est anxieux, c'est méconnaître la dimension vraie de l'anxiété, si l'on s'en tient simplement à ce geste.

Une mère de famille me disait à propos de son fils, adolescent en mal d'affirmation de soi : « Je vous en prie, donnez-lui un calmant, je ne peux plus le supporter... » Là n'est pas le rôle d'un psychotrope. Son utilisation sur des symptômes cibles comportementaux doit s'inscrire dans un projet thérapeutique beaucoup plus vaste et tenant compte des trois dimensions clinique, psychologique et environnementale évoquées plus haut, lesquelles sont toujours indissociablement liées. L'homme est un animal bio-psycho-social. Vouloir séparer un des trois éléments du tripode est une faute grave. C'est donc toute une stratégie qui doit être mise en œuvre, adaptée au moment, souple et modifiable selon les circonstances. L'utilisation du médicament doit s'accompagner d'une aide psychologique individuelle et d'un réaménagement des relations avec le milieu familial, culturel et professionnel.

Un dernier aspect de l'utilisation des psychotropes doit être évoqué : c'est le rapport du malade à son traitement. C'est déjà mettre en œuvre une aide psychologique que d'obtenir l'authentique collaboration du patient grâce à une information sincère et ne cachant pas la réalité des effets indésirables. Trop souvent le médicament devient un objet relationnel entre le malade, son médecin et sa famille. L'augmentation ou la diminution de la posologie devient synonyme de la sévérité des symptômes. La menace d'une escalade des doses est évoquée à titre de représailles devant un manquement à la discipline hospitalière ou aux règles de vie familiale. Le non-respect de l'ordonnance devient une menace de délation par la famille auprès du médecin qui est transformé en allié, ligué contre le malade. Enfin, la poursuite d'un traitement, en période d'amélioration, devient un rappel permanent d'un diagnostic que l'on voudrait oublier.

Le psychotrope risque de devenir le « mauvais objet », quand il est indûment manipulé. Cela conduit à des abandons, des oppositions, des contestations dont le préjudice est évident pour le patient.

Incorporer le recours au médicament, en fixant ses limites, dans la relation psychologique avec l'intéressé, fait partie des règles techniques d'utilisation.

Les médicaments de demain

Schématiquement, les attitudes concernant la situation des médicaments du cerveau peuvent être résumées en deux discours. L'un proclame que l'on dispose de traitements efficaces dans toutes les grandes catégories de maladies mentales, que l'on connaît leur mode d'action et que, plus notre savoir sur la biologie du cerveau progressera plus on trouvera de nouvelles molécules. L'autre constate que toutes les découvertes sont le fruit du hasard (« serendipity, what a pity ! »), que le mécanisme d'action réel des psychotropes demeure inconnu, que les raisonnements en psychopharmacologie sont tautologiques et que les progrès des neurosciences au cours des vingt dernières années n'ont apporté aucun médicament réellement innovateur. Où est la vérité ?

Pour l'approcher, il convient d'avoir une idée de la manière dont on recherche de nouveaux médicaments. Pour effectuer ses recherches la pharmacologie non psychiatrique dispose de modèles animaux ou biochimiques. On peut reproduire une lésion chez l'animal (ulcère gastrique, arthrite, hypertension artérielle) et étudier les effets bénéfiques d'une nouvelle substance sur la pathologie que l'on a créée. On peut aussi, connaissant l'anomalie biochimique en cause dans une maladie, obtenir un modèle en tube à essai et tester une molécule sur un récepteur ou une enzyme. En psychopharmacologie, on ne dispose pas de rats schizophrènes, de souris déprimées ou de lapins anxieux. On n'a aucune preuve d'une anomalie biochimique cérébrale spécifique d'une maladie mentale. Alors on raisonne par analogie et par déduction.

La souris à laquelle on fait des misères par des moyens divers est considérée anxieuse. Le rat obligé de nager dans une cuve et qui cesse de le faire au bout d'un certain temps est considéré déprimé dans cette circonstance. C'est sur la base de ces analogies anthropomorphiques que l'on déclarera antidépressive la substance qui fera nager le rat de nouveau. On voit la fragilité de cette démarche. En revanche, un composé sédatif manifestera ses effets aussi bien chez l'animal que chez l'homme. C'est-à-dire que des modifications non spécifiques de comportements élémentaires – motricité, vigilance – peuvent être étudiées chez l'animal.

L'autre grande approche est déductive. On a pu identifier certaines zones des cellules cérébrales (les récepteurs) sur lesquelles se fixent les psychotropes connus. On en déduit que cette fixation est liée à leur action thérapeutique. Ce n'est qu'une hypothèse, car on ne connaît pas toutes les fixations cérébrales pour une molécule donnée. De surcroît, cette fixation déclenche des modifications cellulaires à distance dont le détail demeure encore inconnu. Néanmoins, c'est en recherchant des substances qui se fixent sur ces fameux récepteurs que l'on espère trouver de nouveaux psychotropes. Que se passe-t-il en réalité ? Tous les étalonnages chez l'animal auxquels on compare les drogues inconnues ont été établis à partir des psychotropes d'hier. Ce n'est pas ainsi que l'on peut trouver les médicaments de demain. On établit un moule à partir des ancêtres et l'on essaye d'y faire entrer les « nouvelles » molécules. On est donc condamné à retrouver sans cesse une image conforme au modèle. C'est vrai également pour les techniques qui utilisent la fixation aux récepteurs. Ceux-ci ont été découverts grâce aux premiers psychotropes. Tout ce qui se fixera sur ces récepteurs leur ressemblera forcément.

Pour résumer les stratégies actuelles, qu'elles soient comportementales ou biochimiques, on peut dire qu'elles sont basées sur le mimétisme d'action d'une substance « nouvelle » par rapport aux effets d'une substance ancienne dont on connaît les propriétés thérapeutiques chez le malade. On conçoit facilement que dans ces conditions l'innovation soit restée faible, voire inexistante, depuis plus de vingt ans.

L'autre mode d'étude des médicaments de demain passe par les essais cliniques chez l'homme. Lorsqu'une molécule est supposée anxiolytique ou antidépressive sur la foi des données obtenues chez l'animal, il faut démontrer son efficacité (et sa tolérance) chez des malades. Pour cela, le futur médicament sera administré par exemple à un groupe de déprimés chez lesquels on évaluera le bénéfice thérapeutique. Il faut d'abord s'accorder sur l'homogénéité des diagnostics. En effet, quel sens cela aurait-il de rechercher une action antidépressive si dans le groupe se glissaient des schizophrènes, des anxieux purs ou simplement des gens tristes ? On a vu la difficulté à établir un diagnostic et le risque d'erreur qui s'y attache. C'est pourquoi il faut d'abord choisir un système diagnostique validé au plan international et s'y tenir. Néanmoins, l'homogénéité du groupe n'est jamais absolue. La deuxième étape consiste à retenir des critères de quantification des symptômes que l'on espère voir s'améliorer sous l'effet du traitement. Ces « échelles de comportement » sont constituées de listes de symptômes, dont la pertinence doit être validée statistiquement, et dont l'intensité sera cotée au cours du temps. On peut attribuer une valeur chiffrée aux symptômes, cette valeur diminuant au fil du traitement en cas d'amélioration. Deux critiques peuvent être émises. L'une concerne la transformation de la subjectivité en objectivité et le principe de la quantification d'un domaine par essence non quantifiable. Est-il vraiment pertinent d'attribuer un chiffre pour évaluer l'intensité d'une douleur morale, ou le degré d'une anxiété ? L'appréciation peut varier selon l'évaluateur, et le symptôme peut avoir un sens variable selon le malade. L'autre critique concerne l'utilisation exclusive de symptômes cliniques pour caractériser une maladie mentale. C'est faire abstraction du vécu psychologique et des répercussions sociales qui entrent pourtant largement en ligne de compte pour pondérer une pathologie.

L'amélioration sous traitement n'est jamais due exclusivement aux effets pharmacologiques. Le rôle positif ou négatif de l'environnement peut être très important. On sait en outre que toute administration d'une substance destinée à guérir, et présentée comme telle, entraîne en général jusqu'à 30 % d'amélioration quelle que soit la pathologie traitée. Cet effet placebo se produit avec des substances inertes, c'est-à-dire sans aucun effet pharmacologique. On voit qu'une action thérapeutique est la somme de l'effet pharmacologique du médicament, de l'effet placebo et de l'effet de l'environnement. On utilise des biais méthodologiques pour soustraire ces effets. Le premier consiste à comparer deux groupes de déprimés aussi semblables que possible, l'un recevant le médicament à évaluer et l'autre recevant un placebo présenté d'une manière identique. Si l'effet du médicament est identique ou inférieur à celui du placebo, il ne présente aucun intérêt. Dans les dépressions les plus sévères le placebo améliore 30 à 40 % des malades et les antidépresseurs les plus efficaces de 60 à 70 %. On voit que l'effet pharmacologique pur est de l'ordre de 30 %. Le deuxième moyen pour limiter le rôle individuel de l'environnement, c'est d'étudier les résultats de groupes suffisamment importants de malades selon des techniques statistiques particulières qui amortissent les différences interindividuelles.

Il ne faut pas croire que l'effet placebo aurait une action miraculeuse sans substrat matériel. On a pu démontrer dans le domaine de la douleur qu'un placebo entraînait la libération des morphines naturelles de l'organisme : les endorphines. Celles-ci permettent le soulagement de la douleur dans 30 % des cas. Il est probable que, pour chaque pathologie considérée, l'administration d'un placebo déclenche un processus biologique allant dans le sens de la guérison mais dont la puissance d'action et la durée dans le temps restent inférieures à celles d'un médicament.

Voilà donc comment est mesurée l'efficacité d'un médicament psychotrope. On ne s'attache qu'à des symptômes cibles évalués statistiquement chez des groupes de malades. La somme des symptômes individuels du groupe traité devient une sorte d'entité homogène et idéale d'où chaque sujet avec ses particularités est résolument évincé grâce aux « bienfaits » des statistiques. Ultérieurement les résultats obtenus seront généralisés à chaque individu susceptible de recevoir un traitement.

Le raisonnement consiste à transformer dans un premier temps le sujet unique en objet anonyme et collectif, et dans un deuxième temps à revenir à l'individu susceptible de bénéficier du traitement, en considérant que ce qui vaut pour

LES MÉDICAMENTS DU CERVEAU

tous vaut pour chacun. La méthodologie actuelle ne permet pas de traiter des malades, mais des symptômes, détachés de tout contexte psychologique et social.

Tous ces constats pourraient paraître bien pessimistes si l'on envisage les médicaments de demain. Pourtant, des espoirs sont permis à condition de sortir de la routine de pensée, d'utiliser de nouveaux outils et surtout de nouveaux concepts. Ce n'est pas le lieu dans ce chapitre de détailler ces différents points, mais on peut en donner les grandes lignes. Il faut abandonner résolument les modèles animaux anthropomorphiques, le concept d'étiologie unique dans les maladies mentales et la nosologie traditionnelle comme moyen exclusif de caractériser la pathologie. La seule ana-logie existant entre l'animal et l'homme concerne la manière dont leur cerveau traite l'information. Un développement de la psychophysiologie cognitive, c'est-à-dire l'étude des grandes fonctions cérébrales chez l'animal, chez l'homme sain et chez le malade permettrait peut-être des modèles plus pertinents. Les nouveaux outils d'imagerie cérébrale, comme la caméra à positons et la résonance magnétique nucléaire, redresseront probablement certaines perspectives erronées. Il n'y a que ces techniques qui permettent une observation directe du cerveau de l'homme vivant. L'application systé-matique de la génétique moléculaire aux maladies mentales devrait permettre à la fois de reconsidérer la nosologie, c'est-à-dire de mieux individualiser des entités qui sont actuelle-ment confondues, et, par l'étude du produit des gènes, d'ouvrir de nouvelles perspectives psychopharmacologiques.

Enfin, la recherche clinique gagnerait à un retour aux sources. La méthodologie statistique est indispensable, mais seulement lorsque l'on connaît déjà les propriétés d'un médi-cament. Sinon, cela revient à partir sur des *a priori* qui sté-rilisent toute innovation. Si R. Kühn avait eu à étudier l'imipramine chez ses schizophrènes avec des échelles d'évaluation de la schizophrénie, il n'aurait jamais découvert qu'il s'agissait en fait d'un antidépresseur. Il aurait répondu : « C'est un mauvais neuroleptique. »

Mais il n'était pas conditionné par un type de résultat attendu. Plus récemment, la dernière découverte psycho-pharmacologique, celle des effets du Tegretol dans la psychose maniaco-dépressive est, elle aussi, due à une observation clinique sans *a priori* et sans contrainte. Toute nouvelle substance ayant une action cérébrale devrait donner lieu à des études « ouvertes », c'est-à-dire sans groupe de comparaison avec un médicament connu et surtout sans être prédéterminée dans son résultat par un nom qui fige définitivement ce qu'on attend d'elle.

Toutes ces mesures pourraient être utiles pour stimuler la recherche de nouveaux médicaments, sans oublier que, de surcroît, le hasard fait souvent bien les choses...

CHAPITRE 4

L'homme objet

La neurobiologie a le vent en poupe. Le cerveau fascine. C'est normal, on est toujours beaucoup plus attiré par ce que l'on ignore que par ce que l'on sait. Le cerveau est une immense promesse où s'agitent pêle-mêle l'origine des maladies mentales, le pourquoi de l'intelligence, la pensée objet d'étude de la pensée, la connaissance des rêves ou celle de la mémoire... La cellule hépatique ou la cellule rénale possèdent aussi leurs charmes, infiniment mieux connus, mais infiniment moins séducteurs. Alors cette discipline qui récolte des budgets de recherche considérables, qui donne lieu aux articles les plus nombreux dans la presse scientifique, qui annonce toujours la vérité pour demain, tient-elle vraiment ses promesses ?

Dans une démarche impérialiste, la neurobiologie tente de récupérer les autres disciplines qui s'intéressent au fonctionnement cérébral et aux comportements humains pour les rassembler sous le vocable « neurosciences ». Est-ce abusif ou simplement prématuré ?

La psychologie rejoindra-t-elle un jour la biologie moléculaire ou est-elle d'une essence différente de l'interaction neuronale ? C'est là tout le débat, qui voit s'affronter ceux qui pensent que la jonction de la pensée et de la neurobiologie est pour demain, ceux qui n'en voient pas encore la date et ceux qui la jugent incompatible.

1. L'hypothèse neurobiologique

Les hommes ont besoin de comprendre, et parmi les mystères qui les entourent ou les habitent, le fonctionnement de la pensée représente une interrogation vieille comme la pensée elle-même. La maladie mentale étant avant tout perversion de la pensée, dès lors qu'elle fut reconnue comme maladie, elle donna lieu à des hypothèses étiologiques. Le concept de base de l'hypothèse neurobiologique repose sur le principe que la cause des maladies mentales est localisée dans le cerveau. Les recherches doivent permettre de détecter ces causes, de mettre en évidence les anomalies biologiques responsables, et d'y porter remède en administrant des substances susceptibles de corriger ces anomalies biologiques. Le schéma est tracé, il est logique et il ne manque pas d'arguments.

La neurobiologie représente une discipline assez vaste, qui tend à se morceler en territoires autonomes du fait des développements techniques. Finalement, les neurobiochimistes, les psychopharmacologues, les neurophysiologistes, les anatomistes, les comportementalistes, etc., ont peu de relations entre eux. Ils en ont de moins en moins au fur et à mesure que leur domaine propre de connaissance s'élargit et que leurs outils techniques se diversifient. De nos jours, nul ne peut être Pic de La Mirandole. Le savoir s'intéresse de plus en plus au détail, perd la capacité de synthèse et de liens avec les disciplines voisines, oublie la forme générale pour privilégier l'élémentaire et l'anecdotique. L'objet d'étude n'est plus le cerveau, dans son ensemble, mais une partie de plus en plus minuscule, voire moléculaire, à partir de laquelle le savoir est généralisé et tient lieu de connaissance globale.

Néanmoins, il existe une hiérarchie des valeurs dans cet éclatement de la neurobiologie. D'une manière générale le pouvoir, le savoir... et les crédits vont décroissant du microscopique au macroscopique, du détail à l'ensemble, de la structure moléculaire à la fonction. Il est indéniable que le haut du pavé est détenu par la biologie moléculaire au détriment du comportementalisme. Il existe même des fragmentations de discipline à l'intérieur de la neurobiologie. L'électrophysiologie de la cellule est dévalorisée au profit de l'électrophysiologie de la membrane qui se constitue en spécialité indépendante. Cependant, il existe au moins une homogénéité. Avec un bel ensemble, chacun pense détenir la vérité au bout de sa lorgnette et pouvoir expliquer le cerveau, la pensée, le comportement et les maladies mentales. C'est ainsi que tout neurobiologiste est fasciné par la psychiatrie, même si, prudent, il s'en défend parfois. Il est toujours délectable d'entendre un fondamentaliste, qui n'a jamais quitté son laboratoire, évoquer LA schizophrénie, LA dépression comme s'il s'agissait d'entités autonomes.

La responsabilité de cette situation est également partagée par les neurobiologistes et par les psychiatres. Quels sont les neurobiologistes qui ont fait l'effort de comprendre la spécificité de la psychiatrie ? Ils considèrent en général les psychiatres avec condescendance et souhaitent que la clinique obéisse bien vite aux règles de rigueur et de quantification de leur propre discipline. Ils ne se posent jamais la question de savoir si c'est possible ou non. L'étalon de référence, c'est le leur, et il ne peut en exister d'autre. C'est aux psychiatres d'apprendre la neurobiologie, et à eux seuls de faire la démarche de rapprochement, à sens unique. Par parenthèse, les seules découvertes importantes en psychiatrie furent toujours le fait de l'intuition, de l'observation clinique et de la seule réflexion. L'application de la quantification, de la statistique et des méthodes de la biologie n'a, à ce jour, strictement rien apporté. Il suffit d'attendre sans doute...

Cette image épurée et simplificatrice – véritable modèle au sens expérimental – que certains neurobiologistes ont des maladies mentales tient à leur absence de connaissances spécifiques, mais aussi à la responsabilité des psychiatres.

Car la fascination des neurobiologistes pour les maladies mentales renvoie à la fascination des psychiatres pour les neurobiologistes. Les « savants » impressionnent beaucoup les cliniciens. Le domaine de la neurobiologie est celui du mesurable, du vérifiable, du reproductible, en un mot celui de la vérité. Quelle différence avec la psychiatrie où tout est mouvant, insaisissable, imprévisible. Quelle rassurante manière d'apaiser sa propre anxiété devant les mystères de l'esprit que de s'appuyer sur les solides certitudes du cerveau. Alors, on va aider les neurobiologistes, on va abonder dans leur sens. Et de quels droits ces cliniciens ignares iraient-ils contester, douter ou même discuter ? On propose à l'intention des neurobiologistes une clinique psychiatrique simplifiée, aseptisée, des diagnostics limpides où LA schizophrénie devient aussi consistante que la pneumonie franche lobaire aiguë. À cette fascination réciproque du psychiatre pour la neurobiologie s'ajoute une méconnaissance considérable du domaine. Cela facilite encore plus l'adhésion aux hypothèses scientifiques. Comment douter d'un article paru dans une grande revue de langue anglaise ? Comment contester la vérité d'un résultat de dosage biologique ? Comment critiquer une courbe en coordonnées semilogarithmiques ?

Les psychiatres ont rarement une formation scientifique, ils ont exceptionnellement travaillé dans un laboratoire, ils n'ont jamais publié dans PNAS (qui est la Rolls des revues scientifiques). Dès lors, comment savoir qu'une mesure n'est pas une valeur absolue, que les résultats de dosages dépendent de la méthode utilisée et que la variation intersujets des données obtenues chez dix rats ne peut avoir un sens que si on les soumet à des traitements statistiques appropriés ?

C'est ce regard en miroir entre psychiatrie et neurobiologie qui a donné naissance au concept de psychiatrie biologique. Ce courant de recherche s'efforce de mettre en évidence, au moyen de dosages dans le sang, les urines et quelquefois le liquide céphalo-rachidien de patients, des index biologiques des maladies mentales. C'est sur la base de l'hypothèse neurobiologique qu'est recherchée la cause cérébrale de la folie, la molécule anormale responsable de la schizophrénie... Un schéma linéaire se trouve établi, qui tente de relier une anomalie cérébrale localisée et un comportement déviant. Malgré ce (louable ?) effort des psychiatres pour approcher la Science, il faut reconnaître qu'ils ne jouissent pas d'une grande faveur auprès des neurobiologistes. Ceux-ci ne sont d'ailleurs pas épargnés eux-mêmes par l'attitude dominatrice des différentes disciplines au sein de la communauté scientifique.

Les physiciens tiennent en général les biologistes – ces expérimentateurs de l'à-peu-près – en piètre estime. Les biologistes méprisent souvent les cliniciens pour leur manque de rigueur et les cliniciens soignent les malades même lorsqu'ils sont physiciens ou biologistes.

Il existe une hiérarchie des valeurs (et du pouvoir) entre physiciens, biologistes et cliniciens. Les physiciens qui explorent la structure de la matière approchent Dieu, les biologistes approchent la vie et les cliniciens... soignent les pauvres hommes. Cette hiérarchie des valeurs est parfaitement respectée pour ce qui est des responsabilités dans la communauté scientifique et dans la distribution des crédits.

Dans ce domaine les variations sont de l'ordre d'un facteur 10. Les différences fondamentales sont conceptuelles :
du plus abstrait – la physique – au plus concret – la clinique.

Le médecin décrit ce qu'il voit : une éruption, une image
radiologique, une anomalie cellulaire. Le biologiste figure ce
qu'il croit voir sous forme de schémas, graphes, courbes,
histogrammes. Le physicien manipule un tel niveau d'abstraction que son langage et ses concepts ne peuvent s'exprimer qu'en équations.

À ces différentes aptitudes de raisonnement correspondent
sûrement différentes structures de personnalités.

Ce tableau ne serait pas complet si l'on ne faisait pas
figurer, au sommet de l'échelle, les mathématiciens purs qui
ne peuvent communiquer qu'avec eux-mêmes... Ceci est une
particularité que voient souvent les psychiatres... chez leurs
malades. La boucle est donc bouclée. L'hypothèse neurobiologique des maladies mentales, c'est-à-dire la cause cérébrale
organique de celles-ci, relance un vieux débat. Elle accrédite
aussi une nouvelle position idéologique ou philosophique.
La pensée est-elle strictement réductible à la matérialité du
fonctionnement neuronal ? On verra plus loin que certains
ont pris des positions solides à ce propos. Les aspects séman-
tiques ne sont pas étrangers à la manière de poser la question. Traditionnellement, on oppose l'âme au corps, l'esprit
à la matière et l'intelligence aux émotions. Et la pensée dans
tout ça ? Les termes ne sont pas exactement superposables.
Qu'entend-on réellement dans l'hypothèse neurobiologique ?
En langue anglaise, l'opposition se joue entre « brain » et
« mind ». « Brain », c'est très clair, c'est le cerveau et sa
machinerie. « Mind » est habituellement traduit par
« esprit ». En laissant de côté toute considération philosophique, est-ce que le psychiatre, et particulièrement le psychothérapeute, s'y retrouvent, limités par ces termes, lorsqu'ils appréhendent la diversité des affects (qui ne sont pas

seulement les émotions), la nature du transfert, ou la valeur
de la métaphore ?

2. Le développement de la neurobiologie
et le concept des neurosciences

Le cerveau est un objet d'étude depuis fort longtemps.
Cependant, la neurobiologie ne s'est constituée en corps de
connaissances que récemment. Même si, avec la notion de
neurotransmission, on peut aller rechercher des racines plus
anciennes, la neurobiologie moderne n'a qu'une quarantaine
d'années. Son histoire suit très exactement le développement
des techniques. Cependant, il faut constater que celles-ci ont
fait progresser les connaissances dans le sens du plus en plus
petit. Plus on descend dans l'échelle des structures cérébrales, plus c'est facile, plus on essaye de monter, plus on
rencontre d'échecs et de découragement. La neurobiologie
est aujourd'hui résolument moléculaire. On est passé progressivement de la connaissance de la cellule et des produits
qu'elle fabrique à la structure moléculaire de la cellule et
aux gènes qui s'expriment en elle. Dans l'autre sens, les
progrès sont bien plus modestes. On sait peu de choses des
interactions au sein des réseaux neuronaux. On ne sait pratiquement rien des connexions entre les différentes parties
superficielles et profondes du cerveau. Le substrat organique
des comportements élémentaires (faim, soif, sexualité, sommeil, etc.) n'est déchiffré que dans ses grandes lignes. En
revanche, on peut cloner le gène qui code la synthèse de
telle enzyme neuronale.

On voit que le champ des connaissances est beaucoup plus
moléculaire que comportemental. C'est tout un déséquilibre
de la neurobiologie qui est en cause avec des conséquences

multiples qui privilégient certains concepts scientifiques et donnent l'essentiel du pouvoir aux équipes impliquées.

C'est donc l'étiologie « moléculariste » qui domine et c'est aux chercheurs de ce domaine que l'on attribue les crédits les plus importants. Leur pouvoir s'en trouve donc renforcé, leur volume de connaissances s'accroît encore et le déséquilibre avec les physiologistes « macroscopiques » du cerveau augmente un peu plus.

Ce n'est pas ici le lieu d'approuver ou de déplorer cette situation qui ressortit exclusivement d'une politique de recherche et des choix nécessaires à effectuer en matière d'attribution des crédits.

Le développement de la neurobiologie a donc suivi le progrès des techniques. Il faut reconnaître que celles-ci permettent de remarquables performances.

D'une situation où l'on ne connaissait guère que l'observation microscopique du neurone et le dosage biologique de certains de ses constituants, on est passé à la possibilité d'un repérage et d'une quantification précise de la quasi-totalité de ses structures. Le marquage radioactif de ligands spécifiques a permis l'étude des récepteurs membranaires (technique de « binding ») et de leur capacité de liaison à ces ligands. Des emprunts à l'immunologie (immunocytochimie, anticorps monoclonaux) ont autorisé l'établissement d'une véritable cartographie de substances cérébrales transmettant l'information entre les cellules. Des microélectrodes sont capables d'aspirer une minuscule portion de la membrane du neurone au niveau d'un pertuis par où circulent des ions (sodium, chlore, potassium, etc.) et d'enregistrer l'activité électrique témoin du fonctionnement de ces canaux (technique de « patch-clamp »). La culture artificielle de cellules nerveuses permet l'observation de phénomènes se déroulant dans le temps et l'approche des processus de croissance cellulaire. Bientôt, de véritables réseaux neuronaux seront étudiés grâce à l'informatique, en cultivant des cellules sur des puces électroniques. On voit là quelques exemples des techniques qui contribuent à l'essor de la neurobiologie.

Mais la venue des médicaments psychotropes a elle aussi largement participé à cet essor. Comme on le sait, les propriétés thérapeutiques des premiers médicaments des maladies mentales ont été découvertes par hasard. C'est-à-dire qu'aucune stratégie préalable, aucune hypothèse neurobiologique n'ont précédé leur utilisation. Mais dès que leurs effets symptomatiques furent mis en évidence sur les hallucinations, la dépression et l'anxiété, la question qui se posa immédiatement fut : « Comment ça marche ? » La recherche du mécanisme d'action de ces substances sur le cerveau fut aussi – et surtout – une occasion de préciser le mode de fonctionnement des cellules nerveuses. Les psychotropes ont constitué de véritables outils pharmacologiques pour disséquer et analyser la biologie du neurone. Le marquage radioactif de ces médicaments a contribué à l'étude des récepteurs membranaires et à leur individualisation en catégories plus nombreuses qu'on ne l'imaginait.

Cet intérêt de la neurobiologie pour les psychotropes a contribué à l'établissement d'un raisonnement très simple qui peut se résumer en quelques propositions.

– Les psychotropes améliorent les symptômes des maladies mentales.

– Les psychotropes agissent sur des structures et des phénomènes cérébraux précis.

– Donc, ces structures et ces phénomènes sont à l'origine des maladies mentales traitées par ces psychotropes.

C'est en partie ainsi que naquit la psychiatrie biologique et que le postulat d'un déficit cérébral localisé à l'origine des maladies mentales fut accrédité. On voit que la neurobiologie est une discipline forte, dont la croissance est très rapide et dont le point de départ est la cellule nerveuse. Si les connaissances s'affinent de plus en plus en amont de la cellule, puisque l'on peut en étudier maintenant les gènes, les connaissances d'aval progressent beaucoup plus lentement. Arbitrairement, on peut considérer que de l'intérieur vers l'extérieur l'aval de la cellule est constitué par les ensembles neuronaux ayant les mêmes propriétés fonctionnelles, puis par des structures plus complexes, interconnectées, pour aboutir finalement au cerveau tout entier. Le terme ultime étant le résultat fonctionnel du cerveau, c'est-à-dire les comportements normaux ou pathologiques. La neuro-biologie perd ses outils au fur et à mesure qu'elle s'éloigne de la cellule. Si l'électrophysiologie peut encore maîtriser l'exploration d'un petit groupe de cellules, les connaissances concernant les fonctions d'un lobe cérébral entier appartiennent résolument à la neuropsychologie fonctionnelle, c'est-à-dire pratiquement à la vieille méthode anatomo-clinique de Broca. Les méthodes modernes d'imagerie cérébrale n'apportent pas encore grand-chose à la connaissance de la spécificité fonctionnelle cérébrale. Elles renseignent sur la « chaufferie » de la machine (débit sanguin, consommation d'énergie), pas sur la nature de ce qu'elle produit. Que je pense à mes enfants ou à une choucroute garnie, la consommation de glucose dans le cerveau doit être grossièrement la même, et peut-être bien au même endroit. Pourtant, les affects qui accompagneront ces deux représentations mentales seront bien différents.

Il existe cependant quelques équipes dans le monde, dont certaines excellentes en France, qui délibérément ont choisi la tâche ingrate de remonter de la cellule vers le comportement. Cela nécessite une recherche pluridisciplinaire, l'établissement de stratégies communes pour trouver le chemin qui mène d'une reconnaissance intermoléculaire à une fonction physiologique. Ces « comportementalistes » sont trop souvent les parents pauvres de la neurobiologie. C'est pourtant en disséquant la chaîne des événements qui mènent de la molécule au comportement – en choisissant comme modèles les situations les plus simples possible – que l'on approchera le mieux les fonctions cérébrales.

Toutes ces disciplines « d'aval » par rapport à la cellule sont finalement bien différentes les unes des autres. Le neurophysiologiste, le comportementaliste, l'anatomiste, etc., ont peu de points de rencontre. Lorsque l'on passe à l'homme, le fossé s'élargit. Neuropsychologues et neurologues se fréquentent encore mais les psychiatres sont nettement éloignés. D'autres disciplines voient le jour, comme l'intelligence artificielle et les systèmes experts, qui étudient le traitement de l'information par le cerveau. Les chercheurs sont essentiellement informaticiens et n'ont plus rien à voir avec le spécialiste de biologie moléculaire.

Dès lors, peut-on trouver un langage commun, une conceptualisation unificatrice dans cette tour de Babel ? Les « neurosciences » constituées en fédérations ont-elles un sens ? S'agit-il simplement d'un alibi pour la neurobiologie fondamentale qui justifierait ainsi le sens de sa démarche en la raccrochant à des applications futures ? Le pouvoir appartiendra demain à l'approche qui débouchera sur des concrétisations pratiques.

Pour que les « neurosciences » ne meurent pas avant d'avoir vécu, il faut que les disciplines, comme les hommes, pratiquent la tolérance et le respect des spécificités. Toute attitude hégémonique, toute tentative de récupération entraînerait l'effondrement de l'édifice.

3. *Les progrès de la neurobiologie*

Personne ne songerait à nier les acquis fantastiques de la neurobiologie. Mais ces acquis, comme on l'a vu, restent essentiellement cellulaires. De surcroît, toutes les régions du cerveau ne sont pas étudiées de manière identique. On connaît très bien le cerveau du rat, assez bien celui de la souris, beaucoup moins bien celui des mammifères supérieurs et assez mal celui de l'homme. Au plan cellulaire, les connaissances essentielles viennent des neurones d'animaux marins. Tout neurone au sein des espèces vivantes a-t-il valeur de modèle absolu permettant une extrapolation et une généralisation à l'homme ? Peut-être pour ce qui concerne les aspects mécaniques, mais c'est plus difficile à imaginer pour ce qui concerne les capacités d'abstraction et la valeur du symbolique. C'est la grande question de savoir si la différence entre l'animal et l'homme est de l'ordre du quantitatif ou du qualitatif, et si les fantastiques possibilités du cerveau humain sont le pur résultat du nombre des combinatoires. C'est une hypothèse intéressante, mais ce n'est qu'une hypothèse qui permet d'en admettre d'autres, d'autant que, pour l'asseoir, il faudrait d'abord étudier un peu mieux le cerveau humain et un peu moins le neurone de l'Aplysie de Californie. Oui, je le sais bien, c'est tellement plus facile...

Chez le rat, comme chez l'homme, les trois grandes structures du cerveau ont des rôles bien différents. Le cortex cérébral des deux hémisphères est un cerveau indépendant, qui maîtrise les variations venant de l'extérieur et intègre toutes les informations internes et externes pour élaborer des stratégies de réponse. C'est le cerveau le moins bien étudié, c'est pourtant probablement grâce à lui que l'homme est capable de penser. Le tronc cérébral, auquel on rattache le cervelet, subit des variations induites par l'environnement et les noyaux cellulaires qu'on y trouve sont relativement bien étudiés. Leur rôle dans les grandes fonctions instinctives ou réflexes est connu avec assez de précision. Enfin, le cerveau moyen, où l'on trouve des structures importantes comme les circuits impliqués dans la mémoire ou le centre des hormones cérébrales, a donné lieu aussi à des corrélations entre structure anatomique, signal chimique et fonction.

Mais ces trois cerveaux ont des particularités très tranchées entre eux et bien entendu entre les différentes espèces considérées. Les généralisations sont donc hasardeuses. On fait jouer un rôle considérable à une structure cérébrale très bien individualisée chez le rat : le noyau accumbens. De nombreux médicaments du cerveau sont étudiés en fonction de leur action sur ce noyau. Or cette entité est à peine ébauchée chez l'homme... A-t-on le droit d'extrapoler... ?

C'est donc bien au niveau cellulaire que les résultats obtenus sont le moins contestables. On connaît maintenant assez bien l'anatomie du neurone, sa machinerie interne, ses propriétés membranaires, ses appareils de communication, les signaux qu'il émet et dans certains cas ses connexions avec d'autres neurones. On a pu identifier les éléments intracellulaires, les mécanismes de transport, la nature des neurotransmetteurs fabriqués par le neurone. Pour certains systèmes neuronaux, on connaît les modalités de régulation de la libération des neurotransmetteurs. On sait que la transmission d'un message d'une cellule à l'autre nécessite la liaison du signal messager (le neurotransmetteur) avec un récepteur membranaire de la cellule à informer. Ce premier messager va entraîner une série d'événements en cascade, à l'intérieur de la cellule qui reçoit l'information. Un deuxième messager va prendre le relais et favoriser une réaction riche en énergie. Le troisième messager sera la phosphorylation (ou la sulfatation) d'une protéine support. Celle-ci représente elle-même le quatrième messager. Au bout de cette chaîne se trouvent les gènes qui codent la synthèse des protéines spécifiques fabriquées par le neurone. C'est l'activité ou la mise au repos de la cellule qui se trouvent en cause.

Mais on connaît encore beaucoup d'autres choses sur le

neurone. Sa membrane donne lieu à beaucoup d'investigations en particulier pour deux sites privilégiés : les récepteurs
et les canaux ioniques. Les récepteurs sont des ensembles de
protéines, enchâssés dans la membrane du neurone et qui
sont capables de fixer un ligand qui leur est spécifique. Ce
ligand, neurotransmetteur, hormone ou médicament, va
transmettre un signal d'activation ou de ralentissement de la
cellule. On a pu comparer le complexe de liaison ligand/
récepteur à la complémentarité d'une clef et d'une serrure.
Les médicaments du cerveau (ou certaine partie de leur
molécule) peuvent ressembler à ce point à un signal physiologique, que le récepteur acceptera ce leurre comme s'il
s'agissait du signal lui-même. Les neurotransmetteurs ont
une spécificité absolue et ne se fixent que sur un récepteur
déterminé. En revanche, les médicaments peuvent avoir des
affinités polyvalentes et se fixer sur différents types de récepteurs. C'est par cette propriété qu'ils exercent leurs actions
dans l'organisme et dans le cerveau en particulier. Le marquage radioactif (par le tritium par exemple) des signaux/
ligands permet de repérer, de quantifier, voire de photogra-
phier les récepteurs en cause.

Ces techniques de liaison (« binding ») ont donné lieu à
une véritable spécialisation en pharmacologie moléculaire :
« La réceptorologie ». Tout serait pour le mieux dans le
meilleur des mondes, s'il n'y avait une restriction de taille.

Ces méthodes d'étude des récepteurs membranaires
portent sur des fragments de cellules, dans des tubes à essai.
On mesure simplement des quantités de radioactivité, après
lavage des membranes, ce qui permet de mettre en évidence
la radioactivité accrochée spécifiquement sur les récepteurs.
Cette mise en évidence ne préjuge pas de l'activité physiologique du récepteur. Il existe en effet, sur les membranes,
des points particuliers que l'on appelle « sites de fixation à
haute affinité spécifique ». Ces sites « accrochent » le signal,

mais ils ne servent à rien, car ils ne transmettent pas le message à l'intérieur de la cellule. La seule manière de différencier les récepteurs « morts » des récepteurs « vivants » qui jouent un rôle dans la vie cellulaire, c'est d'étudier le passage du message de l'extérieur de la membrane à l'intérieur de la cellule. C'est ce que l'on nomme la « transduction » du signal, et cela nécessite l'observation des cellules vivantes par des techniques appropriées. Malheureusement, la pharmacologie moléculaire par la seule méthode du « binding » n'est pas capable de différencier les « vrais » récepteurs des faux. Et c'est pourtant sur la base des données de la pharmacologie que se sont édifiés à la fois des classifications de récepteurs et des tests pour trouver de nouveaux médicaments du cerveau. Il est donc important qu'il n'y ait pas trop d'artefacts dans cette technique.

L'autre niveau privilégié d'étude de la membrane concerne les canaux ioniques. Il s'agit de ces lieux de passage des ions (calcium, sodium, chlore, potassium...) de l'extérieur vers l'intérieur de la membrane et inversement. Très souvent, ces ionophores ou canaux ioniques sont enchâssés au sein d'un récepteur à l'activité duquel ils participent. Des techniques nouvelles d'électrophysiologie ultra-fine (« patch-clamp ») permettent d'étudier l'activité de ces canaux ioniques sous l'influence de diverses substances, physiologiques ou étrangères à l'organisme (médicament).

C'est donc une connaissance extrêmement intime du fonctionnement de la cellule nerveuse qui est maintenant possible grâce à la neurobiologie. Cette connaissance concerne essentiellement le neurone, c'est-à-dire la cellule « noble » du cerveau, celle qui possède une activité très différenciée avec sa capacité à émettre et à recevoir des signaux spécifiques. Mais il existe de nombreuses autres cellules cérébrales : les cellules gliales, dont on ne connaît que très peu les fonctions, parce qu'elles sont à peine étudiées. Il est probable que la connaissance des activités propres de ces cellules et celle de leurs relations avec les neurones modifieront encore la connaissance du fonctionnement cérébral.

Les apports de la neurobiologie ne se limitent pas à la cellule isolée. On connaît maintenant certains aspects dynamiques et fonctionnels de circuits neuronaux précis et on identifie peu à peu les signaux qui modulent leur activité. D'une manière générale, les grandes fonctions « neurologiques » du cerveau (activités motrice, sensitive, sensorielle, comportements automatiques...) sont bien connues, l'organisation des fonctions supérieures (activités cognitives, mémoire, langage, etc.) l'est un peu moins et la physiologie des comportements « émotionnels » (agressivité, peur, anxiété, etc.) moins encore.

4. Le développement de la psychiatrie biologique

La psychiatrie biologique est fille de la découverte des médicaments du cerveau et de l'essor de la neurobiologie. Elle représente à la fois un courant de recherche et une idéologie.

Si l'on en juge par le nombre des publications et des congrès qui lui sont consacrés, la psychiatrie biologique suscite un indéniable engouement dans le monde. Les raisons en sont multiples. On peut pêle-mêle en discerner plusieurs : fascination par les succès de la neurobiologie et des médicaments psychotropes, attrait pour un modèle scientifique permettant d'aborder les maladies mentales, soutien massif de l'industrie pharmaceutique et désenchantement provoqué par la prise de conscience des limites de la psychanalyse.

Les concepts de la psychiatrie biologique sont simples et sont hérités en ligne directe du modèle lésionnel des neurologues. Les principes de base sont énoncés ainsi :

– Tous les comportements sont régis par le cerveau.

– La connaissance du cerveau doit permettre de comprendre les comportements.

– Certains comportements anormaux (maladies mentales) sont améliorés par des médicaments.

– On connaît le mécanisme d'action cérébrale de ces médicaments.

– Donc, ces actions cérébrales s'exercent sur le déterminisme des maladies mentales.

Les buts de la psychiatrie biologique sont de mettre en évidence les anomalies cérébrales responsables des troubles mentaux et de les corriger biologiquement. Les finalités concernent l'étiologie, le diagnostic et la thérapeutique de ces troubles. Schématiquement, les hypothèses à tester concernent la production d'une substance cérébrale toxique, l'absence d'une substance cérébrale indispensable, ou le dérèglement momentané d'un fonctionnement neuronal. La difficulté consiste à trouver les outils et les méthodes susceptibles de vérifier ces hypothèses.

Pour résumer : toute maladie mentale correspond à une anomalie cérébrale précise, qui en est responsable, et sur laquelle il faut agir pour guérir le trouble.

Le concept de la psychiatrie biologique est donc causal, comme le sont d'ailleurs ceux de la psychanalyse ou de la sociologie.

Si la psychiatrie biologique a pour but l'étude du cerveau dans ses relations avec la maladie mentale, il faut bien convenir que son objet d'étude, chez l'homme vivant, est assez inaccessible. Trois situations théoriques existent. L'une consiste à doser, dans ce qui est atteignable de manière non traumatisante (sang, urines, voire liquide céphalo-rachidien), des substances biologiques pouvant refléter un mauvais fonctionnement cérébral. L'autre consiste à trouver un « modèle », accessible dans le sang, de l'activité des neurones. La dernière situation est l'étude de cerveaux de malades après leur mort. Ces trois éventualités, comme nous le verrons, sont sujettes à bien des critiques méthodologiques. L'idéal serait, bien sûr, de pouvoir accéder directement au cerveau, de manière parfaitement éthique (c'est-à-dire indolore et sans danger). Cette perspective est en voie de réalisation grâce à de nouvelles techniques d'imagerie cérébrale.

Sans entrer dans les détails, essayons d'évoquer les principaux outils « classiques » de la psychiatrie biologique. Les dosages biologiques viennent en premier lieu. Quelles que soient les techniques utilisées, ces dosages évaluent les concentrations de substances biologiques venant du cerveau ou pouvant l'influencer. Telles sont les précurseurs ou les produits de dégradation des principaux neurotransmetteurs, de nombreux peptides, des hormones.

Toutes ces investigations visent à trouver une différence par rapport à des sujets normaux. Une anomalie constituerait un « index » biologique témoin de la maladie mentale ou de sa cause. On peut dire que, dans cette perspective, tout ce qui est dosable a été dosé.

Les mesures d'un taux d'hormones circulantes n'ayant pas beaucoup de sens physiologique, on a tenté d'appliquer à la psychiatrie les méthodes des endocrinologues qui « interrogent » par des mesures dynamiques la réponse hormonale d'une glande endocrine périphérique (thyroïde, surrénale...) après stimulation de sa commande cérébrale.

Enfin, la recherche de substances chimiques anormales, témoins ou causes de la maladie, a été effectuée dans les principales affections mentales : « tache rose » chez les schizophrènes, « ligand endogène » chez les anxieux et les déprimés.

On verra plus loin que toutes ces investigations sont bien décevantes. C'est pourquoi la recherche d'un « modèle »

accessible du fonctionnement neuronal s'est largement développée. Il se trouve qu'une cellule sanguine qui a perdu son
noyau, la plaquette, et le cerveau ont en commun un neurotransmetteur : la sérotonine. Ce neurotransmetteur est
aspiré dans le sang par la plaquette au moyen d'un récepteur
de capture, il est concentré dans la cellule qui contient,
comme le neurone, les enzymes pour le détruire et l'on y
trouve les mêmes produits de dégradation. Il existe d'autres
récepteurs sur la plaquette et d'autres cellules sanguines qui
ont été explorées dans la même perspective (globule rouge,
lymphocyte). Mais il n'en faut pas plus pour rendre heureux
un psychiatre biologiste !

Tous ces dosages ont également été pratiqués sur des
échantillons de cerveaux de malades décédés. Mais on verra
les difficultés d'interprétation des résultats. En ce qui
concerne les explorations directes du cerveau de l'homme
vivant, une des plus anciennes a été l'électroencéphalographie. La transmission neuronale se traduit par un minuscule
courant électrique appelé « potentiel d'action ». On sait très
bien étudier les caractéristiques électriques du neurone sur
des neurones isolés au laboratoire. Chez l'homme, on se
contente d'enregistrer sur le cuir chevelu la masse globale
des activités électriques du cerveau, venant de tous les neurones, que l'on a amplifiée pour pouvoir en obtenir un tracé.
L'électroencéphalographie a montré que les grandes régions
du cerveau ont des activités électriques un peu différentes et
que le repos ou l'activité cérébrale sont distinguables élec-
triquement. Si ces résultats ont pu avoir un intérêt en neurologie, les applications en psychiatrie sont quasi nulles. Un
regain d'intérêt a été donné à l'électroencéphalographie
grâce à sa quantification et au traitement mathématique du
signal électrique par ordinateur.

Les approches les plus modernes, qui constituent la « cartographie » cérébrale, enregistrent et calculent l'activité élec-

trique qui se déplace sur le scalp au cours de tâches psychologiques codifiées ou au cours du sommeil. D'autres techniques électrophysiologiques, comme l'étude des potentiels évoqués, ont également été utilisées en psychiatrie.

Mais ce sont les méthodes d'imagerie cérébrale modernes qui suscitent le plus d'espoirs.

Le scanner (ou tomodensitométrie) permet de voir la morphologie du cerveau. C'est crucial en neurologie, mais de peu d'intérêt en psychiatrie, bien que des atrophies du cortex cérébral aient été décrites dans certaines schizophrénies.

La caméra à positons est un outil d'exception dans le domaine de la recherche, du fait de son coût financier. Cette technique permet de mesurer certains aspects du fonctionnement cérébral (débit sanguin, métabolisme énergétique), mais aussi d'évaluer quantitativement et qualitativement certains récepteurs du cerveau. C'est la première approche biochimique du cerveau chez l'homme vivant. Elle sera rejointe bientôt par l'utilisation biochimique de la résonance magnétique nucléaire qui permettra de suivre l'évolution de processus biologiques au sein des neurones.

À côté des dosages de neurotransmetteurs, de l'évaluation des récepteurs, il est trois autres axes de recherche qui se développent en neuropsychiatrie biologique : l'étude de la plasticité cérébrale et des greffes, les relations entre les comportements et les données neurobiologiques, et les applications de la génétique moléculaire.

Longtemps a prévalu le dogme selon lequel un neurone ne repousse jamais et la perte cellulaire dans le cerveau est définitive, à l'inverse des autres organes où les cellules sont en perpétuel renouvellement. Cependant, la notion de plasticité cérébrale s'est imposée petit à petit. Des suppléances fonctionnelles sont capables de s'établir dans le cerveau adulte pour pallier des lésions organiques. La récupération après certaines interventions neurochirurgicales en est un exemple. L'étude des facteurs de croissance du neurone ouvre, elle aussi, des perspectives nouvelles. En un mot, la mythique « greffe de cerveau » est devenue réalité. Chez le rat, la greffe de cellules cérébrales spécialisées, prélevées chez des embryons et implantées chez des adultes, a permis la restauration de fonctions perdues. Les greffons se sont réellement développés en contractant des connexions avec les cellules neuronales qui les entouraient. Le traitement de maladies dégénératives du système nerveux (Alzheimer, Huntington, Parkinson) est l'objectif de ces tentatives.

On est encore loin cependant des réalisations pratiques, et les premières greffes réalisées chez l'homme, en Suède, dans le cerveau de malades parkinsoniens, n'ont donné aucun résultat. Néanmoins, ce courant de recherche fait rêver et renforce encore les concepts de la psychiatrie biologique, même si les applications psychiatriques ne sont pas encore évoquées par les plus hardis.

Il est tentant d'établir des relations entre les comportements et les données neurobiologiques chez l'homme, mais très difficile d'en démontrer l'existence.

Faute d'une approche directe, on procède en deux étapes. La première consiste à établir un modèle animal (rôle de la sérotonine sur la faim). La deuxième consiste à « manipuler » le système biologique éventuellement impliqué, en administrant à l'homme des substances excitatrices ou inhibitrices du système et à évaluer les modifications comportementales. On sait que les produits qui facilitent la transmission cérébrale de l'acétylcholine (un neurotransmetteur) améliorent la mémoire immédiate et que ceux qui inhibent sa transmission perturbent la mémoire. On voit les applications médicamenteuses possibles dans les troubles de la mémoire au cours du vieillissement cérébral par exemple.

Ces tentatives de corrélations cerveau/comportement sont essentiellement limitées à l'animal et concernent des

comportements instinctifs ou des conditionnements comme
la faim, la soif, la sexualité, le sommeil, la mémoire, l'agressivité ou l'apprentissage...

Enfin, le dernier domaine de recherche est celui de la
génétique moléculaire. On sait maintenant isoler un gène, le
localiser sur le chromosome, le multiplier artificiellement et
obtenir qu'il fabrique la protéine spécifique qu'il « code ».
Ces techniques de biologie moléculaire sont applicables sur
une cellule sanguine obtenue par une simple prise de sang.
Si l'étude est intéressante, on peut « immortaliser » les cellules au moyen d'un virus et obtenir leur multiplication indé-
finie permettant de travailler pendant des années sur le même
prélèvement sanguin. La génétique moléculaire, associée à
l'épidémiologie génétique et à la généalogie des populations
en neurologie a permis d'obtenir déjà des résultats très inté-
ressants. On a pu identifier des gènes impliqués dans la maladie de Huntington, d'Alzheimer, et dans certaines myopa-
thies.

On ne peut terminer d'évoquer le domaine de la psychiatrie biologique sans revenir sur l'idéologie qui s'attache aux
effets des médicaments psychotropes. Leur rôle repose sur
deux notions. L'une s'attache au mimétisme entre la maladie
à soigner et le médicament qui la soigne. Ce qui guérit une
dépression est un antidépresseur (qui est pourtant aussi antal-
gique, anti-ulcéreux...). Donc, ce qui est guéri par un antidépresseur est une dépression (même s'il n'y a aucun trouble
de l'humeur comme dans les dépressions dites « masquées »). On va loin avec de tels raisonnements...

La deuxième notion concerne la relation directe que l'on
établit entre l'action cérébrale connue du médicament (il y
a aussi beaucoup d'actions d'inconnues) et ses effets thérapeutiques. On en tire des arguments étiologiques sur la maladie et des démonstrations sur le rôle du médicament comme
« analyseur » des comportements. C'est une vue bien sim-

pliste de la plasticité cérébrale et de la complexité des
composantes comportementales...

5. L'impasse actuelle de la psychiatrie biologique

Ce tableau de la psychiatrie biologique ne doit pas cacher
les réalités : cette démarche est actuellement dans une
impasse, même si beaucoup, par inconscience ou par oppor-
tunisme, tentent de le nier.

Le bilan de la psychiatrie biologique, avec ses concepts
et ses méthodes, est aujourd'hui négatif. Après vingt-cinq
ans d'efforts poursuivis dans la même direction, personne ne
peut contester :
- que l'on ne dispose d'aucun index biologique spécifique
  d'une maladie mentale ;
- que l'on ne connaît aucune étiologie biologique incontestée
  d'une maladie mentale ;
- que nous ne pouvons ni affirmer biologiquement les diagnostics, ni prévoir une évolution, ni prédire une réponse
  à un traitement médicamenteux ;
- que nous ne connaissons pas le support biologique exact
  de l'effet thérapeutique des psychotropes.

C'est peu ! Il faut donc établir un bilan critique des résultats et réviser les concepts et les méthodes. Les concepts de
base sont à l'évidence trop naïfs. La relation linéaire entre
un supposé déficit cérébral localisé et sa responsabilité causale dans un comportement aussi global et diversifié qu'une
maladie mentale, n'est pas soutenable. Le modèle est issu de
la méthode anatomo-clinique de Laennec, appliquée avec
succès à la neurologie par Broca, Wernicke, Jackson, Charcot, etc. Ce modèle, riche de résultats en neurologie, a permis de définir la spécificité fonctionnelle du cortex cérébral.
Le danger a été d'extrapoler ce raisonnement à des fonctions

psychiques complexes qui ne sont pas de même nature que la motricité, la sensitivité ou la sensorialité.

Cette notion de relation entre une structure cérébrale et une fonction a été étoffée par des épileptologues et des neurochirurgiens comme Penfield, Geschwind, Talleyrach, Bancaud ou des neuropsychologues comme Hecaen ou Jeannerod. Mais que démontrent-ils ? Que le cerveau est nécessaire pour que des comportements se manifestent et que certaines structures cérébrales sont plus particulièrement impliquées dans cette expression. La stimulation d'une certaine zone cérébrale profonde par une électrode au cours d'une intervention neurochirurgicale peut déclencher un état de tristesse ou d'euphorie ; cela ne signifie pas que l'on a identifié LE centre de l'humeur. Les faits ne sont pas contestables, c'est l'interprétation qu'on en donne qui peut l'être.

Les fonctions répertoriées, même s'il s'agit de fonctions dites « supérieures », c'est-à-dire élaborées, et appartenant au domaine de la cognition, ne sont que des outils cérébraux. Comprendre le déterminisme de la finalité d'utilisation de ces outils – qui est individuelle – est une autre affaire. Tout délire hallucinatoire est à la fois semblable aux autres et unique. Il faut un lobe temporal pour produire une hallucination auditive, mais il faut être M. Dupont pour avoir tel type de délire hallucinatoire. Tous les cerveaux sont identiques dans leurs structures, mais chaque cerveau est unique dans son organisation.

Tout individu possède les mêmes outils cérébraux – étudiables par les neurosciences –, mais chaque individu a une manière unique de les utiliser, fonction de son histoire personnelle avec le milieu, et non réductible à l'approche neurobiologique. On ne peut confondre l'outil, sa fonction, et ce qui en est fait. Ravel a été aphasique, comme beaucoup d'hémiplégiques, mais personne d'autre n'a composé le

Concerto pour la main gauche ou la *Berceuse sur le nom de Fauré.*

Kandel, dans les années quatre-vingt, a postulé que les émotions pouvaient être dépendantes de zones cérébrales localisées et non d'un fonctionnement cérébral global. Mais il y a un quiproquo, une fois de plus, sur le terme « émotion ». La prosodie de la parole, la composante émotionnelle du langage gestuel, la compréhension du langage non verbal sont sûrement localisées dans l'hémisphère droit. Il s'agit simplement d'outils de communication, il ne s'agit pas du choix du sens que l'on donne au message émotionnel. On a besoin de son cerveau pour s'exprimer et on ne peut le faire que grâce à lui. Mais les raisons et le contenu de l'expression sont propres à chacun et ne correspondent pas à des zones cérébrales particulières. Il n'y a pas que les concepts qui sont critiquables en psychiatrie biologique, les méthodes et les outils le sont également.

Tous les dosages biologiques réalisés dans le sang ou les urines et même le liquide céphalo-rachidien sont entachés des mêmes erreurs.

Il est faux d'imaginer que le groupe de malades étudié représente LA maladie à laquelle on s'intéresse. Passons sur les difficultés diagnostiques. Mais en psychiatrie, s'il existe un fond commun appartenant à la même entité nosologique, LA maladie s'efface devant les malades. Une maladie organique lésionnelle d'un viscère possède une certaine homogénéité : un ulcère de la grande courbure de l'estomac ou un infarctus du myocarde postéro-diaphragmatique ont une grande similitude d'un malade à l'autre sans toutefois être strictement superposables. En revanche, si l'on sait reconnaître une dépression, deux déprimés seront toujours différents parce qu'ils expriment leur dépression à travers une spécificité individuelle unique.

Cela explique pourquoi on ne peut jamais prédire avec

précision pour un individu donné l'évolution ou la réponse au traitement. Ainsi en psychiatrie, lorsque l'on étudie LA psychose maniaco-dépressive ou LA schizophrénie, on étudie une entité théorique abstraite qui n'existe pas, car elle est faite de la somme de tous les malades uniques qui ont servi à la décrire. LA maladie est donc faite d'un noyau commun minimum et de toutes sortes de spécificités individuelles. On va ensuite tenter d'établir une corrélation entre une valeur statistique de dosage, moyenne de toutes les évaluations individuelles, et une entité théorique qui n'existe pas.

Une autre difficulté concerne le groupe de sujets dits « contrôles ». En effet, pour dire qu'une valeur de dosage est anormale, il faut la comparer à une valeur normale. Chez qui va-t-on étudier cette valeur ? Chez des sujets volontaires, indemnes de la maladie et qui viendront un matin se faire faire une prise de sang ? Oui, mais ils ne partagent aucune des conditions de vie (horaire, alimentation, stress, promiscuité...) des malades hospitalisés. Or ces conditions peuvent influencer la valeur du dosage. Faut-il hospitaliser ces volontaires dans les mêmes conditions que les malades ? Oui, mais on créera des conditions artificielles de vie et de stress qui les sortiront de leur normalité. Faut-il examiner d'autres malades, atteints d'une affection différente ? Oui, mais que sait-on de l'influence de cette autre affection sur le dosage effectué ?

En un mot, en psychiatrie biologique, il n'est pas possible de constituer un groupe de comparaison pour établir des valeurs « normales ».

La question de la fiabilité des mesures biologiques n'est jamais soulevée par les psychiatres. Ils accordent en général une valeur absolue aux résultats du laboratoire. Et pourtant... Les mesures biologiques ne sont jamais des mesures absolues comme tendent à le devenir les mesures en physique.

Les variations tiennent à la technique de dosage et à celui qui la met en pratique. Il n'est pas question d'entrer dans des détails comparant les mérites (spécificité, fiabilité, sensibilité, reproductibilité) de la chromatographie, de la spectrographie de masse, de la radio-immunologie, etc. Il suffit de dire que, d'une part, il est inadmissible de comparer ou d'assembler des travaux qui n'ont pas été réalisés avec les mêmes méthodes de dosage, et que, d'autre part, des résultats fracassants ont été le fait d'erreurs de dosage. Ces erreurs entraînent une notoriété passagère à leur auteur, mais en général aucun risque de mourir du ridicule, car on ne lui tient pas rigueur des espoirs déçus, des travaux de reproductibilité inutiles (en particulier pour les malades que l'on étudie) et des sommes importantes d'argent gaspillées. Un exemple célèbre est celui de cette biologiste américaine qui guérissait la schizophrénie en soumettant les malades au traitement du rein artificiel parce qu'elle avait trouvé dans le liquide d'épuration LE peptide responsable de la schizophrénie. Cette erreur de dosage et d'interprétation a nécessité des années de travaux dans le monde pour être rectifiée.

Un autre point méritant réflexion est la pertinence du choix du produit biologique à doser. Initialement, on connaissait essentiellement les monoamines comme neurotransmetteurs cérébraux : noradrénaline, dopamine et sérotonine. On savait que les médicaments psychotropes interféraient avec la transmission de ces neurotransmetteurs. On pensait donc que la maladie traitée était due, ou s'accompagnait, d'une anomalie de ces monoamines. Impossible de les doser dans le cerveau. On a donc essayé de mesurer leurs produits de dégradation, qui sont expulsés du cerveau et passent dans le sang pour être éliminés. C'est une mesure indirecte, à distance, déformée. Cette tentative d'évaluer leur diminution en cas de maladie était rendue encore plus difficile par l'existence d'une production de ces déchets de neurotransmetteurs, hors du cerveau, directement dans le sang. Comment faire la part de ce qui venait du cerveau, et pouvait être diminué, et de ce qui venait du sang et pouvait être normal ?

La démarche équivaut un peu à faire les poubelles pour savoir comment vivent les gens. Il est vrai que les sociologues qui utilisent cette méthode disent que c'est riche d'enseignement !

Actuellement, la situation est plus simple. On dose tout ce que l'on sait doser. Une nouvelle méthode est-elle mise au point ? Un nouveau peptide est-il découvert ? Cela donnera une étude de psychiatrie biologique, donc une publication internationale. La conclusion en sera toujours prudente et floue, laissant des espoirs et affirmant pour conclure que : « ...further investigations are needed ». Cette méthode s'appelle « aller à la pêche » et implique l'espoir de sortir un jour un gros poisson.

Mais imaginons qu'au sein de notre groupe de malades, on ait découvert l'abaissement de la valeur d'une substance biologique par rapport au groupe de comparaison. Il faut étudier la relation existant entre le produit dosé et la pathologie considérée. Un traitement mathématique des données établira s'il existe ou non une corrélation entre les deux ou si les différences sont dues au hasard. Cette corrélation est une relation mathématique, statistiquement significative, et rien d'autre. Il est abusif d'en tirer une interprétation explicative et causale entre les deux. C'est pourtant ce qui est fait régulièrement. Un des plus grands neurobiologistes français, Michel Jouvet, spécialiste du sommeil, se méfie des corrélations clinico-biologiques. Comme il ne manque pas d'humour, il se plaît à raconter l'anecdote suivante : « La plus belle corrélation existante (0,99) est celle établie entre la mortalité infantile à Tokyo et la consommation de la bière à Chicago. Pourquoi ? Tout simplement parce que les études faites au même moment correspondaient à une période de canicule dans les deux villes. À Tokyo les nourrissons mouraient de déshydratation aiguë et à Chicago les Américains compensaient leurs pertes hydriques avec la bière... » Valeur des corrélations !

On pourrait penser que les études réalisées sur des cerveaux de malades décédés amèneraient des renseignements directs. Ce n'est vrai que dans des conditions très strictes qui sont exceptionnellement réunies. Les résultats ne sont interprétables que lorsque les échantillons anatomiques sont parfaitement homogènes. Or, la valeur des indices biologiques mesurés subit des variations considérables en fonction de toute une série de facteurs qu'il faudrait contrôler. Parmi ceux-ci : l'âge du sujet, les traitements qu'il a subis, les causes de la mort, les conditions de celle-ci, l'existence d'une agonie longue ou brève, d'une réanimation, la latence entre le décès et le prélèvement, les caractéristiques de la conservation, etc.

Sur de telles bases conceptuelles et méthodologiques, les résultats de la psychiatrie biologique ne peuvent être que décevants.

Les dosages des différentes substances biologiques : peptides, hormones et surtout produits de dégradation des neurotransmetteurs n'ont amené aucun résultat déterminant. L'évaluation des systèmes enzymatiques impliqués dans le métabolisme de ces neurotransmetteurs non plus.

Globalement, rien ne ressort des études menées dans la schizophrénie et l'anxiété. En revanche, des résultats, mais toujours contradictoires, ont été rapportés dans la dépression. Pour une même entité clinique, selon les auteurs, les valeurs peuvent être élevées, normales ou basses. On peut choisir selon ses goûts... Les études sur les plaquettes (capture de la sérotonine, récepteur de l'imipramine...) sont un peu plus homogènes et les résultats concernent, là aussi, exclusivement la dépression. Cependant, l'interprétation des résultats n'est pas univoque. S'agit-il d'une anomalie causale, d'une anomalie contemporaine simple épiphénomène, ou d'un arte- fact dû à des traitements antidépresseurs antérieurs ?

On a cru pendant un certain temps avoir enfin trouvé le premier index biologique d'une maladie mentale. L'allure scientifique de la proposition a suscité un grand engouement. Des auteurs américains ont appliqué à des mélancoliques un test utilisé par les endocrinologues et qui s'appelle test de suppression à la déxaméthasone (DST en anglais). De quoi s'agit-il ? Lorsque l'on administre de la déxaméthasone à un sujet normal, la production de cortisol surrénalien s'effondre, témoignant du bon fonctionnement de la relation entre l'hypothalamus et la glande surrénale. Les malades atteints d'une maladie de Cushing (affection de la glande surrénale) n'ont aucune diminution de leur cortisol, qui reste élevé, témoignant de l'hypersécrétion de la glande et de son indé- pendance par rapport à la commande cérébrale.

Stupéfaction ! Les malades mélancoliques, comme ceux atteints d'une maladie de Cushing, « échappaient » à la déxa- méthasone et exhibaient des taux de cortisol normaux ou élevés. En revanche, les dépressions simples, non mélanco- liques, répondaient normalement au test. Pour la première fois dans l'histoire de la psychiatrie, un test biologique per- mettait de différencier des malades déprimés entre eux et venait signer « l'organicité » de la mélancolie. Très vite les auteurs, louangés et couronnés, décrivaient les mille appli- cations du test (intérêt diagnostique, évolutif, thérapeutique) et suggéraient son usage en routine. Des centaines d'articles parurent dans le monde. Puis l'enthousiasme se refroidit, car de multiples exceptions étaient découvertes ainsi que des résultats faussement positifs ou faussement négatifs. D'autres pathologies psychiatriques répondaient anormale- ment au test (anorexie mentale...). Que penser ?

Le mythe du test biologique en prenait un rude coup. On se prenait à penser que l'anomalie d'un test biologique au cours d'une maladie ne signifiait pas nécessairement une étiologie biologique à celle-ci. Puis un article paru dans le vénérable journal médical anglais *Lancet* remit les choses en place. Tous les déprimés perdent l'appétit, surtout les mélancoliques qui ne mangent plus et maigrissent souvent beaucoup. L'équipe néo-zélandaise qui publia dans le *Lancet* de novembre 1986 soumit des volontaires dont l'humeur était normale à une restriction calorique. La ration alimentaire passa de 2 000/3 000 kilocalories par jour à 1 000/2 000. Tous les participants perdirent plusieurs kilos et ils présentèrent tous un échappement au test à la déxaméthasone, comme les malades mélancoliques. L'anomalie au test était un artefact lié à la perte de poids et ne présentait pas plus d'intérêt que l'histoire clinique des patients. Un interrogatoire et un passage sur la balance auraient permis d'expliquer plus simplement la perte de poids. Le premier index biologique décrit dans la dépression disparaissait de la scène, avec une discrétion bienséante.

Les nouveaux outils de la psychiatrie biologique, et en particulier les techniques d'imagerie cérébrale, risquent d'encourir dans quelques années des critiques sévères si la manière de penser ne change pas. Le pouvoir d'un outil ne garantit pas l'intérêt des résultats si les bonnes questions ne sont pas posées. Les techniques ne valent que par ce que l'on en fait. Si la caméra à positons sert à rechercher la topographie lésionnelle de LA schizophrénie, il est probable que dans dix ans on pourra, là encore, dresser un bilan d'échec. La méthode de « la pêche à la ligne », qui consiste à faire ce que l'on sait faire, sans stratégie préalable, coûte très cher et ne rapporte rien, ou seulement des erreurs d'interprétation. Aller vérifier si la consommation de glucose cérébral dans la mélancolie est basse ou normale, parce qu'on sait la mesurer, n'a pas de sens. Étudier la variation du débit sanguin cérébral dans deux cas de schizophrénie ne fait que répéter les erreurs d'antan. L'approche biologique en psychiatrie s'est stérilisée, petit à petit, en pratiquant la généralisation abusive, l'amalgame entre l'acquis et la spéculation, et en construisant des hypothèses qui servaient à étayer d'autres hypothèses. Le renouveau passe non seulement par l'apport d'outils nouveaux, mais aussi par la révision obligatoire des concepts.

6. *La philosophie des neurosciences ou l'homme objet*

La somme des connaissances sur l'organisation et le fonctionnement du cerveau s'est considérablement accrue au cours des trente dernières années. On est passé du macroscopique au microscopique, puis du microscopique au moléculaire. On possède maintenant une vision d'ensemble des circuits de la machinerie cérébrale et on approche le mode de transmission de l'information entre les cellules.

On peut même, chez l'homme, rendre accessibles en images certaines de ces fonctions. Il n'en faut pas plus pour affirmer que toute la vie psychique est inscrite dans les molécules cérébrales et que l'explication de la pensée en termes neurobiologiques n'est qu'une affaire de temps. Une véritable philosophie de l'homme est en train de naître qui enferme celui-ci tout entier à l'intérieur des lobes de son cerveau. Mais cette vision de l'homme objet est une philosophie de l'ambiguïté et du quiproquo. Pourquoi ? Parce qu'elle mélange ce qui est acquis et ce qui est hypothèse, parce qu'elle extrapole du particulier au général, et parce qu'elle méconnaît l'influence causale, dans les comportements, du temps et de l'environnement.

L'étude d'un cerveau mort peut-elle informer sur le fonctionnement d'un cerveau vivant ? Celui-ci n'est jamais identique à lui-même puisqu'il se transforme sans cesse sous l'influence des expériences vécues. Un cerveau vivant ne renferme que la vérité de l'instant, car l'instant suivant il est différent. Ne pas prendre en compte le changement perpétuel dans le temps, c'est méconnaître la vie. Tout s'écoule. Un être figé est un être mort.

Dire que le cerveau est indispensable à la pensée est un truisme. En déduire que la cause des maladies mentales est purement cérébrale est abusif.

Un autre dogme inacceptable est de croire que la dimension moléculaire peut expliquer, à elle seule, pensée et comportement. Ce serait négliger totalement la hiérarchie fonctionnelle des structures cérébrales. Elles sont organisées en systèmes qui possèdent leurs lois propres et plus la structure cérébrale est complexe, moins elle est spécifique. Une connaissance analytique de la structure ne rend pas compte de sa fonction lorsque celle-ci est synthétique.

Est-on réduit à l'alternative réductionniste ou holistique ? Pour les uns, la connaissance moléculaire des composants du cerveau permettra, on l'a vu, d'expliquer les comportements. Pour les autres, les fonctions du cerveau en tant que systèmes intégrés sont des propriétés d'un autre ordre que celles des sous-ensembles qui le composent. Le cerveau est un tout qui n'est pas égal à la somme de ses parties.

À cette vision binaire doit s'ajouter le compromis perpétuel qui existe chez l'homme entre la rigidité de l'expression du génome et la flexibilité de l'adaptation au milieu.

La grande difficulté pour la plupart des neurobiologistes est de donner une vision du cerveau pensant qui intègre à la fois leur position personnelle et les interactions avec le milieu. Quel que soit le choix, réductionniste ou holiste, le cerveau est toujours considéré en soi et non pas comme dépendant dans son expression de l'environnement qui est le sien. Pour J.-P. Changeux : « Tout comportement s'explique par la mobilisation interne d'un ensemble topologiquement défini de cellules nerveuses. » Certes, c'est exact pour tout comportement élémentaire, analogue chez tout individu. Mais comment expliquer la spécificité individuelle des comportements affectifs complexes alors que l'on dispose tous grossièrement du « même » cerveau ?

Serait-on strictement programmé par la phylogenèse une fois pour toutes. La seule explication serait-elle celle proposée par J.-P. Changeux, lorsqu'il dit : « Les possibilités combinatoires liées au nombre et à la diversité des connexions du cerveau de l'homme paraissent effectivement suffisantes pour rendre compte des capacités humaines. Le clivage entre activité mentale et neuronale ne se justifie pas. Désormais, à quoi bon parler d'esprit ? »

La vision d'un cerveau « flou », hormonal, superposé au cerveau câblé, ne change rien au fond du problème.

Imaginer que les hormones règlent le domaine des émotions, des humeurs et de tout ce qui est « instinctif », affectif ou passionné, par opposition au cerveau neuronal qui serait du domaine du cognitif et du rationnel, est une ligne de partage arbitraire. Les passions ne sont pas plus floues que le raisonnement mathématique et « le cœur a ses raisons que la raison ignore ».

La vision « moléculariste » de la complexité du cerveau est celle d'une simple montée en puissance par rapport à l'unité de base. Dans ces conditions le comportement est plus ou moins présenté comme une réponse du cerveau à un stimulus externe ou interne. C'est une réalité pour le réflexe mais cela permet-il d'aborder le déterminisme de la pensée ? Comment conserver ce modèle pour expliquer ce qui se passe lorsque, assis dans mon fauteuil, je décide de réfléchir au support biologique de la pensée ? Où est le déterminisme de l'opération ? On peut à la rigueur imaginer que si je me lève pour aller boire un verre d'eau, c'est parce qu'une chimie interne m'a amené à la représentation et à la sensation préparatoire à mon comportement. Mais on peut difficilement l'envisager lorsque l'on est engagé dans une spéculation abstraite.

Le déterminisme des « passions » n'est pas tellement plus clair. Lorsqu'on affirme : « Je suis amoureux parce que mon hypothalamus baigne dans la lulibérine... », on peut proposer en échange : « Si mon cerveau baigne dans la lulibérine, c'est parce que je suis amoureux... » Le contexte de l'environnement, dans les deux cas, a son mot à dire.

Les jumeaux vrais ont un patrimoine génétique identique. Pourtant, même élevés dans des conditions en apparence analogues, ils posséderont des caractéristiques de comportement qui les individualiseront. Le milieu a façonné leur cerveau et peut-être modulé l'expression de leur génome.

Finalement, si l'on veut résumer en la condensant la position de certains neurobiologistes, on pourrait dire : « Tout est contenu dans le cerveau, tout s'explique par le cerveau, l'activité la plus élaborée est la pensée dont le substrat ultime est d'ordre moléculaire... »

Tout cela est vrai... partiellement, et appelle des critiques. La première concerne l'absence explicite de prise en compte du milieu dans le déclenchement causal des comportements les plus élaborés. Un être humain n'a d'existence qu'en interaction avec son milieu. Les caractéristiques de l'environnement doivent être intégrées à toute vision de l'homme pensant et agissant. Bien évidemment, c'est sur le cerveau que le milieu agira, mais le comportement est la résultante de cette interaction. La deuxième critique concerne la confusion entre pensée et psychisme. Le psychisme n'est pas réductible purement et simplement à la pensée consciente qui possède le support du langage. Le psychisme est une fonction cérébrale – nul n'en discuterait – mais qui n'est pas contenue à la naissance dans le cerveau. Le psychisme traduit une activité globale et synthétique qui ne s'élabore qu'en interaction avec le milieu. C'est le résultat des premiers échanges mère/enfant après la naissance de toutes les expériences existentielles, de la parole de l'Autre, etc. Le psychisme possède sa structure et ses propres outils de communication comme l'intuition ou l'empathie...

Enfin, la dernière critique concerne la réduction des fonctions supraneuronales aux éléments constitutifs de base. Il existe une complexité croissante de la hiérarchie structurale du cerveau. Toute extrapolation qui court-circuiterait, par un saut d'échelle, les étapes allant du moléculaire au comportement serait vouée à l'échec. Plus grave peut-être, elle disqualifierait des secteurs entiers de recherche en « neurosciences ». Le raisonnement qui postule que le complexe dans le système nerveux central est la somme de l'élémentaire est dangereux. La connaissance du transfert de l'information d'une cellule à une autre n'obéit peut-être pas aux mêmes lois que le transfert de l'information au cerveau tout entier, même si les signaux et les récepteurs sont identiques. Comprendre l'apprentissage ou la mémoire à travers quelques neurones de mollusque marin ne fournit pas forcément la clef pour expliquer ce qui se passe chez l'homme.

Les étapes de la hiérarchie des structures dans le cerveau correspondent à des fonctions précises et leur étude concerne des disciplines autonomes. Le premier échelon est génétique et détermine la synthèse de toutes les protéines de l'organisme. Puis vient le stade moléculaire et ionique qui caractérise les éléments constitutifs de base. L'étape cellulaire, dans le cerveau, est le domaine des unités fonctionnelles élémentaires différenciées. Dès que ces cellules s'organisent en réseaux simples, puis de plus en plus ramifiés, des fonctions élémentaires peuvent apparaître, mettant en jeu quelques dizaines de cellules. Les fonctions complexes se situent à l'étage des lobes cérébraux et, pour des comportements même simples (n'évoquons pas la pensée), c'est le cerveau tout entier, interagissant avec le milieu, qui est impliqué. Quant aux comportements humains, ils concernent des disciplines bien différentes : la psychologie, lorsqu'il s'agit d'individus, la sociologie, lorsqu'il s'agit de groupes, et la philosophie, lorsqu'il s'agit de l'homme.

On voit que le saut du moléculaire au comportement est assez hardi... Mais dans tous les cas, si on ne reconnaît pas à l'homme la spécificité de son psychisme, il ne sera qu'un « homme objet ». Gardons-nous de correspondre au triste constat de M. Bunge, qui notait : « Les neurobiologistes défendent un cerveau sans esprit, et les psychologues un esprit sans cerveau. »

CHAPITRE 5

L'homme sujet

L'étude du comportement psychique constitue une discipline qui ne s'est vraiment constituée qu'au XVIIᵉ siècle : la psychologie. La filiation avec la métaphysique et avec la connaissance de l'âme a laissé des traces, même si, aujourd'hui, la psychologie dans son ensemble se veut une approche scientifique des phénomènes de la pensée chez un être qui a conscience de sa propre existence : l'homme.

De fait, l'abord psychologique du comportement humain et les méthodes thérapeutiques qui en découlent en cas d'anomalies ne constituent pas un domaine homogène. Au contraire, au sein des psychothérapies, s'affrontent parfois des positions antagonistes. Cependant, c'est bien la psychanalyse freudienne qui domine encore aujourd'hui le monde des théories psychologiques du normal et du pathologique. Les psychanalystes ont toutefois une certaine répugnance à être assimilés aux « psychologues ». On laisse plus volontiers ce qualificatif à ceux qui tentent de quantifier les opérations psychiques, qui pratiquent des tests, même s'ils sont souvent également psychothérapeutes. Quoi qu'il en soit, les différentes méthodes psychologiques se proposent de décrire,

d'expliquer et de traiter le fonctionnement psychique chez
l'homme.

1. Le phénomène psychanalytique : théorie et idéologie

Freud a élaboré sa théorie et sa pratique psychanalytiques
il y a un peu moins de cent ans. C'était, à l'époque, un
neurophysiologiste, qui découvrit la psychiatrie vers 1885, à
l'hôpital de la Salpêtrière à Paris, où il était venu rencontrer
Charcot. L'hystérie de conversion (avec des symptômes cor-
porels) fleurissait alors, et Freud s'initie à l'hypnose comme
moyen de traitement de ces pseudo-paralysies. Travaillant
sur l'action pharmacologique de la cocaïne, il découvre alors
que des moyens psychologiques : la suggestion, l'invigora-
tion, en un mot la parole, permettent d'obtenir des guérisons
symptomatiques spectaculaires. La psychanalyse, grâce à
Freud et à ses élèves, va petit à petit se structurer en tant
que théorie, mais aussi en tant que pratique. Finalement, les
principes de base en sont simples. Le premier point concerne
le développement affectif de l'individu dans ses relations
avec la sexualité infantile. C'est cette évocation de la sexualité infantile qui a pu choquer, entraîner le rejet, parce que
le concept même n'avait pas été saisi dans le sens exact
donné par Freud. Le deuxième point fondamental concerne
l'organisation de l'appareil psychique et l'existence de l'inconscient et de ses manifestations. Cette description de la
structuration de l'inconscient a été poursuivie ultérieurement
par J. Lacan.

Pour Freud, la vie psychique s'organise autour de trois
instances dont les mouvements sont contradictoires. Le
« Ça » est le domaine du pulsionnel et des instincts qui nous
poussent à réaliser nos désirs et nos besoins immédiats. C'est
ce qu'il y a de plus inné dans l'appareil psychique. Le « Sur-

moi » est l'ensemble des mécanismes acquis, par identification aux normes de la culture, dont les effets inconscients
s'exercent sur le « Moi » pour contrecarrer le « Ça ». En
effet, la réalisation non contrôlée des pulsions engendre la
culpabilité. Le « Surmoi » est une instance de censure. Le
« Moi », enfin, contrôle les pulsions du « Ça » sous l'influence du « Surmoi » et adapte le sujet à la réalité. Les
souvenirs, et en particulier ceux qui ont une connotation
affective et émotionnelle particulièrement forte, sont refoulés
dans l'inconscient. Ils se manifestent néanmoins, soit dans
la vie diurne d'une manière qu'il faudra interpréter (lapsus,
acte manqué, etc.), soit dans la vie nocturne sous forme de
rêves à charge symbolique.

De surcroît, Freud, et plus tard d'autres psychanalystes,
ont décrit les étapes de l'organisation de l'appareil psychique
de la naissance jusqu'à la période pubertaire. Ces étapes sont
liées à des stades de la sexualité infantile que Freud a mis
en lumière pour la première fois d'une manière systématique.
Très marqué par l'importance accordée à l'hystérie à la fin
du XIXe siècle, il a aussi appliqué sa théorie à une explication
causale de troubles psychiques qu'il a baptisés « névroses ».
Son œuvre à propos des psychoses est nettement plus mince
et moins bien structurée.

Mais la psychanalyse n'est pas seulement une théorie,
c'est aussi une praxis. La cure psychanalytique fut élaborée
par Freud selon des règles codifiées qui seront examinées
plus loin. Mon but n'est pas de décrire la théorie psychanalytique – il existe d'excellents livres pour cela –, mais simplement d'en exposer les bases pour tenter de comprendre
ce qu'elle veut être. En schématisant à l'extrême, on peut
dire que les apports fondamentaux et irréversibles de la psychanalyse concernent : la description de l'organisation de la
vie affective selon les grandes étapes de la sexualité infantile
(ou de la transformation de la libido), la structuration de la

vie psychique inconsciente, et le rôle du langage et du symbolique dans celle-ci.

Toute notre existence est dominée par la contradiction entre les forces qui nous poussent à obtenir du plaisir et celles qui nous empêchent de l'obtenir. Ce plaisir, ou énergie libidinale, est fortement associé à la sexualité, mais peut prendre des formes sublimées sous l'aspect de gratifications diverses. Dans la vie sociale, le plaisir se définit de lui-même pour chacun d'entre nous, en fonction des désirs. Ce principe de plaisir, d'ordre narcissique, est lié à l'instinct de vie qui assure la conservation du vivant. Lorsqu'il n'existe plus ni plaisir, ni désir, le seul débouché est la mort (comme dans la mélancolie). Les forces qui poussent à l'obtention du plaisir se trouvent contrariées par des forces opposées, de l'ordre de la censure. Freud a décrit le développement de l'énergie libidinale, source de plaisir, selon des stades schématiques, depuis la naissance jusqu'à la puberté. Il a parlé à ce propos de sexualité infantile, ce qui a dérangé les conventions culturelles et sociales de l'époque. Il s'agit pourtant bien de sexualité, même s'il est question d'une manière plus générale de l'organisation du plaisir infantile.

Le premier stade est le stade oral. C'est celui où l'essentiel du plaisir du nourrisson vient de la succion et de l'alimentation. En fait il est probable qu'il existe, dès ce stade, d'autres sources de plaisir : chaleur, contact cutané et toutes les stimulations sensorielles provoquées par la mère. La relation à l'autre, ici, est de nature symbiotique et la distance est quasi nulle du fait de l'absence de conscience de soi.

Vient ensuite le stade anal, où l'enfant découvre la maîtrise de ses sphincters et use de sa volonté à accepter ou à refuser la propreté dans sa relation à autrui. On passe d'un stade d'autosatisfaction narcissique pure à une étape cruciale, celle de la relation duelle où la dialectique du don et du refus s'amorce. « Ton plaisir peut devenir mon plaisir si j'accepte. » C'est la découverte du pouvoir sur l'autre et de la distance qui existe entre soi et l'interlocuteur. C'est la prise de conscience de soi et de son pouvoir sur le monde.

Vient ensuite ce que Freud a appelé le stade phallique, contemporain de l'angoisse de castration. Il s'agit de cette période où l'enfant découvre ses organes génitaux, qu'il manipule, et où va s'élaborer le fameux « complexe d'Œdipe ». C'est la grande période des projections d'identification sur les modèles les plus naturels et les plus proches : les parents. Un attachement particulier va s'élaborer pour le parent du sexe opposé (« quand je serai grand, je t'épouserai ») alors que le parent du même sexe s'attirera une ambivalence affective (« je ne sais vraiment si j'aime ou si je hais »). Ce stade marque, grâce aux processus d'identification, la place du sujet dans le monde et l'image qu'il a de lui-même. Puis survient une période dite de latence, s'étendant grossièrement de l'âge de sept ans à la puberté. Cet « âge de raison » est caractérisé par la mise en place et la découverte des interdits et des normes socioculturels. C'est le moment de la sublimation de la libido qui ne peut plus s'exprimer en prise directe et qui découvre la latence à la réalisation du plaisir, la transformation d'un désir en un autre plus acceptable ; en un mot, c'est la socialisation de l'enfant qui doit compter avec un cercle de relations plus étendu, le groupe, et élaborer son Surmoi et ses interdits.

Survient enfin le stade génital, contemporain de la puberté, où s'établissent solidement les choix objectaux et les identifications définitives. Ce passage de l'enfance au statut d'adulte, où la sexualité peut se réaliser en fonction des identifications choisies, ne se fait pas sans tumulte.

Pour Freud, c'est autour de cette lente élaboration de la libido que se structure la personnalité. Parfois des difficultés rencontrées par le sujet au cours d'un de ces stades du développement libidinal vont laisser des traces sous forme de traits de caractère ou d'un profil de personnalité particuliers. C'est l'avidité de la personnalité orale, l'avarice de la personnalité anale, etc.

En cas de fixation ou de régression à un stade particulier du développement, l'échec du processus œdipien engendrera les éléments d'une névrose empêchant le sujet de gérer harmonieusement la manière de vivre gratifications et frustrations. Le névrosé n'a pas les moyens d'assumer une sexualité génitalisée épanouie, car il reste prisonnier d'une sexualité dite « perverse polymorphe », c'est-à-dire de type infantile. En outre, des symptômes névrotiques vont apparaître, marquant la faillite des mécanismes de défense du Moi (angoisse, phobie, obsession). C'est sur la base de cette élaboration libidinale que se mettront en place les trois grandes instances qui gouvernent le sujet : le Ça et ses pulsions de plaisir, le Surmoi et son introjection des interdits, le Moi ou Ego et son principe de réalité. Lorsque la libido se manifeste (pulsions sexuelles ou toute pulsion liée au principe de plaisir) et se heurte au principe de réalité, des mécanismes inconscients de défense du Moi vont refouler les désirs que ne peuvent permettre les interdits socioculturels et moraux, c'est-à-dire le Surmoi.

Mais ces désirs, refoulés dans l'inconscient, se manifesteront de manière déguisée dans la vie consciente. La méthode psychanalytique d'analyse de l'inconscient consiste à retrouver la signification – enfouie dans l'inconscient – de comportements qui ne peuvent être expliqués par la logique du conscient. En effet, celui-ci se manifeste en permanence par des substituts symboliques qui devront être décryptés – c'est l'interprétation – par la lecture des rêves et des actes manqués, des lapsus ou des oublis.

Freud et ses élèves ont poursuivi l'élaboration de la théorie psychanalytique en développant les concepts d'Éros et de Thanatos. Éros est lié à l'instinct de vie, il vise à la conser-

vation du vivant, et concerne les investissements narcissiques, qu'ils soient sous forme d'objet précis ou sous forme
sublimée. Thanatos est l'antagoniste d'Éros, c'est l'instinct
de mort qui nous habite et contre lequel il faut lutter, sans
angoisse si possible, car c'est une pulsion destructrice qui
règle les conflits par la disparition de la vie. C'est le ressort
de la pulsion suicidaire.

Enfin, à côté du narcissisme, qui a donné lieu à des descriptions très fouillées, différents aspects du sadisme et du
masochisme, en particulier dans leur dimension autodestructrice, ont été étudiés dans le même courant de pensée.

La psychanalyse se veut non seulement une démarche descriptive du psychisme (normal et pathologique) mais aussi
un système explicatif des manifestations de celui-ci, à l'exclusion de tout autre. La psychanalyse a ses excès et ses
limites, mais elle représente à la fois un outil irremplaçable
dans le champ de la psychologie individuelle et relationnelle,
et un ensemble de concepts ayant acquis droit de cité en
psychiatrie clinique et même dans la vie quotidienne. Les
psychiatres non psychanalystes utilisent, à leur corps défendant, des termes appartenant au champ de la psychanalyse
(névrose, perte d'objet, transfert, fantasme, etc.) et le grand
public manie également les notions de complexe, d'inconscient, etc.

La psychanalyse est devenue petit à petit un phénomène
culturel, même si elle s'est parfois un peu transformée en
chemin. Il fut un temps où les moyens de communication
(journaux, films...) s'ouvraient largement à la psychanalyse.
Un effet de mode facilita certaines carrières et certains excès.
Aujourd'hui, on dit que la psychanalyse est en crise. Son
influence, autrefois considérable aux États-Unis, s'est amenuisée sous les effets conjoints de la multiplication des techniques psychothérapiques et du courant neurobiologique. En
Europe, et particulièrement en France, on s'interroge, on

cherche un renouveau dans certaines avances faites à d'autres disciplines. Le milieu s'est fragmenté en obédiences multiples, traduisant ainsi son désarroi, et l'absence de « tête pensante ». La psychanalyse risque de pâtir durement de ses propres excès. Quels sont-ils ? Les ambitions de la psychanalyse sont multiples, elle se veut un outil de connaissance, une thérapeutique, une idéologie et une science.

La psychologie, jusqu'au début du XXe siècle, manquait singulièrement de modèles ou de théories vraiment satisfaisants pour rendre compte des opérations psychiques, de la vie affective, et de leurs troubles. On était beaucoup plus proche de la métaphysique et de la philosophie que de la médecine. Seuls Ribot puis, surtout, Janet – contemporain de Freud et neurologue comme lui – bâtirent les fondements d'une psychologie « scientifique », très inspirée des concepts neurobiologiques de l'époque. C'est dans ce contexte que la théorie freudienne de l'inconscient connut, petit à petit, son plein succès car elle apparaissait comme la seule approche en mesure d'expliquer de nombreux comportements humains et de donner un sens à des conduites apparemment incompréhensibles. En ce sens, la psychanalyse a été, et demeure, un précieux outil de connaissance. Malheureusement, emportés par l'enthousiasme, trop de psychanalystes considérèrent qu'il s'agissait du seul outil de connaissance possible et que, de surcroît, il était capable d'expliquer tous les aspects du psychisme. Lourde erreur qui stérilise forcément la pensée en amenant à considérer qu'aucun progrès n'est possible et que tout a été dit.

Une autre revendication de la psychanalyse est d'être un outil thérapeutique. C'est là que le bât blesse le plus. Si c'était vrai, depuis près de cent ans, cela finirait par se savoir. S'il est probable que la cure analytique, librement décidée par un sujet bien informé, peut apporter une aide psychologique pour mieux vivre ses conflits internes, s'il est certain qu'elle peut être un outil de connaissance personnelle pour un psychothérapeute, elle ne constitue pas à proprement parler une thérapeutique. C'est même, parmi les différentes formes de psychothérapies, celle qui s'en éloigne le plus. Ses contraintes, ses risques, son coût, sa durée ne sont pas proportionnels aux bénéfices thérapeutiques attendus, si l'on s'en tient aux définitions habituelles. Bien sûr, les psychanalystes ont toujours réponse à tout : à une question, ils ont coutume de répondre par une autre ou d'expliquer que les réticences de l'interlocuteur sont le témoignage de ses propres résistances. Ils déclarent ainsi que les symptômes ne les intéressent pas, que la guérison, si elle vient, arrive de surcroît, que l'on ne peut jamais fixer la fin d'une analyse, que le sacrifice financier est obligatoire et participe au traitement, etc. Objectivement, il vaut mieux ne pas être malade pour entreprendre une analyse. Non seulement les névrotiques ou les psychotiques ne seront pas « guéris », mais certains d'entre eux se suicideront ou se mettront à délirer. Certains patients, indiscutablement, découvriront cependant une autre façon de vivre avec leurs symptômes et de composer avec eux. Mais à quel prix ? Arriver à cela après cinq ou six ans d'analyse, c'est cher payer ce que l'on peut obtenir beaucoup plus rapidement avec d'autres moyens. Si l'on convient que l'analyse n'est pas le moyen de faire disparaître des symptômes, c'est bien qu'il ne s'agit pas d'une thérapeutique mais d'autre chose. Un de mes patients, présentant des phobies sociales, était en analyse depuis trois ans. Un jour, il me dit : « Je suis très content de comprendre l'interprétation de mes symptômes et de voir que mon analyste m'aide à leur donner un sens, mais je voudrais surtout les voir disparaître... » Une autre forme de psychothérapie (thérapie comportementale) débarrassa définitivement ce malade de ses phobies en six mois. Cette anecdote n'est pas un désaveu de la psychanalyse, mais de ses ambitions en tant que thérapeutique. Si on l'intitulait « expérience existentielle », aucune critique ne serait à émettre.

L'absence totale de reconnaissance officielle de la psychanalyse ne permet pas à un non-initié de différencier les « vrais » psychanalystes bien formés et compétents des pseudo-psychanalystes, dangereux et souvent attirés simplement par la possibilité de gagner facilement de l'argent. En effet, il est admis de tarifer les trois ou quatre séances hebdomadaires en fonction du niveau de fortune du malade. En outre, et pour des raisons qui m'échappent, la plupart des psychanalystes que j'ai eu à connaître par malades interposés, exigent un paiement en liquide. Laissons de côté ces excès qui ont, eux aussi, contribué au déclin de la psychanalyse, pour conclure sur l'ambition thérapeutique. Il est des indications précises, et rares, à une cure analytique dans le cadre de troubles psychiques. Mais il est courant d'entendre dire dans les milieux psychanalytiques que l'indication type est celle du sujet jeune (pour ne pas avoir de mécanismes de défense trop organisés), riche (pour les raisons que l'on devine) et psychiquement normal...

La psychanalyse s'est toujours voulue une idéologie ou plutôt une philosophie de l'Homme. Clef des connaissances, elle a été appliquée par Freud au décryptage d'œuvres d'art ou à la compréhension de situations anthropologiques. Par dérives successives, souvent sous l'influence de gens qui n'étaient pas eux-mêmes psychanalystes, mais fréquentaient les bonnes chapelles, un véritable terrorisme intellectuel s'est développé. En dehors de la psychanalyse, pas de salut ! Toute création artistique, toute activité humaine, tout fait social trouvaient leur explication dans les écritures sacrées.

À une certaine époque, en France, le milieu psychanalytique considérait d'un mauvais œil le fait de ne pas avoir été analysé, si l'on était psychiatre. Cela témoignait de « résistances » et d'un désaveu implicite. En outre, toute approche

de la maladie mentale qui ne passait pas par les canons psychanalytiques et qui n'empruntait pas leur vocabulaire était
jugée de manière condescendante. Il est pourtant maintes lectures des troubles psychiques. La description clinique,
comportementaliste, phénoménologique, systémique, etc.,
n'exclut pas l'analyse psychodynamique. Mais celle-ci ne
peut, à elle seule, rendre compte de tous les aspects d'une
pathologie.

La dernière ambition de la psychanalyse, du moins pour
certains, c'est d'être une science. C'est un large débat qui
ne peut se satisfaire d'affirmations et qui nécessite une
démonstration. Il ne s'agit pas d'aligner la psychanalyse sur
les sciences exactes et de lui reprocher de ne pas utiliser les
mêmes méthodes ou les mêmes outils. La quantification
s'applique difficilement aux sciences humaines. Néanmoins,
si la psychanalyse prétend à la recherche, elle doit se doter
de ses propres méthodes, exposer ses hypothèses, consigner
ses protocoles, et comparer ses résultats. Toute science est
prospective et vise à faire progresser les connaissances. Dans
ces conditions l'élève doit nécessairement dépasser un jour
le maître. Il n'y a que dans le domaine de la création artistique où le maître peut ne jamais être supplanté par l'élève.
Or, en psychanalyse, on prône régulièrement le « retour à
Freud » comme si toute modification apportée à la pensée
originelle était une hérésie condamnable. Faut-il imaginer
que tout a été dit ? Une science qui n'a pas d'avenir est une
science morte. Il reste encore à la psychanalyse, si elle le
souhaite, à se prouver qu'elle est une science en progressant
dans ses concepts et dans ses applications.

C'est probablement à cause de toutes ces revendications
abusives que la psychanalyse voit sa place s'amenuiser en
tant que courant d'idées et en tant que thérapeutique. C'est
dommage, car la théorie psychanalytique demeure, encore
aujourd'hui, la description la plus satisfaisante de l'organi-

sation de la vie psychique. Elle permet une évaluation de la structure de la personnalité et de la dynamique des énergies qui animent la vie psychique d'un individu. Cette analyse « psychodynamique » permet de situer le sujet dans ses inter-relations avec les autres et de comprendre les raisons profondes de ses comportements.

2. *Psychopathologie de la vie quotidienne*

Ce titre est celui d'un livre de Freud paru en 1901. Mais il ne s'agit pas, ici, de paraphraser le fondateur de la psychanalyse, ni même de parler de pathologie, mais d'envisager quelques-uns des ressorts qui nous font agir dans le quotidien. Tous les jours, dans le cadre familial, conjugal, professionnel, social nous recevons des gratifications et des frustrations, nous avons à exprimer des souhaits, nous poursuivons des ambitions, et des désirs. Nous nous heurtons aussi à des interdits, à des refus, à des désillusions. En un mot : c'est la vie... Cependant, ces interactions avec les autres sont plus ou moins faciles à assumer, laissent plus ou moins heureux, sans que l'ombre d'une pathologie se manifeste. Souvent on ne saisit pas bien la raison des situations que l'on traverse, on s'étonne des réactions d'autrui qui paraissent plus ou moins compréhensibles. Et pourtant, il existe des clefs à tout cela, à nos comportements comme à celui des autres. C'est l'étude de la pathologie, ce miroir grossissant et déformant de la normalité, qui a permis de décrire certains des ressorts qui agitent les marionnettes humaines. Connaître ceux-ci ne peut qu'être bénéfique et amener à s'observer et à observer les autres un peu différemment. La psychanalyse a été d'un grand secours pour ce décryptage du sens caché de la vie quotidienne, mais d'autres approches se sont révélées très fructueuses, comme

l'analyse des transactions interindividuelles, l'étude des systèmes de communication, la prise en compte des conditionnements culturels.

Quelques principes de base permettront de mieux
comprendre cet écheveau compliqué de messages qui
s'échangent entre deux individus, même lorsque la situation
paraît simple et claire. La communication est toujours très
complexe, Pirandello pensait même qu'elle était impossible.
Il ne s'intéressait pourtant qu'aux mots habituels, qui n'ont
un sens qu'en référence à l'univers qui est en chacun de
nous, et qui est chaque fois différent. Et pourtant, comme le
soulignait Anouilh, les mots sont nécessaires. « Les mots ne
servent à rien, et on n'en comprend que la moitié, mais ils
doivent être dits... »

S'ils sont nécessaires à la communication, les mots ne sont
pas suffisants, et si l'on se fonde exclusivement sur eux, on
risque de graves quiproquos ou même une totale incompréhension. Le langage n'est pas seulement verbal. Il est para-
verbal avec la force de la voix, l'incantation, le débit et la
quantité de paroles échangées. Il existe aussi une intense
communication par le langage non verbal, le regard, l'expression du visage, les mouvements des mains. Tous ces
messages sont parfois en contradiction avec le contenu
énoncé de la communication.

Mais la complexité tient aussi à la différence existant entre
le signifiant « officiel » du message et son signifié réel, au
symbolisme du langage, au recours à l'euphémisme, la litote,
la métaphore, la métonymie ou la synecdoque. Le non-dit
est parfois plus signifiant que ce qui est dit, et l'humour
véhicule souvent des émotions tristes.

L'inconscient s'exprime enfin bien souvent en révélant les
désirs refoulés. Au-delà des canaux multiples de la communication, les personnalités vont se révéler, les comporte-

ments, passifs, affirmés ou agressifs vont se dessiner, et les rapports de force entre dominant et dominé vont s'établir.

Les conventions sociales, les codes culturels, les stéréotypies comportementales viennent habiller de surcroît la complexité de ces échanges.

Il est des règles de base : on n'exprime jamais directement son désir et il est rare qu'on le réalise immédiatement. Cela est vrai qu'il s'agisse d'une conversation d'affaires, de la vie privée, ou de la vie sociale.

S'il n'est pas toujours facile de décrypter le sens caché des messages que l'on reçoit, il est également difficile parfois de bien identifier la nature de ceux que l'on délivre. Il ne faudra pas ensuite s'étonner de la réponse en retour que l'on obtiendra. Telle conduite inconsciente de séduction vaudra à une femme de se plaindre des sollicitations masculines dont elle est l'objet. À l'inverse, pourquoi s'étonner de son manque de succès lorsque tout le comportement non verbal est orienté vers la défense et la mise à distance de l'autre ?

Savoir établir des rapports simples avec autrui, être soi-même est plus facile à dire qu'à réaliser. Les comportementalistes ont analysé les conduites et mis au point des méthodes thérapeutiques qui vont dans le sens d'une « affirmation de soi ». Il existe des applications en pathologie dans le cas de timidité excessive ou de difficultés à vivre en société. Mais les principes sont aussi très utilisés dans l'industrie pour la gestion des hommes et l'amélioration des ventes.

Comment savoir avec facilité et naturel dire oui ou dire non ? Comment exprimer son désir, son plaisir ou son déplaisir, ses goûts, son acceptation ou son refus ? Comment faire ou accepter un compliment, une critique ou un reproche ?

Toutes ces situations mettent en jeu le narcissisme, l'image que l'on a de soi, la vision de nos rapports aux autres, notre agressivité et sa possible sublimation, en un mot notre adaptation à la réalité et notre manière de la vivre harmonieusement et sans angoisse. Une psychanalyse pourrait utilement contribuer à maîtriser ces situations, mais il existe des méthodes beaucoup plus rapides et moins coûteuses qui s'en tiennent simplement aux situations comportementales et offrent les moyens d'exprimer ce que l'on ressent et ce que l'on pense sans difficulté : telles sont les techniques d'affirmation de soi.

Être « affirmé », c'est être capable d'établir des relations interindividuelles ou sociales en plein accord avec soi-même et sans être ni agressif ni passif. C'est savoir exprimer ce que l'on veut. On a vu précédemment que les modalités d'expression pouvaient être verbales, paraverbales et non verbales. Lorsqu'il existe une dissociation entre ces différentes modalités, on se trouve dans une situation qualifiée (par les spécialistes des systèmes de communication) de « paradoxale » ou de double lien. Ce peut être une dissociation entre le contenu amical d'un message et l'expression paraverbale ou non verbale agressive de celui-ci. Si l'on hurle d'un air courroucé, en brandissant le poing : « Bonjour cher ami, comment allez-vous », ce message paradoxal plongera le vis-à-vis dans la perplexité et l'empêchera de répondre de manière adaptée. L'injonction paradoxale peut se trouver dans le libellé même du message et produire les mêmes effets : « Sois naturel ! » « Je veux que tu m'aimes ! » en sont quelques exemples. Nous vivons sans nous en rendre compte dans un univers de messages paradoxaux qui ne facilitent pas nos relations à autrui. Savoir les décrypter et ne pas en délivrer soi-même est extrêmement précieux dans la vie sociale.

L'affirmation de soi passe par certaines caractéristiques de la communication paraverbale et non verbale. La voix sera adaptée à la situation vécue, l'intonation expressive, le débit verbal régulier et la quantité de paroles analogue à celle de l'interlocuteur. Le contact visuel sera direct, le visage expressif et adapté, le corps sera droit et le geste ample. Une telle attitude correspond au respect de soi et de ce que l'on énonce, et au respect de l'autre. Bien différents seront le passif inhibé ou l'agressif. Le passif aura une voix faible, une prosodie monotone, un débit lent, une quantité de paroles restreinte. Son contact visuel sera fuyant, son faciès inexpressif, son corps avachi et son geste rare. Il n'a aucun pouvoir de conviction et ne respecte ni ce qu'il dit ni ce qu'il est. Par opposition, l'agressif va parler haut, son intonation est explosive, son débit rapide et il inonde son interlocuteur de paroles. Son regard est fixe, inquisiteur, son visage contracté, son corps est crispé et ses gestes désordonnés. Toute son attitude traduit manifestement un manque de respect d'autrui et son propos ne peut être crédible.

Les techniques d'affirmation de soi apprennent, en faisant vivre des situations types, à adapter son attitude et son contenu verbal à la nature du message que l'on veut délivrer. Cela conduit à une plus grande justesse dans les rapports sociaux qui facilite la communication et favorise l'obtention de ce que l'on désire.

On peut schématiser un certain nombre de situations qui correspondent à de multiples éventualités de la vie quotidienne.

Exprimer des émotions positives n'est pas toujours aisé. La pudeur empêche, dans la relation à autrui, de manifester le plaisir, la satisfaction, le contentement ou la joie. L'inhibition, dans le contact relationnel, se traduit par une répugnance à s'impliquer personnellement dans cette émotion positive. Il existe souvent un compromis verbal qui tente de neutraliser la réalité du message. Ce n'est pas indifférent de dire : « Tu as de beaux yeux, tu sais... » ou « J'aime tes yeux, ils me plaisent... »

Recevoir des messages positifs n'est guère plus facile lorsque l'on n'est pas « affirmé ». De tels messages entraînent une gêne, une difficulté à répondre ou le plus souvent une atténuation ou une banalisation en retour de l'émotion positive.

La maîtresse de maison à qui l'on dit : « Je me suis régalé avec votre gâteau, je l'ai trouvé excellent... », va répondre : « Je le fais mieux d'habitude, il était trop cuit aujourd'hui... » ou bien : « Vous savez, ce n'est pas grand-chose, tout le monde peut le réussir, il suffit de suivre la recette... »

L'expression et la réception d'émotions négatives génèrent souvent les mêmes difficultés. Qu'il s'agisse de formuler des critiques à autrui ou d'en recevoir, les implications narcissiques et l'agressivité dénaturent le message. La critique risque soit d'être exprimée d'une manière exagérée, soit d'être formulée par inhibition d'une façon qui en limite la portée. Recevoir une critique peut également générer un renforcement de la passivité ou mobiliser l'agressivité. Dans ce domaine, avoir une attitude affirmée consiste à ne pas donner à la critique émise ou reçue une amplification qui dépasse son objet. La capacité à communiquer de manière adaptée facilite les contacts sociaux, permet de parler de soi, de s'évaluer et de questionner les autres sans gêne.

Les comportementalistes avancent trois explications appartenant à leur approche pour expliquer la difficulté à s'affirmer tel que l'on est. Ces explications ne sont pas exclusives d'autres approches psychologiques. L'anxiété inhibitrice est souvent en cause. La répétition de situations sociales stéréotypées, réelles ou symboliques (hiérarchie, culture, etc.), crée un conditionnement qui déclenche une anxiété inhibitrice et favorise la passivité. L'apprentissage systématique, dans des conditions vécues et « jouées » avec les thérapeutes, d'un comportement affirmé va inhiber l'anxiété par « inhibition réciproque ». Les phobies sociales peuvent ainsi rapidement disparaître par apprentissage d'un comportement adapté.

Une autre explication avancée est le manque de savoir-faire, c'est-à-dire le manque d'apprentissage faute d'éducation. Je ne sais pas me comporter dans telle situation, parce que je ne l'ai jamais connue auparavant. Le système éducatif est très souvent en cause dans les difficultés de comportements sociaux. L'anxiété est la réponse habituelle au manque de compétence.

La dernière possibilité concerne les obstacles cognitifs. Dans une situation donnée, on peut posséder la compétence, ne pas être anxieux, mais néanmoins ne pas réaliser ses intentions à cause de l'idée que l'on a de soi et des conséquences de ses propres actes. Ce sont les valeurs culturelles qui sont un frein. Ce système des valeurs individuelles est du libre choix de chacun – et de ses conditionnements culturels –, encore faut-il le savoir et ne pas imaginer que les obstacles se trouvent ailleurs. On voit en fait que dans toutes les situations envisagées plus haut, les solutions sont essentiellement des solutions de bon sens appliquées systématiquement après évaluation du contexte.

Les comportementalistes s'intéressent exclusivement aux conditionnements comportementaux et visent par des renforcements positifs à changer des situations qui se répétaient faute d'expériences personnelles différentes. On est loin du rôle de la structure de la personnalité et des manifestations inconscientes des affects. On est plus proche, en revanche, des théories de la communication. Ces divers aspects ne s'excluent pas, ils se complètent et constituent des façons différentes de décrire ou d'envisager l'homme en situation dans son milieu.

Les différents spécialistes du monde psychologique ont chacun leur théorie, leur modèle, leur vocabulaire et leurs applications thérapeutiques. Ce qui est dommage, c'est qu'ils se pourfendent joyeusement, chacun pensant qu'il détient la vérité. Ou bien tous se trompent sauf une école, ou bien la vérité est partagée par tous. C'est à l'évidence ce qui doit être, puisque tous obtiennent des résultats ou aident à comprendre les relations humaines. Dans le domaine de la vie quotidienne, une situation qui intégrerait la psychologie psychanalytique, les schémas de conditionnement des comportementalistes, et les théories de la communication des systémiciens permettrait d'avoir un autre regard sur le monde, de mieux se connaître et de comprendre parfois le sens caché des comportements d'autrui.

La communication est l'activité essentielle entre l'homme et ses semblables, grâce à un moyen privilégié mais non exclusif : le langage, sans lequel il n'y aurait pas de pensée. La communication est possible grâce au cerveau, qu'elle modifie et façonne en retour par les informations puisées dans le milieu. Communiquer, c'est émettre des informations, mais aussi en recevoir. Toute la difficulté consiste à faire en sorte qu'il n'y ait pas de distorsion dans les messages émis, qu'ils correspondent bien à la réalité du désir (peu importe la forme des messages), mais que le décryptage des messages reçus se fasse aussi sans transformation de leur sens. Or la structure de l'appareil psychique, nourrie de désirs inconscients, refoulés, peuplée de fantasmes, va largement interférer avec l'interprétation et l'émission des signaux. L'intention alléguée n'est peut-être pas l'intention réelle, le signifiant n'est pas toujours le signifié. La proposition de faire plaisir est le plus souvent celle de SE faire plaisir. Ce qui est aussi, parfois, le meilleur moyen de faire plaisir aux autres.

Nos affects ou, pour parler plus simplement, nos sentiments nous gouvernent. Nous sommes prisonniers d'un certain nombre d'états affectifs liés à une représentation de nous-mêmes, c'est-à-dire de notre situation par rapport aux autres. Ces états affectifs peuvent être permanents ou dépendants d'une situation précise (culpabilité). Cette image de soi peut être minorée par rapport à la réalité, majorée ou altérée dans sa qualité. On peut se dévaloriser, se surestimer, ou se voir totalement différent de ce que l'on est.

Dans la communication, on peut donc projeter vers autrui des images de soi très différentes : ce que l'on est vraiment, ce que l'on croit être, ce que l'on voudrait être qui n'est pas forcément ce que l'on pourrait être... L'exagération ou la minoration du message vont contribuer à cette image : séduction, dramatisation, excès ou insuffisance de la communication. Dans la relation duelle, tout échange, toute confrontation est un affrontement qui peut d'ailleurs se terminer sur un constat d'égalité. Cependant les premiers rapports parentaux restent un modèle pour la vie future, déterminant la tendance dominant ou dominé, dépendant ou autonome, passif ou directif.

Tous ces ressorts grincent un peu parfois, et l'on se retrouve dans le registre plus ou moins grave de la pathologie de la communication. Laissons de côté la pathologie telle que les systémiciens la traitent, et restons dans le domaine de la vie quotidienne.

L'altération du message peut exister à tout niveau. Laisser persister, sans la corriger, cette altération, c'est permettre le développement d'une situation qui pourra devenir irréversible. On retrouve ce processus dans les échanges interindividuels : c'est la base de la création des antipathies, des quiproquos, des ruptures...

Dans tout groupe social, cette pathologie peut se créer. La famille est le groupe le plus naturel. Sans parler des pathologies familiales, fondées sur des communications impossibles ou paradoxales, une pathologie de la communication peut être à la source de conflits, d'incompréhension ou de malaise. Dans des groupes sociaux plus vastes, la communication est jugée tellement importante qu'elle est confiée à des professionnels (ou prétendus tels). C'est le cas des entreprises, au sein d'elles-mêmes, ou vers l'extérieur quand elles vendent. C'est, bien entendu, également le cas de la publicité, où les lois de la communication s'appliquent avec succès ou engendrent des échecs lorsqu'elles sont transgressées. En publicité, le message doit faire vendre, en agissant sur des ressorts psychologiques qui n'ont en général rien à voir avec le produit vendu. On vend une idée, un fantasme, une image, un désir, etc. On ne vend jamais une voiture, un stylo, un appartement ou un paquet de chips. On vend un symbole. Le danger, c'est que le message soit véhiculé par un support chargé d'une puissance évocatrice plus forte que le message lui-même. Il est de ces photos « choc » qui sont porteuses d'une telle charge émotionnelle que le consommateur est incapable de mémoriser le nom du produit. Il arrive que la publicité soit surtout efficace pour les produits concurrents ! Toute une série de cas de figure, bien connus des professionnels, démontrent les effets pervers d'une pathologie de la communication.

Mais aujourd'hui le domaine le plus passionnant pour étudier les effets d'une bonne campagne de communication ou pour en repérer les effets désastreux, s'il y a eu « pathologie », c'est incontestablement le domaine politique. Trop souvent ce sont des professionnels de la publicité qui conseillent les hommes politiques. Ils en usent avec eux comme s'ils avaient à vendre un paquet de lessive ou une voiture. Un achat est un acte individuel qui fait appel à certains ressorts psychologiques qui n'ont rien à voir souvent avec la matérialité du besoin. Un vote politique est tout autre chose, car il engage non pas un individu isolé mais des couches socioculturelles. Les fantasmes du groupe ne sont pas analogues à la somme des fantasmes des individus qui le composent.

De plus, la nature du vote n'engage pas les mêmes ressorts selon les cas. Voter pour un député ou pour un président de la République, ce n'est pas la même chose. La fonction publique suprême a une valeur symbolique considérable. Pour obtenir une faveur personnelle, on sollicitera un rendez-vous avec son député, pas avec le président de la République. Celui-ci disposait autrefois du droit de grâce, il est le chef des armées et il incarne la Nation. Il est haut et loin. Plus on fait appel dans les slogans ou dans les discours d'une campagne présidentielle à des abstractions symboliques archaïques, celles qui existent en tout électeur, plus on a de chances d'élargir son électorat. On attend d'un chef suprême qu'il soit différent des autres et représente un Surmoi social. Le discours électoral est tellement plein de mensonges, tellement rempli de promesses pour demain, tellement semblable à celui du voisin qu'il ne peut emporter l'adhésion à lui seul. Il faut qu'il véhicule autre chose, qu'il soit capable de toucher l'inconscient des foules, là où l'on trouve les fantasmes les plus archaïques et les plus régressifs.

La pathologie de la communication est donc liée aussi à la projection de nos affects, c'est-à-dire la vision de nous-mêmes et des autres, et aux sensations éprouvées que nous en tirons. Un vieux couple est souvent associé à nos relations avec autrui : c'est l'agressivité et la culpabilité. L'agressivité est une force dirigée vers l'extérieur et qui peut prendre des visages multiples. Au premier degré, elle peut s'extérioriser sous forme de violence et de passage à l'acte physique. Mieux maîtrisée, elle se traduira dans les mots et les comportements ; plus édulcorée, c'est dans la communication para-verbale et non verbale qu'elle passera (voix, expression du visage). Enfin, sublimée, elle se transformera en moteur de réussite : dynamisme, activité, esprit d'entreprise, initiative, créativité, etc. Cette agressivité doit être maîtrisée. Il peut être utile de l'utiliser délibérément, en mesurant ses conséquences. Non maîtrisée, elle entraînera des réponses de surenchère de la part de l'interlocuteur, alors que l'intention agressive n'existait pas forcément au départ. Il en est ainsi lorsque l'agressivité habite un comportement ou un discours de justification de soi, une remarque simplement critique ou lorsqu'elle est totalement méconnue par le sujet et infiltre sa communication avec autrui à son corps défendant. À ce propos, il est crucial de savoir que notre propre comportement influence largement le comportement de l'autre. Si l'on est agressé et que l'on ne répond pas par de l'agressivité, mais par la neutralité, il y a de grandes chances pour que l'interlocuteur change de comportement. Sinon, la distance entre son discours et celui de son vis-à-vis va s'accroître et le mettre dans une position difficile.

Dans la vie de tous les jours, il faut savoir que nous sommes, par notre propre attitude, en partie responsables de l'attitude de l'autre : inhibition, séduction, agressivité, amènent des réponses en retour. L'adaptation à la réalité consiste à ne pas méconnaître la nature du message que nous adressons à l'autre, de manière à ne pas être étonné par la réponse que nous en obtiendrons.

L'agressivité est mobilisée lorsque des circonstances déclenchantes se trouvent réunies. Il est donc très utile de pouvoir identifier ce qui est susceptible de la générer. Les conditions sont différentes pour chacun d'entre nous. L'agressivité est une attaque, mais c'est aussi une défense. Connaître ses propres zones de vulnérabilité, ce qui renvoie aux cicatrices narcissiques les plus profondes, aux valeurs symboliques les plus vives, aux expériences existentielles les plus blessantes ou dévalorisantes, cela permet de savoir quand l'agressivité risque de naître face à une allusion, même involontaire, de l'interlocuteur. Toute médaille a son revers et tout affect a son envers. La distance entre les deux est en général très faible. Il en est ainsi de l'agressivité et de la culpabilité, comme il en est de l'amour et de la haine. La culpabilité c'est de l'agressivité retournée contre soi au lieu d'être dirigée vers les autres. Il n'est pas rare que l'agressivité soit une défense contre la culpabilité et qu'elle puisse aussi la précéder. Il en est ainsi dans la mélancolie où des troubles caractériels agressifs précèdent souvent l'intense culpabilité qui fait souhaiter la mort et pousse à se la donner. On pourrait multiplier les exemples de ces mécanismes psychologiques qui animent nos comportements, qui expliquent leurs aspects apparemment illogiques en donnant des clefs qui se réfèrent à nos désirs inconscients, à nos fantasmes et à nos avatars narcissiques passés.

La sympathie et l'antipathie, la jalousie, les ambitions et les désirs conscients trouvent là des sources évidentes.

Il n'est pas possible de clore ce petit panorama de la psychopathologie de la vie quotidienne sans évoquer les deux grandes instances qui règlent notre adaptation à la réalité et conditionnent notre sensation personnelle de bien-être : l'équilibre entre les frustrations et les gratifications. Ces deux termes sont pris dans leur sens le plus large, concret et symbolique.

Notre humeur, triste ou joyeuse, est largement dépendante de cet équilibre. Les frustrations, c'est tout ce qui déçoit notre attente, prive notre désir et blesse notre narcissisme. Les gratifications, c'est exactement l'inverse, et il vaut mieux que la balance soit positive à leur profit. La lutte perpétuelle entre le Ça pulsionnel, source de plaisir, et le Surmoi source d'interdits conditionne la manière dont le Moi sera adapté à la réalité et supportera les frustrations.

Dans la plupart des cas, la non-satisfaction des désirs est bien tolérée et entraîne une frustration acceptée sans angoisse, car l'anticipation de l'avenir permet d'envisager les gratifications ultérieures.

Chez les personnalités névrotiques, l'adaptation à la réalité

est mauvaise et les frustrations entraînent culpabilité et inhibition, quand ce ne sont pas des symptômes anxieux (insomnie) ou une tristesse marquée. Chez les psychopathes, le Surmoi est si faible que les désirs sont réalisés sans tension ni
délai et le passage à l'acte n'entraîne aucune culpabilité.
C'est l'adaptation à la société qui est mauvaise. La tolérance
à la frustration est nulle et l'anticipation n'est pas possible.
Enfin, chez les psychotiques, ce n'est pas la tolérance à la
frustration qui est principalement en cause, c'est plutôt
l'objet du désir qui est à côté de la réalité !

3. Les traitements psychologiques

Tous les traitements psychologiques sont basés sur la
parole, l'écoute et les échanges interpersonnels. Ils portent
le nom global de « psychothérapies » et peuvent constituer
des thérapeutiques individuelles ou de groupe. Le plus grand
mystère entoure, en France, les psychothérapies et leurs techniques. À l'inverse des États-Unis ou de la Grande-Bretagne,
les livres de psychothérapie sont exceptionnels et l'enseignement théorique est rudimentaire au niveau universitaire.
Il est admis, essentiellement sous l'influence de la psychanalyse, que l'initiation doive souvent passer par une expérience personnelle et par un enseignement théorique (« séminaires ») délivré par les responsables des différentes
obédiences et par eux seuls. On reste ainsi entre initiés, le
savoir n'est pas galvaudé et... le pouvoir est conservé. En
dehors de la psychanalyse, il n'est pas besoin d'avoir subi
une psychothérapie pour pouvoir entreprendre un tel traitement, puisqu'en principe aucun enseignement officiel n'est
proposé ! Il existe des « principes généraux » pour pratiquer
une psychothérapie qui auraient grand besoin d'être
divulgués, comme ils le sont dans bien des pays. Les méde-

cins généralistes, qui sont les psychothérapeutes les plus nombreux, pourraient ainsi commencer leur carrière avec un viatique, au lieu d'apprendre « sur le tas » et, en général, dans le plus parfait isolement. Rares sont ceux qui suivent des « groupes Balint » (du nom du médecin qui inventa cette technique) au cours desquels ils analysent, en présence d'un psychothérapeute, leurs relations avec leurs malades.

L'absence de reconnaissance officielle des psychothérapies (sauf par la Sécurité sociale), et donc d'un diplôme académique de psychothérapeute, ouvre largement la corporation à n'importe qui. Certains ont une formation médicale ou psychologique de base, et, grâce à un effort personnel comprenant des contrôles de cas, seront des professionnels efficaces et compétents. D'autres sont à la limite de la grande famille des guérisseurs et sont parfois efficaces. Certains, enfin, donnent purement et simplement dans l'escroquerie morale en exploitant la souffrance et la détresse. À chacun de s'y retrouver, l'aide d'un médecin pouvant tout de même s'avérer utile. Le principe de base de toute psychothérapie est d'exercer directement ou indirectement une « influence morale » sur le patient. L'écoute de ses plaintes, le décryptage du sens de celles-ci, voisinent avec un directivisme plus ou moins marqué selon les techniques, et visant globalement à débarrasser le patient sinon de ses symptômes, du moins de ses plaintes, c'est-à-dire à lui permettre de mieux vivre avec ceux-ci ou même à les abandonner. Le mot « psychothérapie » recouvre cependant des réalités bien différentes. La forme la plus élaborée, et la plus contraignante, en est la cure psychanalytique. Elle vise en effet, selon des modalités décrites plus loin, à « analyser » les conflits et les désirs refoulés inconscients sources de difficultés, à travers leur expression cachée dans le langage et le comportement psychique conscient.

Ce long travail, qui durera des années, est totalement différent de la « psychothérapie de soutien », qui consiste à apporter une aide psychologique de courte durée à quelqu'un qui se trouve en état de détresse momentanée. Ici, le but de la psychothérapie est de permettre au sujet de s'exprimer, de lui offrir une écoute bienveillante, mais sans parti pris, de ses difficultés, de l'aider à relativiser celles-ci et à découvrir des solutions pratiques qu'il n'aurait pu élaborer seul. Il est en effet difficile d'être à la fois sujet et objet, et l'implication affective personnelle dans une situation empêche de prendre de la distance par rapport à celle-ci et donc de l'évaluer correctement.

Entre ces deux extrêmes, se placent de nombreuses situations possibles selon le type de psychothérapie envisagée : comportementale, familiale, institutionnelle, de groupe, etc. De fait la psychothérapie – au sens le plus large – est inséparable de l'acte médical ou paramédical. S'il est évident que tout psychiatre compétent doit accompagner ses malades, quels qu'ils soient, et quels que soient leurs traitements, dans le cadre d'une relation psychothérapique, c'est aussi le cas des non-psychiatres. Les psychothérapeutes les plus nombreux sont, ou devraient être, les médecins généralistes. Mais nul spécialiste n'est exempt de cet exercice, pas même les chirurgiens. Si la psychothérapie consiste à soigner par la parole, tout médecin doit être psychothérapeute. Écouter, calmer, apaiser, encourager, faire fondre l'anxiété devant le conflit, la maladie, l'opération ou la mort, c'est être psychothérapeute, c'est aussi être médecin.

Qui peut être psychothérapeute ? L'absence de label officiel permet de répondre : n'importe qui, sous certaines conditions. Il y en a au moins trois. Il est nécessaire d'avoir une formation médico-psychologique de base : médecin, spécialiste en psychiatrie, psychologue, infirmier, assistante sociale, travailleurs sociaux peuvent avoir un rôle de psychothérapeute. Certains psychanalystes, parfois très compétents, n'ont aucune formation particulière ou une formation purement littéraire. Ils peuvent parfaitement conduire une analyse, mais ne seront jamais des « thérapeutes ». Un psychothérapeute, par définition, est quelqu'un dont le but est de soigner.

Ce qui est crucial pour un malade, c'est de savoir comment va être posée l'indication d'une psychothérapie. La moindre des prudences consiste à obtenir d'abord un avis médical. Cela évite des psychothérapies pour de prétendus hystériques porteurs de lésions cérébrales ou médullaires, pour des enfants faussement autistes, mais sourds de naissance, etc. Le médecin, après avoir évoqué l'intérêt d'une psychothérapie, pourra en faire confirmer l'indication par le psychothérapeute quelle que soit la formation de base de celui-ci.

La deuxième condition nécessaire pour être psychothérapeute est d'avoir reçu une formation spécifique théorique et pratique et d'avoir été supervisé par un spécialiste pendant les premières prises en charge personnelles. Il est même utile pour les thérapeutes chevronnés de reprendre de temps en temps, au cours de leur exercice, une supervision partielle ou des confrontations avec des confrères, afin de corriger des dérives possibles dans les prises en charge. La formation psychanalytique authentique est très codifiée. Avant de recevoir l'autorisation d'autonomie, il faut passer par une analyse personnelle, des séminaires théoriques, un ou deux cas avec supervision. Cela est hélas ! théorique. Nombre de gens s'intitulent psychanalystes parce qu'ils ont suivi une analyse, parfois réduite à une durée très brève, et ils se sentent prêts à empocher leurs premiers honoraires. Les autres formes de psychothérapies « techniques » : comportementales, systémiques, de relaxation... s'apprennent au cours de cursus spécifiques sous forme de séminaires théoriques et pratiques échelonnés sur un à trois ans, dont certains peuvent entrer dans le cadre de la formation permanente. Enfin, la fréquentation des services hospitaliers de psychiatrie permet une formation par osmose et par le compagnonnage. Malheureusement, trop souvent, et en particulier pour les médecins généralistes, la formation est autodidacte...

La dernière condition pour être psychothérapeute, la plus importante à mon sens, ne s'acquiert ni à la faculté, ni dans des séminaires, ni dans des livres : il faut aimer son prochain. Il faut se sentir proche de la détresse des autres, pouvoir être disponible, patient, tolérant. Un psychothérapeute n'a pas à juger, il a à comprendre. L'absence de parti pris n'exclut pas une certaine chaleur et l'intuition, tout comme l'empathie, seront des modes de connaissance utiles. Si, en plus, on applique sans restriction le bon sens, toutes les qualités requises se trouvent réunies. C'est probablement pourquoi un important travail, publié récemment aux États-Unis, montrait que les résultats des psychothérapies sont indépendants de la technique utilisée, mais sont en revanche très liés à la personnalité du psychothérapeute.

Une psychothérapie individuelle implique deux personnes. C'est l'archétype de la relation duelle. Si le psychothérapeute doit être compétent pour que la psychothérapie soit efficace, il faut de surcroît que l'indication soit bien posée, mais il faut aussi que le patient soit personnellement engagé en toute connaissance de cause dans cette grande aventure personnelle. Pour cela, il faut qu'il désire la psychothérapie et en ressente le besoin après s'en être fait expliquer les modalités et les buts. On n'entreprend pas une psychothérapie poussé par un médecin ou par son entourage, en disant : « Je veux bien, mais je n'y crois pas... » Il faut savoir que dans une psychothérapie, le thérapeute est nécessaire mais pas suffisant, et que le principal travail est fait, sous contrôle, par l'intéressé lui-même. Il importe donc qu'une entente directe s'établisse entre les participants de la psychothérapie. Il est parfois nécessaire de rencontrer plusieurs psychothérapeutes au cours d'entretiens préliminaires avant que le choix définitif puisse être fait. Dès lors, ce qui se passera et surtout se dira, au cours de la psychothérapie, restera du seul domaine des deux intéressés. Le psychothérapeute doit rester indépendant vis-à-vis de la famille et des médecins du patient, et n'a aucune information à leur transmettre. En revanche, le patient est libre de parler de sa psychothérapie à un médecin qui peut servir de point de repère extérieur, mais cela reste un choix personnel. D'une manière générale, le nombre de séances, leur durée, la longueur de la cure sont des données très variables en fonction du type de la psychothérapie et du patient lui-même. On en verra plus loin quelques exemples.

Ces aspects, ainsi que la contrepartie financière, donnent lieu à un engagement réciproque, sorte de contrat moral, qui lie deux personnes et elles seules.

Toute psychothérapie réalisée par un médecin donne lieu à un remboursement de l'acte médical par la Sécurité sociale. Il peut y avoir ou non dépassement d'honoraires, c'est le libre choix du patient de l'accepter ou de le refuser. Les psychothérapies, quelles qu'elles soient, réalisées en milieu libéral par des non-médecins sont intégralement à la charge du patient. Les psychanalystes disent qu'une des conditions du succès de la cure est liée au sacrifice financier personnel du patient, qui s'implique plus que si le remboursement était total. C'est sûrement en partie vrai. Du moins en ce qui concerne la nécessité de l'implication personnelle. Mais celle-ci peut prendre des aspects divers, comme la contrainte stricte des horaires, le respect des séances et de leur durée, la continuité, etc. Il n'est nul besoin (à mon avis) de lier le succès de la cure à la nécessité de payer en liquide ou à celle de régler les séances perdues lors... des vacances du psychothérapeute !

Que va-t-il se passer au cours de la psychothérapie ? Celle-ci se déroule toujours dans le même lieu et dans les mêmes conditions matérielles. Si le divan de la cure psychanalytique est une particularité (ré-examinée plus loin) popularisée par les films, en règle générale la psychothérapie se déroule en « face à face ». La distance entre les sièges, la séparation par un bureau est l'affaire de chacun, mais a un sens pour le psychothérapeute. Au cours de ce « face-à-face », un entretien aura lieu, d'une durée précise et déterminée à l'avance. La norme se situe entre trente à quarante-cinq minutes. Des entretiens plus longs sont souvent fort utiles, mais uniquement dans le cas de phases préparatoires à la psychothérapie. Des entretiens très courts (quinze à vingt minutes) se prêtent mal à l'élaboration d'un véritable travail, compte tenu du temps minimum nécessaire pour « entrer dans la séance ». Des entretiens encore plus courts (moins de quinze minutes) relèvent de l'escroquerie pure...

Le contenu de ces entretiens pourra être très variable selon les techniques utilisées, le psychothérapeute, le patient, les circonstances... Parfois véritable dialogue, la séance pourra aussi n'être pratiquement qu'un monologue, le thérapeute restant très silencieux. S'il intervient, il sera plus ou moins interrogatif, directif ou approbatif face au discours du patient. Ce qui est important, ce n'est pas l'aspect anecdotique de l'entretien, qui est affaire de cas d'espèce. En revanche, la nature des échanges qui vont s'opérer entre patient et thérapeute est d'importance cruciale. Le malade va éprouver sans aucune restriction des sentiments favorables à l'égard de son thérapeute. Cela s'appelle un transfert, et on le qualifie de positif. Un transfert négatif rendrait la psychothérapie impossible et conduirait à changer de thérapeute au cas où il persisterait. Ce transfert est l'outil essentiel de communication avec le thérapeute et permet de revivre et d'actualiser des souvenirs passés ou des conflits inconscients. En contrepartie, le psychothérapeute va établir un contre-transfert sur son patient qu'il lui faut analyser dans ses sources et maîtriser. Il est illusoire de prétendre que le thérapeute, grâce à son expérience, est neutre et maîtrise son contre-transfert. Si celui-ci est négatif, il vaut mieux gentiment aiguiller le patient vers un autre psychothérapeute. Il est difficilement pensable d'imaginer être utile à quelqu'un dont la tête et les comportements vous insupportent et que vous allez avoir en face de vous deux heures par semaine pendant des années, même s'il vous donne des honoraires. Un contre-transfert positif est facteur de réussite de la psychothérapie. Il faut pouvoir s'intéresser authentiquement au cas du patient et avoir envie de le voir progresser. L'absence de désir du thérapeute dans la réussite de la psychothérapie est une fable. Mais il faut aussi maîtriser ce contre-transfert positif en s'interdisant toute intervention intempestive allant dans le sens d'une « sympathie » exagérée, car elle compromettrait la position de repère objectif de la réalité que doit constituer le psychothérapeute. Pleurer avec son malade sur ses malheurs ne peut contribuer à l'aider efficacement. Le terme de « neutralité bienveillante » utilisé en psychanalyse caractérise assez bien cette attitude qui met en confiance, permet le transfert, mais ne gratifie pas exagérément le narcissisme du patient. C'est un travail permanent pour le psychothérapeute que d'analyser son propre comportement et les manifestations de son contre-transfert, afin d'éviter toute dérive préjudiciable à la psychothérapie.

Qu'attendre d'une psychothérapie ? Pas plus qu'elle ne peut donner. Il est primordial d'aborder avec le patient ce qu'il est en droit d'espérer de la technique psychothérapique qu'on lui a conseillée et qu'il a finalement délibérément choisie. Aucune modalité psychothérapique ne prétend atteindre le même but. Une psychanalyse permettra, grâce au décryptage des données de l'inconscient, de comprendre comportements et symptômes névrotiques et parfois de mieux vivre avec eux ou même de les abandonner au profit d'autres comportements amenant une plus grande harmonie intérieure. Une thérapie comportementale supprimera les symptômes gênants (phobie, obsession) sans permettre d'en comprendre les raisons et la genèse. Une psychothérapie d'inspiration psychanalytique ou une psychothérapie de soutien aidera un sujet à traverser autrement que dans la solitude et le désarroi un moment difficile et conflictuel de son existence, en lui donnant les moyens d'éviter de répéter des situations préjudiciables à son équilibre personnel. Mais toute psychothérapie comporte des risques et certaines, des dangers. Le risque majeur est l'inutilité et l'inefficacité. Si les conditions préalables évoquées plus haut ne sont pas réunies, si l'indication est mal posée, si le patient n'est pas suffisamment motivé et le thérapeute pas suffisamment compétent, il est des psychothérapies qui peuvent durer de nombreuses années sans aucun bénéfice, et contribuer à chroniciser des situations pathologiques en écartant le sujet d'authentiques solutions à ses difficultés.

En cas d'indication mal posée et d'incompétence du thérapeute, une psychanalyse peut être dangereuse. La situation de frustration créée par le silence de l'analyste, la destructuration engendrée par la culture systématique du passé, la rupture avec la réalité quotidienne au cours de la cure, les interprétations sauvages et intempestives, l'absence d'intervention de l'analyste devant la survenue d'un syndrome dépressif, la fragilité du Moi et des mécanismes de défense, tout cela et bien d'autres aspects ont été responsables de suicides et de décompensations délirantes. Mais un très grand silence (ce n'est pas pour étonner !) entoure ces dangers réels. Le mythe de la non-intervention de l'analyste, mal compris par des thérapeutes insuffisamment formés, peut être responsable de catastrophes. Cela a au moins le mérite d'illustrer le fantastique pouvoir de l'inconscient et les ravages que peut engendrer sa découverte si elle n'est pas maîtrisée par un authentique professionnel.

Une psychothérapie, comment ça marche ? Chaque tenant d'une théorie psychologique apportera sa réponse sur un plateau. La psychanalyse affirme que la cause des symptômes névrotiques est la non-résolution de conflits inconscients liés à des désirs refoulés. Les comportementalistes soutiennent que les symptômes sont des conditionnements erronés et qu'une nouvelle programmation les fera disparaître. Les systémiciens enferment la pathologie dans un discours paradoxal et une communication impossible, etc. Pour eux tous, la pratique, c'est-à-dire la psychothérapie, ne peut être qu'une illustration et une justification de la théorie. Ce n'est pas si simple.

La question du mode d'action des psychothérapies a été récemment envisagée par T.B. Karasu dans un article publié dans *The American Journal of Psychiatry*. Quels sont les effets spécifiques et non spécifiques dans les différentes techniques ? Y a-t-il un « noyau commun » à toutes les psychothérapies (on en dénombre quatre cents variantes !) ? Pourquoi des techniques très différentes ont-elles à peu près la même efficacité ? Bien entendu, cette efficacité est toujours attribuée par les tenants d'une école à leurs propres spécificités ! Il est des évidences : toute psychothérapie comporte une relation de confiance à forte charge émotionnelle avec le thérapeute, le partage d'une croyance entre patient et thérapeute en la justification thérapeutique de la méthode, le renforcement de l'attente d'aide exprimée par le patient, etc. Il a en outre été démontré que plus le thérapeute croit à sa méthode, plus il est efficace. Cela est en effet nécessaire à la confiance qu'il a en lui, à son narcissisme et à son identité professionnelle. Si toutes les formes de psychothérapies se valent globalement, il semble bien que certaines soient plus spécifiques que d'autres pour une indication précise. La désensibilisation systématique (technique comportementale) semble ainsi plus efficace que les psychothérapies de soutien pour les différents troubles anxieux. Si l'on considère que la technique utilisée est l'aspect spécifique de la psychothérapie, et la qualité de la relation avec le thérapeute l'aspect non spécifique, il est clair que la parfaite maîtrise d'une technique potentialise la chaleur de la relation, mais ne peut la remplacer. T.B. Karasu semble avoir identifié trois supports non spécifiques de l'efficacité d'une psychothérapie qui ne sont pas liés à la technique utilisée et que l'on retrouve dans tous les cas. Il a isolé trois techniques de base : l'interprétation spécifique de la psychanalyse, la relaxation que l'on pratique dans les thérapies comportementales, et les jeux de rôles utilisés dans les traitements inspirés de la Gestalt. Cet auteur retrouve dans tous les cas le recours à trois ressorts communs susceptibles d'induire une modification psychologique : la réactivation émotionnelle, la maîtrise de processus cognitifs et l'harmonisation du comportement. Pour prendre l'exemple de la psychanalyse, il retrouve respectivement ces trois ressorts dans l'association libre, l'analyse du transfert et l'identification. Laissons à Karasu la responsabilité de ses conclusions, mais il n'est pas indifférent de penser que sous des formes diverses, dépendant des techniques utilisées, ce sont les mêmes processus qui participent à l'efficacité de la psychothérapie.

Si le psychisme n'est pas une production du seul cerveau, celui-ci est cependant nécessaire pour lui servir de support matériel. C'est bien par le frottement de deux cerveaux – celui du patient et celui du thérapeute – que s'opèrent des changements du psychisme. Une psychothérapie est une expérience existentielle, très forte et très codifiée, qui, à l'instar de toutes les expériences existentielles, modifie le sujet qui les vit. La parole de l'autre, la reviviscence de situations anciennes, la réactivation de circuits mnésiques sont autant de réajustements de la machinerie cérébrale. Y a-t-il des conditionnements plus rigoureux que le rituel psychanalytique ? Y a-t-il des renforcements narcissiques de l'Ego plus spectaculaires que les techniques d'affirmation de soi des comportementalistes ? Allons, l'homme est un tout, sujet objet et milieu, et les différentes formes de psychothérapies sont moins éloignées les unes des autres qu'elles se plaisent à le soutenir. L'effet du psychothérapeute est de l'ordre de l'effet placebo dans ce qu'il a de plus noble. C'est-à-dire une automédication sous l'influence de l'autre. L'homme est un animal social à défaut d'être toujours un animal sociable. Ses difficultés d'adaptation n'existent que parce qu'un autre existe. Ce n'est donc que grâce à lui qu'il pourra les résoudre. Les effets biologiques du placebo, qui sont si mal connus parce qu'à peine étudiés, aideraient à comprendre les effets biologiques cérébraux engendrés par une psychothérapie. Cela n'enlève rien aux mérites irremplaçables de celle-ci, que de leur donner une matérialité. Il n'y a nul pouvoir magique dans l'action du psychothérapeute, mais l'illustration d'un truisme : un cerveau peut en modifier un autre. C'est pourquoi le dilemme psychothérapie et/ou chimiothérapie est l'exemple du faux problème. Comme on l'a vu, les psychotropes sont des traitements purement symptomatiques. En quoi serait-il inconciliable de proposer à la fois des médicaments qui amènent un soulagement immédiat ou rapide, et une psychothérapie qui vise à une aide morale et psychologique à plus long terme ou même à une introspection bénéfique pour l'avenir ? Il existe cependant des règles qui ont une justification pratique. Le psychothérapeute ne prescrit pas de médicament et reste en dehors de toute autre forme de prise en charge. Il doit, le cas échéant, devant des symptômes graves qui vont au-delà d'une simple réactivation passagère, conseiller au patient de

consulter un psychiatre qui saura prescrire le traitement antidépresseur ou neuroleptique nécessaire. Ce n'est pas une
rupture de la sacro-sainte neutralité que de ne pas laisser sans
aide efficace un déprimé en imminence de suicide ou de
refuser d'écouter à longueur de séances un patient délirer sur
le divan.

En psychiatrie, il ne s'agit pas de défendre des idéologies,
mais de soigner au mieux les malades. Il n'y a nulle contradiction à prescrire des médicaments et à conseiller une psychothérapie ou à en pratiquer avec des patients dont on n'est
pas le prescripteur. Dans de nombreux cas, les deux thérapeutiques associées sont beaucoup plus efficaces que chacune conduite de manière séparée. C'est toujours au niveau
du cerveau que se passe l'action. Les cibles sont différentes,
les techniques sont différentes, les ambitions le sont aussi,
mais le but est le même : aider quelqu'un qui souffre.

Il est maintenant utile d'envisager d'un point de vue pratique ce que sont les grands types de psychothérapies et
comment celles-ci se déroulent. Il n'est pas imaginable de
dresser un tableau de toutes les techniques ni même de
recenser les principales d'entre elles. Ce sont les plus fré-
quemment utilisées dans les prises en charge quotidiennes
qui seront décrites. Il faut distinguer, selon le nombre de
participants, les psychothérapies individuelles où le patient
est seul avec son thérapeute, les psychothérapies de couple,
avec un ou deux thérapeutes de sexes différents, les thérapies
de groupe avec un nombre variable de patients (psychodrame, jeux de rôles, etc.) et plusieurs thérapeutes, et enfin
les thérapies familiales, très codifiées, avec deux thérapeutes
et les membres de la famille. Ce qu'on appelle psychothérapie institutionnelle est le résultat des efforts de tout un
groupe de soignants, au sein d'une institution, pour que les
interactions humaines aient un sens thérapeutique. Les
groupes dits « de parole », réunissant soignants et soignés,

sont un exemple des techniques utilisées. Il existe, en dehors de ces grandes distinctions, une foule de « psychothérapies », souvent d'inspiration californienne, qui sont plus proches du folklore que de l'aide psychologique et qui sont une façon comme une autre de passer son temps et de dépenser son argent.

Les différentes techniques psychothérapiques correspondent le plus souvent à des théories ou à des « explications » psychologiques différentes. La psychanalyse, bien entendu, inspire de nombreuses variantes dont la cure type analytique est le modèle. Mais lorsque quelqu'un, en toute bonne foi, dit : « Je me suis fait psychanalyser », cela correspond rarement au suivi d'une cure type.

Sous le terme « psychothérapies de soutien », on entend en fait différentes modalités – de loin les plus fréquentes de toutes les psychothérapies – qui dépendent de la formation et des orientations personnelles du thérapeute. Les thérapies comportementales, dont les aspects pratiques sont divers, reposent sur la notion que les symptômes à traiter sont le résultat d'erreurs d'apprentissage des comportements. Un « reconditionnement » comportemental permettra la disparition des symptômes. Les thérapies systémiques, essentiellement proposées aux familles abritant un malade schizophrène, sont centrées sur la pathologie de la communication entre les différents membres de la famille.

Les psychothérapies de relaxation ont connu leur heure de gloire, mais demeurent encore utilisées lorsque les symptômes somatiques prédominent ou lorsque la capacité de verbalisation du sujet, pour des raisons culturelles, est faible et que son potentiel d'abstraction est pauvre.

Enfin, les thérapies institutionnelles concernent essentiellement l'action des soignants constitués en groupe, au sein d'un service hospitalier.

La cure type psychanalytique est le modèle de la psychothérapie dans l'esprit du grand public. On a vu précédemment la théorie qui sous-tend cette technique. La « psychanalyse » vise à modifier la personnalité par une prise de conscience des mécanismes de défense du Moi, à décrypter les manifestations de l'inconscient et à permettre une adaptation harmonieuse et sans angoisse à la réalité existentielle. Après un contrat passé entre le patient et le thérapeute, les caractéristiques de la cure sont définies : nombre de séances par semaine, durée, coût. Le patient est informé de ce qui est attendu de lui au cours des séances. Allongé sur un divan, donc en situation de relaxation musculaire, il est plongé dans une ambiance calme, sans stimulation sensorielle excessive. La pièce est silencieuse, le thérapeute, assis derrière la tête du divan, n'est pas visible, la luminosité est modérée et nulle représentation particulière ne se situe dans le champ de vision du patient. Ce protocole standardisé, ritualisé et codifié n'est pas sans intérêt. Sans vouloir titiller les mânes de Freud, il emprunte au conditionnement et à la relaxation ou du moins à une situation de désafférentation sensorielle relative. Tout est mis en place pour que puisse être appliquée la règle d'or : le patient doit exprimer ses idées telles qu'elles arrivent à son esprit, en libre association, qu'il s'agisse de pensées, de souvenirs ou de rêves. Aucune censure ne doit être exercée au nom de la bienséance, de la honte, de la peur du ridicule, en un mot des interdits socioculturels habituels. Une hésitation dans le discours, un silence, peuvent être témoins d'une résistance à exprimer de manière brute une pensée, et la vigilance du thérapeute doit être en éveil pour la reconnaître et encourager d'un mot (« Oui ? Alors ?... ») l'expression sans fard de ce qui se présentait à l'esprit. Le rôle de l'analyste au bout d'un certain nombre de séances est de repérer les résistances, d'encourager à la sincérité, puis d'interpréter, très prudemment au début, le contenu du transfert. Le patient va en effet revivre dans le présent, réalisant la « névrose de transfert », sa propre histoire psychique avec ses avatars, ses défenses, ses désirs refoulés et ses fantasmes... Les symptômes, grâce à l'interprétation de l'analyste et de l'analysant lui-même, vont alors prendre un sens. L'émergence au niveau conscient du « matériel psychique » inconscient, grâce aux associations d'idées, aux souvenirs, aux rêves, aux fantasmes et aux silences, permettra d'éclairer les troubles et les comportements actuels. Ceux-ci, parfois, échappaient complètement à la logique du conscient. Ils vont alors trouver leur vraie signification. Le « principe de répétition » va se révéler et illustrer le fait que le névrosé répète inlassablement les mêmes conduites stéréotypées, qui l'amènent systématiquement en situation d'échec. Les réflexions : « Je n'ai pas de chance, cela n'arrive qu'à moi... » sont entendues différemment, et le hasard, qui fait si mal les choses, est relativisé. Il faut, au cours de l'analyse, retrouver tous les substituts symboliques des désirs refoulés à travers les lapsus, les oublis, les hésitations, les silences et bien entendu les rêves qui, selon Freud, sont « la voie royale menant à l'inconscient ». Cela n'est pas simple, car les refoulements n'émergent pas si facilement, et le repérage des résistances de l'analysant constitue une grande partie du travail de l'analyste.

Au cours des séances, les prises de conscience et les découvertes du patient constituent une expérience existentielle unique se situant dans le moment vécu et dans ce qui est intellectuellement et affectivement éprouvé. C'est un mode de connaissance de soi qui est sans pareil et ne peut être décrit, car il correspond à une aventure individuelle spécifique. Le sentiment, après une interprétation, d'avoir découvert une vérité cachée est chargé d'un pouvoir de conviction qu'aucune affirmation venant d'un tiers ne peut apporter. Ces séances, au nombre de trois ou quatre par semaine, de trente à quarante-cinq minutes, vont durer un

temps indéterminé. Il n'y a pas de critères objectifs de fin
d'une analyse. Ce n'est pas, le plus souvent, à l'analyste de
dire : « Vous n'avez plus besoin de moi... », c'est à l'analysant de faire le deuil de son analyste et de le quitter. Les
cures durent en général de quatre à six ans, mais il est classique de discuter les analyses non terminées et les analyses
interminables...

La théorie et la pensée psychanalytiques animent bien
d'autres formes de psychothérapies que la cure type, dont
les contraintes ne s'accommodent pas d'indications très
larges. Beaucoup plus fréquentes sont les « psychothérapies
d'inspiration psychanalytique », développées en particulier
par Held. Individuelles ou collectives, ces psychothérapies
s'appuient sur les mêmes principes que la cure type, mais
ne comportent pas le même rituel. Le plus souvent patient
et thérapeute sont assis face à face, le nombre des séances
hebdomadaires est de une ou deux, et surtout la durée totale
est beaucoup plus courte qu'une cure type : de un à trois
ans. Le but est essentiellement d'accompagner un patient au
cours d'une période conflictuelle de son existence, de lui
donner les moyens de résoudre son conflit et de ne pas le
répéter.

Certaines techniques psychanalytiques ont été élaborées
par des dissidents du freudisme. Elles sont orientées sur la
personne plus que sur la réactivation des conflits inconscients. La psychanalyse d'Adler vise à éliminer le
« complexe d'infériorité » et à réaménager les objectifs existentiels du sujet. La psychanalyse de Jung, très axée sur les
rêves, s'efforce de valoriser les possibilités intrinsèques du
patient. Un Américain, Rogers, a développé au maximum
cette technique de sur-valorisation du malade qui s'apparente
un peu à la méthode Coué : « Je réussirai, parce que je suis
le meilleur... » La psychanalyse freudienne peut s'appliquer
à des thérapies de groupe comme dans le psychodrame ana-

lytique. Le patient est amené à jouer, comme au théâtre, des scènes se référant à des conflits vécus. Plusieurs patients et des thérapeutes des deux sexes participent à la séance. L'interprétation psychanalytique de ce qui s'est passé au cours du psychodrame est faite par un thérapeute observateur de la séance.

Les psychothérapies dites « de soutien » constituent l'essentiel des psychothérapies pratiquées en psychiatrie, aussi bien en pratique libérale qu'en milieu hospitalier. Elles empruntent souvent aux concepts psychanalytiques en fonction de la formation spécifique des thérapeutes, elles doivent toujours être imprégnées de bons sens et favoriser l'insertion du patient dans la réalité. Leur caractéristique principale est la souplesse et l'adaptation aux situations rencontrées. Il peut s'agir de thérapies individuelles, de couple, ou d'aide aux familles. Volontiers interventionnistes, ces psychothérapies ne négligent pas la prise en compte et la discussion des autres modes de prise en charge du patient : chimiothérapie, aides sociales diverses, changement d'institution, hôpital de jour, etc. Il s'agit de permettre au patient d'affronter la réalité en lui permettant de s'assumer seul, d'avoir confiance en lui, de dissiper son angoisse face aux conflits « hic et nunc » et de se diriger petit à petit vers une autonomie sociale et un deuil de son psychothérapeute.

Les thérapies comportementales abandonnent résolument toute référence à la psychanalyse et à l'inconscient. Elles sont plus proches des schémas neurobiologiques et considèrent les symptômes psychiatriques comme des conditionnements erronés. L'apprentissage de ces conditionnements a été défectueux, s'effectuant selon des modalités diverses, et leur pérennisation est assurée par des renforcements réguliers. L'absence de renforcement (ou extinction) peut faire disparaître le conditionnement. Celui-ci peut également être remplacé par un autre conditionnement plus adapté à la réalité.

Il s'agit de traitements purement symptomatiques qui ne s'intéressent en rien à la structure de la personnalité. Leurs effets sont assez remarquables sur toutes les manifestations focalisées de l'anxiété, les phobies et les obsessions.

Les thérapies comportementales s'appuient sur des méthodes expérimentales de conditionnement et de déconditionnement mises en évidence chez l'animal et chez l'homme. La pratique de déconditionnement par aversion, au cours de laquelle on utilise des stimuli pénibles, a donné très mauvaise presse à ces techniques. Certains films ont fait le reste. Il est sûr que les thérapies comportementales ne sont pas une panacée et que leur généralisation en psychiatrie n'aurait guère de sens. Des abus ont pu avoir lieu, comme le recours à des stimulations électriques désagréables pour lutter contre l'énurésie de l'enfant.

À côté de ces caricatures, les thérapies comportementales représentent néanmoins une possibilité très efficace de faire disparaître rapidement, et définitivement, des symptômes invalidants au plan social. On a vu plus haut les services que pouvaient rendre les thérapeutiques d'affirmation de soi qui en découlent et qui n'ont rien de barbare. Comme toujours, il faut éviter les amalgames et les généralisations. De nombreuses techniques sont utilisées dont les modalités pratiques n'ont qu'un intérêt anecdotique. Elles reposent toutes sur des bases simples. Le symptôme est toujours associé à de l'angoisse ; il faudra donc soit dissocier symptôme et angoisse, soit inhiber l'angoisse. Conditionnement, déconditionnement, inhibition, renforcement sont les mots clefs de ces techniques. Les thérapies cognitives développées par Beck dans le traitement de la dépression s'inscrivent dans le cadre des thérapies comportementales. Pour cet auteur, la dépression est l'expression d'un mauvais fonctionnement cognitif,

c'est-à-dire d'une erreur de traitement de l'information par
le cerveau. Une expérience précoce péjorative (critique et
rejet par les parents) permet l'établissement d'un « patron »
de comportement dépressogène, avec la formation de raisonnements erronés d'auto-dévaluation. Certains événements
existentiels pénibles (deuils) peuvent renforcer ces représentations. Puis une situation présente va réactiver les comportements dépressogènes, engendrant une vision erronée et
péjorative de ses rapports aux autres, de l'image de soi et
de l'avenir. Des pensées négatives automatiques vont se
déclencher et permettre l'apparition des symptômes dépressifs. Le traitement s'efforcera de retrouver les expériences
initiales et de proposer d'autres représentations non dépressogènes.

Les thérapies systémiques s'adressent essentiellement aux
familles dont l'un des membres est psychotique. Les théories
de la communication, développées surtout à Palo Alto en
Californie, postulent que le sujet malade est le symptôme du
groupe familial et que ce « patient désigné » cristallise sur
lui les effets d'une pathologie de la communication. La
famille, responsable à son corps défendant de la pathologie,
conserve sa cohérence grâce à la mise en position de symptôme de l'un de ses membres soumis aux effets d'une
communication paradoxale. Cette dialectique du « double
lien » consiste à mettre quelqu'un dans une situation de
communication impossible en lui offrant dans le discours
une proposition et son contraire. La négation du message
transmis peut n'être pas verbale mais paraverbale ou non
verbale comme cela a déjà été envisagé précédemment. Ce
discours rigide emprisonne le « patient désigné » dans une
existence impossible dont la seule solution est l'émergence
psychotique du délire. On pourrait aborder ce constat d'une
pathologie de la communication en termes psychanalytiques,
ce qui commence à se développer. En effet ce dysfonction-

nement familial est aussi une pathologie du désir, le sujet malade étant l'objet d'un désir impossible à réaliser. En termes concrets, deux anecdotes illustreront les situations du double lien et du désir paradoxal. L'une concerne ce jeune schizophrène qui, au cours d'une visite qu'il recevait à l'hôpital, s'assied à côté de sa mère, lui passe un bras autour du cou et lui dit : « Maman, je t'aime beaucoup. » En réponse, la mère enlève le bras de son fils, se lève et lui répond : « Moi aussi, mon fils... »

L'autre exemple, très fréquent, concerne ces parents de schizophrènes qui disent à tout le monde : « Nous ferions n'importe quoi pour sauver notre enfant... » et qui s'ingénient quotidiennement à contrecarrer toutes les initiatives des soignants et à critiquer systématiquement tout projet thérapeutique.

Comme toute psychothérapie, les thérapies systémiques familiales nécessitent qu'un contrat soit passé entre les thérapeutes et la famille. Les séances doivent être suivies régulièrement par tous les participants prévus : parents, malade, frères et sœurs. Les modalités particulières de cette thérapie doivent être expliquées dans le détail et acceptées en connaissance de cause. Au cours de la séance, dont la durée est déterminée, la famille et un thérapeute se trouvent dans une pièce séparée par une glace sans tain d'une deuxième pièce où se trouve l'autre thérapeute. Ce dernier écoute et voit l'entretien et peut prendre des notes. La séance est filmée en vidéo et enregistrée sur magnétoscope. C'est sur ce matériel que les thérapeutes travailleront et réfléchiront en vue des séances suivantes. Leur but est l'assouplissement de la communication au sein de la famille et la sensibilisation aux messages paradoxaux qui sont délivrés.

Les thérapies de relaxation corporelle peuvent être individuelles ou collectives. Elles concernent essentiellement les manifestations corporelles de l'angoisse et peuvent être un prélude à une psychothérapie utilisant la parole. Elles visent à une prise de conscience du corps, du schéma corporel, ainsi qu'à l'association des sensations physiques de détente à une élimination du sentiment d'angoisse. Ces formes de thérapies sont actuellement moins en vogue qu'il y a quelques années. Les thérapies institutionnelles s'exercent exclusivement dans des lieux de soins collectifs. Elles empruntent leurs ressources aux différentes techniques décrites ci-dessus. Des groupes d'expression verbale peuvent donner lieu à une analyse prudente par les soignants du contenu symbolique des discours et de leur signifié. Organisées de manière systématique, ces rencontres entre soignants et soignés peuvent aller au-delà et permettre d'utiliser la dynamique des groupes pour faire évoluer certains patients inhibés et ne communiquant pas avec les autres. Les thérapies comportementales en institution peuvent prendre la forme des techniques dites « d'économie de jeton » où des récompenses viennent renforcer les comportements positifs de certains patients chroniques et peu mobilisables. Enfin, les thérapies institutionnelles peuvent s'organiser autour d'activités précises : musique, expression corporelle, art-thérapie, ergothérapie, etc., afin de développer des rapports interhumains chaleureux et lutter contre la chronicité qui menace toute hospitalisation de longue durée.

4. L'approche psychologique de la maladie mentale ou : l'homme sujet

Certains systèmes psychologiques se veulent seulement explicatifs des symptômes de la maladie mentale et n'ont nulle ambition d'expliquer le psychisme, la pensée, l'homme. Ils sont souvent assez proches des modèles neurobiologiques, comme c'est le cas pour les approches comportementales. D'autres systèmes sont en revanche très éloignés du prédéterminisme et proposent une explication de l'homme normal et pathologique qui trouve ses sources dans une entité qui se veut indépendante : l'appareil psychique. Telle est la démarche psychodynamique de la psychanalyse freudienne. Il est curieux de remarquer que Freud a toujours affirmé que la psychanalyse était une science et qu'il a tout fait pour la bâtir comme une philosophie de l'homme, où celui-ci serait un sujet qui s'exprime.

La psychanalyse s'est développée il y a un peu moins de cent ans en étroite connexion avec le mouvement scientifique de son époque. Il semble qu'elle se soit figée à la mort de Freud sans espoir de progression. Les arguments actuels pour faire de la psychanalyse une science restent assez minces. Prôner perpétuellement le retour aux sources, excommunier les dissidents, refuser l'évaluation des résultats, ne pas utiliser les données de la pratique pour modifier la théorie sont des attitudes difficilement compatibles avec celles qui prévalent dans l'ensemble des sciences.

La psychanalyse est-elle une métaphysique, puisqu'elle étudie les bases de l'activité humaine ? Est-elle une philosophie, puisqu'elle s'intéresse aux théories de l'action humaine et au fondement de ses valeurs ? Est-elle une psychologie, puisqu'elle explique les phénomènes de la pensée et de l'esprit chez un être qui a une connaissance de sa propre existence ? Est-elle un humanisme, puisqu'elle prend pour finalité la personne humaine et son épanouissement ? Ou est-elle à part ? Serait-elle ce que H. Atlan appelle « la limite de toute science et de toute philosophie » ?

Quoi qu'il en soit, elle instaure l'homme en sujet, c'est-à-dire en être pensant considéré comme le siège de la connaissance. Et c'est un sujet qui pense, car c'est un sujet qui parle.

En revanche, le réductionnisme neurobiologique fait de l'homme un objet dominé par l'expérience, et existant indépendamment de l'esprit. Si l'homme est un sujet qui s'exprime, c'est grâce au langage. Celui-ci contribue à structurer l'inconscient et lui permet en partie d'être accessible au conscient, puisqu'il est le véhicule du signifié.

Jacques Lacan a tenté des rapprochements entre linguistique et psychanalyse. Il a voulu montrer que l'inconscient est structuré comme un langage. Pour lui, les symptômes névrotiques peuvent s'interpréter en termes de métaphore et de métonymie. La première, transfert de sens par substitution analogique, c'est le refoulement. La seconde, concept exprimé par un terme désignant un autre concept qui lui est uni, c'est le déplacement. L'interprétation du signifié permet de retrouver le discours manquant et de rétablir la continuité avec le discours conscient. C'est par la parole que l'homme parvient à une communication interindividuelle et celle-ci est essentiellement animée par le désir de faire reconnaître son propre désir par l'Autre. Le langage permet la pensée, et plus il est élaboré, plus la pensée est profonde. Le langage informatique et même les concrétisations de l'intelligence artificielle ne sont pas une pensée. On n'a pas encore réussi à informatiser la métaphore ou à créer des programmes informatiques qui modifieraient eux-mêmes leur programmation. La pensée de l'enfant avant la maîtrise du langage ne permet pas la représentation abstraite et procède plutôt d'un système de communication. Mais il y a plusieurs façons de considérer le langage selon que l'on est neuropsychologue, linguiste ou psychanalyste. Quels sont les liens entre ces approches ? Le langage, c'est l'interface obligatoire et remarquable entre deux niveaux d'organisation : le cerveau et la pensée (ou le psychisme).

Henri Atlan, dans son livre *À tort et à raison,* constate que cette articulation n'est pas simple et il propose, pour mieux l'aborder, de la décomposer en deux étapes, l'une cerveau/langage et l'autre langage/pensée. Il précise qu'en augmentant le nombre des étapes, on diminue la distance entre elles. Mais il semble bien exister ici, au lieu d'articulation du physiologique et du psychique, un vide ou un trou noir qu'on ne sait toujours pas appréhender.

Le passage du langage à la pensée, c'est l'émergence des significations – conscientes et inconscientes – et c'est là où la psychanalyse, théorie du sens, se situe, car elle en permet l'interprétation. Les lois de l'interprétation et la structure de l'inconscient sont analogues pour tous, mais le sens du signifiant est strictement individuel et fait de chaque homme un être dont l'appareil psychique est unique. La distinction pensée/psychisme n'est pas toujours faite. Pourtant, elle semble légitime d'un point de vue descriptif et opératoire. La pensée est éphémère, même si elle laisse une trace. Elle est dépendante du psychisme dans son contenu et prépare les stratégies comportementales. Le psychisme est le stock de matériel préconscient et inconscient qui caractérise un être humain. Ce matériel peut devenir conscient sous la forme d'une pensée. L'appareil psychique est une structure d'organisation qui permet au psychisme de s'élaborer. Chaque expérience existentielle, chaque confrontation avec l'environnement, enrichit le psychisme d'une trace nouvelle, à la fois savoir et émotion. Le psychisme n'est donc pas une production autonome et intrinsèque du cerveau. C'est la transformation par le cerveau d'une expérience vécue en un matériel qui participe à la fois de la mémoire (neurologie), de l'émotion (psychologie) et de l'inconscient (psychanalyse) et qui n'est pas réductible exclusivement à l'une de ces composantes.

La psychanalyse a eu le mérite de définir l'homme pensant comme un sujet qui s'exprime. Elle met ainsi l'accent sur ce qui fait la spécificité de l'homme parmi les êtres vivants. Mais la position de beaucoup de psychanalystes est critiquable sur plusieurs points.

L'immatérialité du psychisme est difficilement soutenable et une psychologie sans cerveau serait une psychologie de tous les excès. Freud, d'ailleurs, n'avait pas adopté cette position, bien au contraire, et considérait avec beaucoup de réticence le mysticisme de Jung ou le goût pour l'occultisme de Ferenczi et de Groddeck.

Accorder une situation cérébrale au psychisme et un support moléculaire à sa matérialité, ce n'est ni dévaluer sa pertinence et sa spécificité, ni prétendre l'expliquer exclusivement par la neurobiologie. Pourtant, de nombreux adeptes de la psychanalyse semblent gênés par l'existence du cerveau et considèrent comme iconoclaste, ou comme une forme ultime de résistance, l'établissement de liens entre le psychisme et les neurones. Il faut dire à leur décharge que les progrès de la neurobiologie et de l'imagerie cérébrale ont fait prendre récemment à certains des positions excessives qui nient l'existence du psychisme autrement que sous la forme de son support matériel et prétendent visualiser la pensée à travers une consommation cérébrale de glucose.

Un autre sujet de critique est le dogme de la véracité de l'interprétation. Or celle-ci ne peut être une vérité absolue, et le sentiment de plein acquiescement ressenti parfois par l'analysant après une interprétation n'est pas une garantie de la pertinence de celle-ci. On a vu tous les excès à ce propos, et l'absence d'autocritique ou même de doute finit par jouer le rôle d'un renforcement positif sur le sentiment de détenir la vérité.

On peut, au cours d'une analyse, repérer une manifestation de l'inconscient et tenter, par l'interprétation élaborée avec l'analysant, de lui donner un sens. Mais ce n'est qu'une approximation.

La psychanalyse s'est parfois enlisée dans des jeux de mots qui n'étaient que des jeux avec les mots et leur gratuité n'avait d'égale que leur platitude. Tout est effectivement dans les mots et surtout derrière eux, mais l'interprétation n'est pas une méthode absolue de décryptage, sinon l'homme serait codé comme un programme d'ordinateur.

La vulnérabilité de la psychanalyse tient à son ambition totalitaire d'expliquer l'homme par la seule causalité psychologique liée à l'inconscient. Cette explication exclusive du psychisme fait peu de cas, comme on l'a vu, du cerveau et du milieu. De surcroît, la psychanalyse n'est-elle pas plus descriptive qu'explicative ? Elle reste, pour le moment, le meilleur système descriptif du psychisme et des manifestations de l'inconscient. La théorie psychanalytique ne peut être que partiellement explicative ; revendiquer une exhaustivité serait méconnaître les rôles respectifs du biologique avec ce qu'il a d'inné et le rôle du milieu avec ce qu'il a d'aléatoire dans le façonnement du psychisme individuel. Relier le symptôme à sa racine, refoulée dans l'inconscient, est la description d'une filiation où la causalité n'est pas forcément exclusive. D'ailleurs, « l'explication » fournie à l'analysant ne supprime en général pas le symptôme. En revanche, la suggestion et l'hypnose guérissaient les symptômes hystériques sans fournir d'explication.

Il semble que l'on ait trop souvent à l'esprit un schéma linéaire où une seule cause engendrerait une seule conséquence. D'autres éventualités sont possibles. Une cause peut engendrer des conséquences multiples et même des conséquences en cascade. Pour faire une lapalissade, une conséquence peut avoir des causes multiples. L'étiologie polyfactorielle des troubles psychiques n'est pas une hypothèse choquante. Mais pour rester dans le domaine de l'explicatif, il faut que la même cause produise toujours la (ou les) même(s) conséquence(s). Si la conséquence est aléatoire, on ne peut parler d'un système causal, ou du moins d'un système causal unique. La justesse des théories ne peut être évaluée qu'à travers d'éventuelles conséquences pratiques. La psychanalyse décrit, c'est pourquoi elle ne guérit pas. Les sciences humaines sont en général descriptives et les sciences exactes explicatives. Ce sont ces dernières qui apportent le plus d'applications pratiques. Mais décrire et comprendre, même si l'on n'explique pas, est également nécessaire.

L'homme est la résultante, perpétuellement changeante, de l'interface cerveau/milieu qui engendre une troisième instance : le psychisme. Celui-ci interagit avec le milieu, qui le modifie, et avec le cerveau, qu'il modifie. À l'articulation des trois registres neurobiologique, psychologique et sociologique se trouve le trou noir de nos connaissances qu'aucune méthodologie actuelle, aucun modèle, aucun concept ne permettent d'aborder.

Avec un tel schéma, on peut imaginer que la cause d'une anomalie du psychisme puisse siéger soit dans les structures cérébrales nécessaires à son élaboration, soit dans l'environnement qui le façonne à travers les expériences existentielles, soit dans une sommation des deux.

La particularité du cerveau objet, c'est d'être sujet. C'est-à-dire d'être conscient de son existence et de modifier constamment, lui-même, son contenu (le psychisme) au contact du milieu.

CHAPITRE 6

Folie et société

L'homme vit dans un environnement, son milieu naturel, où il est en interactions perpétuelles, dès sa naissance, avec ses semblables. Le milieu agit profondément sur l'individu. Il le façonne, le conditionne, définit la norme à laquelle il doit se conformer. Le groupe social possède ses codes de communication, ses règles de coexistence et ses moyens de rejet. Le sujet doit percevoir sa propre identité, mais aussi son appartenance au groupe social. En revanche, à l'intérieur de limites précises, l'individu va pouvoir agir sur le groupe, le modifier et même le diriger dans certains cas.

Les sociologues étudient de manière scientifique les groupes organisés en entités distinctes, avec leurs points communs, leurs finalités et leur identité. Ils ont, eux aussi, des explications à proposer sur l'origine de la folie. Certains pensent que la folie serait générée par le groupe social et le malade serait en quelque sorte le fou des autres, ou, pour parler comme les systémiciens, le « malade désigné » par le groupe. Pour la première fois, la folie ne résiderait pas dans l'individu de manière intrinsèque, mais un processus extérieur, propre au groupe, se cristalliserait sur lui avec une fonction de protection du plus grand nombre... Mythe ou réalité ? C'est en tous les cas une position qui a donné lieu à bien des développements et entraîné la fermeture en un jour de tous les hôpitaux psychiatriques d'Italie.

L'homme et sa pathologie sont inséparables de l'environnement. Celui-ci est constitué du milieu naturel ou artificiel et de ce qu'il contient, en particulier des substances nuisibles qui peuvent agir sur l'être humain. Mais l'environnement, c'est aussi le groupe social, et les interactions du sujet avec ce groupe seront l'objet de ce chapitre. Ce milieu social, certains le disent pathogène, d'autres l'utilisent comme moyen thérapeutique, ce qui n'est pas incompatible. La taille du groupe et, plus encore, sa fonction sociale réelle et symbolique vont moduler les rapports avec l'individu, être unique. Les rapports interindividuels sont différents et obéissent à des lois distinctes. À cet égard, le couple ne peut pas être considéré comme le plus petit échantillon représentatif du groupe social, car il implique une relation duelle. Il y a groupe social dès lors qu'il existe une fonction commune et une possibilité d'identité partagée. La famille est le groupe social le plus naturel, celui dont la responsabilité dans le façonnement de l'individu est probablement la plus grande.

En fait, il est difficile de considérer les rapports de l'individu aux autres comme s'il s'agissait d'une relation univoque et homogène. Sans vouloir atomiser les cas de figure, on peut schématiser quelques situations générales.

Il peut s'agir d'un groupe constitué auquel on appartient, soit dans le cadre d'une relation personnalisée où l'identité des membres du groupe est connue, soit dans le cadre d'une relation d'anonymat. Les exemples relevant du premier cas peuvent être pris dans le milieu de vie : école, immeuble, village, collègues de l'entreprise, membres d'une équipe sportive. Les étiquettes étant distribuées, les identités connues, les hiérarchies établies, la solidarité face à la folie peut jouer ou au contraire faire bloc contre elle. Dans le deuxième cas, celui de l'anonymat, le groupe social se situe dans la rue, dans les lieux de vie et de passage où chaque participant est inconnu de l'autre et n'est identifiable qu'à travers des projections et des interprétations se fondant sur l'aspect physique, le vêtement, l'habitus... Dans ces situations, l'inconnu engendre la peur et la folie sera mal tolérée.

En parallèle au groupe social auquel chacun appartient, il y a les relations de l'individu au groupe social par rapport auquel il se situe. Ces corps constitués incarnent en général des interdits, la loi, le Surmoi social. C'est la police, le fisc, l'administration... Mais allant du concret à l'abstrait, c'est aussi des corporations, avec ce qu'elles représentent (médecins), des couches sociales (les notables) et même le système social et son idéologie politique. Ces entités engendrent avec l'individu des rapports de force, donc d'inégalité, et déterminent des distances. Cela n'est pas sans susciter des sentiments, des émotions et des représentations de soi et des autres qui alimenteront des fantasmes et, au pire, nourriront des délires...

Cette trame de liens complexes entre l'être humain et ses semblables, dont seulement certains aspects ont été évoqués, constitue le décor existentiel qui contribue à modeler le psychisme. Certains de ces liens sont-ils pathogènes et peuvent-ils, à eux seuls, engendrer la folie ? Tout ce qui fait peur a tendance à être exclu. La société expulse ses corps étrangers, reconnus dangereux par la menace qu'ils représentent pour l'identité, l'intégrité physique ou psychique, et même pour la vie. L'exclusion, c'est la relégation de la lèpre, de la tuberculose, du sida et de la folie. Mais avant de désigner et d'isoler la folie, la société est-elle capable de la fabriquer ? Y a-t-il une fonction nécessaire du fou et une relégation obligatoire qui en ferait le fou des autres ? On peut comprendre les mécanismes de l'intolérance à la folie, mais quelles pressions sociales seraient donc susceptibles de la générer ? L'ambiguïté ou la contradiction des messages entre l'individu et ses semblables peuvent-elles créer des situations impossibles, sans autre issue que le délire ? La folie déclarée est-elle délibérément cultivée ensuite, loin du monde, derrière des murs, afin de ne plus jamais mettre en péril l'ordre social ? Tels sont les thèmes qui alimentent les théories sociologiques de la folie.

1. Les interactions sujet/milieu et la communication

On ne peut que se limiter ici à quelques aspects généraux de l'action du groupe social sur l'individu. Mais il s'agit bien d'interactions ou d'actions réciproques et toute entité sociale réagit face au sujet isolé et peut être modifiée par lui. Il s'agit cependant d'une tout autre question.

L'action du groupe sur le sujet et la situation de celui-ci par rapport au groupe semblent s'articuler autour de deux aspects essentiels : l'identité du sujet et la communication. Il n'y a pas de société sans communication et il n'y aurait pas de pathologie mentale sans anomalie de la communication. Les systémiciens défendent ce point de vue sans prendre conscience, le plus souvent, qu'il est descriptif et pas nécessairement explicatif. S'il y a anomalie de la communication, elle peut résider dans l'incapacité à recevoir ou à interpréter correctement le message. Elle peut aussi venir de la nature incompréhensible du message émis par le groupe social. Dans ce cas, y a-t-il une intentionnalité consciente, inconsciente, ou s'agit-il du hasard ? L'interprétation sera toujours arbitraire. Quoi qu'il en soit, il ne faut pas négliger l'éventualité où ce serait le sujet qui ne serait pas capable, pour des raisons intrinsèques (neurobiologiques, cognitives, psychologiques), de donner son vrai sens au message. Dans la perspective des systémiciens, c'est le message émis par le groupe qui est pathogène et porteur de la folie.

Dans le mouvement circulaire de la communication qui s'effectue du groupe à l'homme et de l'homme au groupe, le message « impossible » cristallisera la pathologie sur l'individu qui deviendra symptôme du groupe ayant émis la communication anormale. Bien entendu, le « patient désigné » renverra en écho la folie attendue de lui. Les études ont surtout porté sur ce groupe social bien défini : la famille. Le message paradoxal véhiculé par les membres de la famille à l'intention du bouc émissaire contient l'indispensable double lien, c'est-à-dire une contradiction interne irréductible, qui circonscrit la folie uniquement chez un des membres du groupe et préserve ainsi le fonctionnement des autres.

Ce modèle est transposable à la société tout entière. Claude Lévi-Strauss a identifié des structures naturelles inconscientes des sociétés. Plus tard, Michel Foucault a reconnu le besoin pour une culture ou pour une société de définir ce qui la limite, ce qui est hors d'elle. La raison s'oppose ainsi à la déraison, à ce qui échappe à la norme de la rationalité. La folie est nécessaire à la société pour pouvoir définir sa norme. Elle la fabrique donc, la localise sur un petit nombre d'individus, pour pouvoir en préserver le plus grand nombre. Cette notion de nécessité de la folie pour définir une norme raisonnable se retrouve entre individus. Dans une discussion contradictoire, on n'est pas étonné d'entendre un des interlocuteurs, à bout d'arguments, s'exclamer : « Vous êtes fou de tenir de pareils propos... »

Les conséquences du discours social paradoxal ont bien d'autres implications que la folie. Demander aux gens d'accepter des contraintes économiques, de poursuivre un effort dont la fin est toujours pour demain, et en même temps les inciter à toujours consommer plus et à développer leurs loisirs, n'est pas sans engendrer quelque pathologie sociale...

Le discours paradoxal, il est dans la rue, et il favorise la délinquance. Les caractéristiques particulières du vol dans les grandes surfaces (non lié au besoin direct, non lié à un trafic de marchandises et impliquant toutes les catégories sociales) tiennent peut-être à un processus de cette nature. Il y a en effet une sorte de « double lien » dans la situation où des produits en surabondance sont exposés au toucher direct, sans protection, invitant à se servir soi-même, sans propriétaire identifiable, et où il faut, après un certain parcours, payer à une caissière anonyme. Il y a sûrement moins de vols dans les boutiques où les relations sont personnalisées et où les produits vendus sont l'objet d'une tractation entre deux individus. Parmi les interactions sujet/milieu, l'établissement d'une identité individuelle, distincte de l'identité des autres membres du groupe, est nécessaire au bon fonctionnement du psychisme.

Des interactions engendrant une pathologie de l'identité ou une menace pour elle peuvent être à l'origine de la folie.

Tout individu forge son identité, l'image qu'il a de lui-même, l'image supposée que les autres ont de lui, selon des processus d'identification qui mettent en jeu le groupe social. On peut schématiquement distinguer trois phases à cette élaboration.

Les premiers modèles d'identification sont parentaux. La raison en est simple, c'est que l'enfant, du moins au début de sa vie, n'a guère d'autre cercle de relations très proche que sa famille. Des substituts parentaux peuvent jouer ce rôle en l'absence physique ou symbolique des parents. Plus l'enfant va accéder au monde extérieur, plus il aura de possibilités de trouver d'autres modèles, au sein de l'école par exemple. Les parents, plus ou moins consciemment, vont proposer en référence leurs propres valeurs ainsi que leur personne. Pour l'enfant, cette première phase est une phase de mimétisme. « Je fais comme maman, ou comme papa... » Le danger, c'est bien entendu de n'exister qu'en fonction du désir de l'Autre, voire de devenir le désir de l'Autre, par un processus fusionnel ou symbiotique. Nulle identité propre n'est possible dans ce cas-là.

Jacques Lacan a bien noté que le désir de chacun était de faire reconnaître son propre désir par l'Autre, ce qui implique une distinction et une distance entre soi et le milieu, c'est-à-dire une identité propre. Après la période de mimétisme, va survenir le moment de la rupture par rapport aux modèles parentaux. Elle est à son maximum au moment de l'adolescence et une certaine opposition aux valeurs parentales est nécessaire pour marquer sa propre identité. En revanche, il faut pouvoir se reconnaître parmi les autres membres de la même communauté d'âge, d'où, chez les adolescents, la relative uniformité des choix vestimentaires, des goûts musicaux, et l'adoption d'un langage constituant un système de communication différent de celui des adultes. La dernière phase est la phase de l'éclectisme où des emprunts divers aux différents archétypes sociaux, en fonction des expériences existentielles et des milieux socioculturels fréquentés, vont affiner une identité définitive. À tous les niveaux de cette chaîne d'événements, des échecs peuvent se produire et générer des troubles plus ou moins graves.

Le manque de modèles parentaux précoce, des modèles trop rigides ou au contraire trop flous, une distance trop grande ou trop mince entre le sujet et ses modèles, tout cela est responsable de troubles de l'identité, qui, à leur tour, favoriseraient, ou permettraient l'apparition de certaines maladies mentales.

La schizophrénie et l'anorexie mentale semblent se développer dans un contexte familial de pathologie de la communication et de difficultés d'identification. Dans d'autres circonstances, le sujet confronté à l'affirmation de sa propre identité, en opposition aux modèles parentaux, ou à cause de leur absence, utilisera des « passages à l'acte ». C'est-à-dire que la communication impossible au plan vertical se transformera en fugue, en délits, en violence, en toxicomanie... Cette induction de la délinquance est une alternative à l'induction de la folie et substitue à l'identité rendue impossible le « sujet-symptôme » de la maladie des autres.

On peut remarquer qu'il existe un parallélisme entre la genèse sociale de la délinquance et celle de la folie. Une fois les manifestations constituées, dans un cas comme dans l'autre, la société mettra tout en œuvre pour en assurer la continuité. Les mesures utilisées contre la délinquance et contre la folie sont marquées par les mêmes caractéristiques : répression, isolement, enfermement, promiscuité, étiquette, réputation... Enfin une identité trouvée ! Dans les deux cas, des « marqueurs » d'appartenance à une nouvelle collectivité seront imaginés. Dans le cas de la maladie mentale, les vêtements spéciaux, le rituel de la délivrance des traitements, les autorisations écrites de sorties, etc., renforcent la nouvelle identité et l'appartenance à la folie. À l'inverse, les soignants vont « marquer » leur normalité grâce à la blouse blanche, le droit de fumer, le tutoiement des malades, etc.

Il serait trop facile de reprendre point par point ces « marqueurs » dans le cas des délinquants emprisonnés.

Le passage à l'acte n'est pas seulement un moyen d'expression individuel lorsque la communication est impossible entre le sujet et les autres. Il peut aussi être le fait d'un individu qui joue le rôle de soupape de sécurité d'un groupe pathologique. Il n'est pas rare de constater ce phénomène dans des institutions psychiatriques. Parfois l'institution est malade. La communication s'altère parmi les soignants et entre les soignants et les soignés. Des revendications, des fantasmes dus à la rigidité de l'institution, ne peuvent être

exprimés verbalement. La tension monte. Puis on voit apparaître (souvent par le fait d'un seul patient) une série de
passages à l'acte violents : brutalité physique, bris de matériel, etc. Le « patient désigné » est devenu le symptôme du
groupe malade et ses passages à l'acte vont enfin permettre
de parler, c'est-à-dire de rétablir une communication au sein
du groupe.

   Le sujet en interaction avec son milieu a donc besoin
d'une identité claire qu'il élaborera grâce à une communication sans ambiguïté avec le groupe social. L'identité personnelle nécessite de reconnaître celle des Autres et de se
situer ni trop loin (plus de modèle) ni trop près (risque de
fusion). Mais à côté de l'identité individuelle, existe l'identité culturelle, qui correspond au sentiment d'appartenir à un
groupe social déterminé par certaines caractéristiques
communes à tous les individus qui le composent. Il en est
ainsi de la langue, du vêtement, des habitudes alimentaires,
etc. La grande peur est la perte de l'identité culturelle et le
racisme en est le mécanisme de défense. Il s'agit souvent
d'une question de masse critique de la minorité culturelle
vécue comme menaçante. Un étranger dans une communauté
de mille personnes est regardé avec curiosité, intérêt et parfois amitié ; trois cent cinquante de ses semblables apportant
leurs normes culturelles deviennent des ennemis potentiels.
D'autres facteurs vont jouer dans la survenue d'un comportement raciste : territoire, jalousie, etc. Mais il s'agit d'une
autre histoire.

2. Les théories sociologiques de la folie
et l'antipsychiatrie

   Certains considèrent donc la société comme principal facteur de la folie. D'autres, ou les mêmes, utilisent le groupe

social comme moyen thérapeutique. La nuance est d'ordre idéologique et politique. Pour caricaturer, il y a la « mauvaise » société capitaliste, avec son pouvoir hiérarchisé et sa pression contraignante, et la « bonne » société communautaire, facteur de liberté et d'épanouissement individuel. De jeunes communistes français visitant Trieste, haut lieu de la désinstitutionnalisation, ont laissé sur les murs l'inscription suivante : Asile = Prison = Usine = École... Mais il serait abusivement simplificateur d'imaginer l'idéologie marxiste comme seul moteur des aspects sociologiques de la folie.

Les rapports société/folie sont complexes. De glissement en glissement, on arrive parfois à de véritables positions révolutionnaires. La lutte contre la chronicité devient lutte contre l'asile, c'est-à-dire contre la contrainte. Très vite on en arrive à la lutte contre la société, c'est-à-dire contre le pouvoir politique en place. On voit le danger représenté par une psychiatrie qui « bouge » et qui remet en question le principe protecteur de l'enfermement. De considérations humanitaires (la désinstitutionnalisation), on passe à des considérations sociologiques (la société rend fou), puis à des positions idéologiques et politiques (il faut détruire la société). À chacun de s'arrêter en chemin là où il le juge bon. De nombreuses questions restent posées. La société rend-elle fou ou permet-elle seulement la folie ? La société a-t-elle besoin de la folie pour étalonner sa normalité et sa raison ? Il existe une distribution des rôles dans toute société. Chacun a un titre et une position sociale qui définissent sa fonction et dictent un comportement en retour qui en tire sa justification. Lorsqu'on dit : « Bonjour Monsieur le Directeur général... », on ne le dit pas de la même manière que : « Bonjour Messieurs-Dames... » Ce n'est pas à l'homme que l'on s'adresse, avec ses qualités et ses défauts, mais à sa fonction et à sa charge supposée de pouvoir. Lorsque l'on désigne le fou, c'est la folie que l'on nomme, avec ce que le concept éveille dans l'inconscient collectif. Il y a ainsi des « fous » dans la famille, le village, la nation, le monde... Il y a toujours eu des chefs d'État qualifiés de fous, comme si, même à l'échelle du globe, la fonction était nécessaire. Le fou étant désigné, l'autre question est celle de sa tolérance. Sans aller chercher des différences en fonction des systèmes sociaux dans le domaine de l'ethnopsychiatrie, il suffit de comparer un petit groupe rural et une agglomération urbaine. Dans un cas, l'absence totale d'anonymat, la solidarité du groupe favoriseront une bonne tolérance, voire une véritable incorporation de la folie, y compris dans ses formes très délirantes. Il n'est jusqu'au débile mental à qui l'on ne réserve une petite fonction utilitaire, selon les bons principes de la sociothérapie. Dans l'autre cas, ce n'est plus l'individu que l'on a en considération, mais la folie qu'il incarne et qu'il faudra reléguer bien vite.

C'est la prise de conscience du poids de la société dans la genèse de la folie et de l'intolérance à l'égard de celle-ci comme facteur de chronicité qui a servi de base aux mouvements de la désinstitutionnalisation et de l'antipsychiatrie. En fait, nombre de sources se trouvent mêlées à ces grands courants. Les influences vont de différentes écoles californiennes aux expériences de Laing et Cooper en Grande-Bretagne et de la sectorisation psychiatrique conçue en France par Bonnafé, Daumezon, Tosquelles et d'autres, à la révolution de Basaglia en Italie, menée à Trieste et à Rome.

La désinstitutionnalisation en France a été un mouvement humanitaire visant à lutter contre l'asile, source de chronicité, et à lui substituer des structures alternatives de prise en charge des malades, parfois appelées structures intermédiaires, assurant une continuité entre l'hospitalisation et l'autonomie. Cette vaste réforme, restée longtemps lettre morte, est connue sous son nom administratif de « sectorisation ». Les grandes lignes en sont simples. Le but est de supprimer l'univers carcéral que constituent l'asile et son isolement. Un secteur géographique regroupant environ soixante-dix mille habitants est confié à la responsabilité d'une équipe complète de soignants en psychiatrie : médecins, infirmiers, psychologues, assistantes sociales, travailleurs sociaux. Cette équipe doit se placer au plus près de la population en implantant dans la ville ou le village les structures de soins nécessaires aux besoins, depuis l'hospitalisation complète jusqu'à la visite à domicile, en passant par l'hôpital de jour, le dispensaire, l'appartement thérapeutique, etc. Ce n'est pas le lieu de discuter ici le point de vue technique des avantages, des inconvénients, des faiblesses et des excès de la sectorisation. C'est le mouvement d'idées qui importe. Les résistances furent, et sont encore, considérables. Les changements de termes : « santé mentale », « hygiène mentale », « centre médico-psychologique », qui édulcoraient la folie ne suffisaient pas à changer les mentalités. Les résistances vinrent essentiellement du corps médical. D'abord, on ne change jamais facilement les habitudes en France. Ensuite, les psychiatres voyaient là le danger d'une perte de pouvoir avec l'éclatement des structures. On ne pouvait plus mesurer son importance personnelle au nombre de lits de son service, puisque le but était de supprimer les lits d'hospitalisation pour les transformer en prise en charge ambulatoire. De surcroît, il aurait fallu se déplacer, ce qui empêchait d'embrasser d'un seul coup d'œil l'étendue de son territoire. Mais des germes plus dangereux encore existaient dans ce concept de sectorisation. La notion d'équipe soignante ouvrait la porte à une remise en cause de la hiérarchie. Or, chacun sait que celle-ci est la force principale du monde médical universitaire. Bref, pour tout cela, plus quelques autres babioles, la psychiatrie universitaire n'était pas d'accord. Les médecins généralistes voyaient aussi d'un mauvais œil des fonctionnaires se mettre à faire des « visites à domicile » sur leur champ d'action habituel. Concurrence déloyale ! Comme par ailleurs beaucoup de médecins généralistes sont des élus locaux prenant part aux décisions administratives d'application de la sectorisation, les freins furent nombreux...

Laissons de côté toutes ces péripéties corporatistes, pour constater simplement que la meilleure impulsion à la suppression des lits d'hospitalisation en psychiatrie ne sera finalement pas une idéologie humanitaire, mais un impératif économique. Les lits d'hospitalisation coûtent trop cher à la Sécurité sociale, donc il faut les supprimer ! Cet argument imparable, compris par tous les gouvernements, contribuera très efficacement à la disparition des asiles...

La sectorisation est donc un ensemble de mesures administratives et médico-sociales sous-tendu par une idéologie de désincarcération de la folie et de prise en charge du malade sur son lieu habituel de vie. La désinstitutionnalisation, qui est implicite dans la sectorisation, vise plus exclusivement ce qui se passe à l'intérieur des murs. Elle est remise en question des rapports soignants/soignés, définition de la finalité des soins, redécouverte de l'identité du malade, reconnaissance des particularités, respect des libertés d'expression, redistribution des responsabilités et interrogation sur la hiérarchie.

La désinstitutionnalisation, c'est aussi bien d'autres aspects : un état d'esprit, davantage de respect de la personne humaine, la restitution de la dignité au sein de la folie. Vaste entreprise ! Tout cela ne s'est pas fait sans heurts, sans soubresauts ni sans excès. Tout cela est loin d'être terminé. Les enthousiasmes du début ont conduit à des expériences parfois dangereuses où soignants-soignés se fondaient dans des phalanstères utopiques, dans des communautés fusionnelles où les repères avaient disparu. Personne n'en tirait bénéfice et certains y laissèrent plus que des illusions. Comme dans tout changement opéré trop vite, on passait parfois d'un extrême à l'autre, la parlote tenant lieu d'action et de réflexion, c'était le triomphe du nombrilisme institutionnel qui laissait le malade loin des préoccupations des soignants. En dépit de quelques dérapages, l'esprit de la désinstitutionnalisation a globalement porté ses fruits. Les gardiens des asiles sont devenus des soignants à part entière ; les médicaments psychotropes le permettant, des projets thérapeutiques à long terme se développent, l'enfermement est exceptionnel et les malades ont retrouvé la parole.

Mais ailleurs la désinstitutionnalisation se caractérisa surtout par la contestation du pouvoir psychiatrique. Ce fut le cas dans le mouvement antipsychiatrique, les Italiens y voyant même un substitut du pouvoir de la société, comme à Trieste sous l'impulsion de Basaglia.

On connaît sous le nom d'antipsychiatrie les positions et les expériences de Laing et de Cooper. Celui-ci réalisa dans le fameux « Pavillon 21 » une unité expérimentale pour malades schizophrènes où chacun avait la liberté de faire ce qu'il voulait. Ces tentatives furent essentiellement rapportées sous l'angle de la caricature, qui n'en retenait que les excès ou les anecdotes. Cette hyperliberté était souvent un laisser-aller et manquait de réalisme. C'est pourquoi ces approches furent des échecs et leurs auteurs en payèrent les conséquences. Mais ce qui est intéressant, c'est l'esprit de l'antipsychiatrie et ce qui en est resté. Il tient en un constat et en un projet : l'appareil psychiatrique est un pouvoir coercitif qui empêche la guérison, il faut le remplacer par un autre type de rapport entre soignants et soignés. La destruction des murs des asiles devenait un acte symbolique, la question du fond demeurant la suppression du pouvoir de l'hôpital psychiatrique sur le patient. Il faut bien dire que les asiles ont connu tous les excès. Certains, en France, en connaissent encore. Rapports de force systématiques entre soignants et soignés, infantilisation, régression, brimades, punitions, humiliations, conditions d'hygiène déplorables, exploitation, etc., furent le lot commun des lieux d'enfermement de la folie, les lettres de cachet demeurant les certificats d'internement créés par la loi de 1838. Oui, l'esprit de l'antipsychiatrie a eu quelque chose de salutaire en obligeant à ouvrir les yeux et à réfléchir.

En Italie, Franco Basaglia, fortement aidé par le pouvoir politique, concrétisa ses efforts dans la loi 180 de 1978 qui prévoyait purement et simplement la fermeture de tous les asiles psychiatriques sur le territoire national. En outre, aidé par la municipalité et par le parti communiste italien, Basaglia réalisa dans la ville de Trieste la mise en place d'une psychiatrie communautaire conforme à ses idées. Sept centres disséminés dans la ville et sa banlieue accueillent les « usagers », que l'on n'appelle pas des malades. Les blouses blanches ont disparu, ainsi que les rendez-vous. Dans ces sortes de clubs, les usagers vont et viennent à leur guise, parlent à qui ils veulent, participent à des degrés divers à la vie des centres. Les rapports sont très personnalisés (tutoiement, prénom) et les réunions très nombreuses entre soignants, aides volontaires, usagers. Les patients logent soit chez eux, soit dans des appartements communautaires avec une assistance à domicile variable. Il n'y a que huit lits dans l'Unité de « Diagnostic et de Cure » à Trieste, localisée dans l'hôpital général, et qui fonctionne comme centre de crise.

Néanmoins, il n'y a pas de solution miracle pour les patients atteints de démences séniles ou pour les débilités congénitales, et il existe toujours des « lits de psychiatrie » même si l'hôpital traditionnel a été supprimé. En outre, le système développé à Trieste paraît surtout adapté à la pathologie de crise et à la prise en charge de jeunes psychotiques. Il semble moins convenir aux besoins de malades déprimés ou aux formes évoluant à long terme des psychoses. Le « modèle » de Trieste, c'est à la fois une mentalité, des moyens non négligeables, mais aussi une idéologie politique qui n'a pas forcément trouvé un plein écho dans les autres villes d'Italie ou, *a fortiori*, à l'étranger.

Au-delà des finalités politiques, des enseignements peuvent être tirés de cette « expérience ». Un changement d'état d'esprit des soignants, une énergie sans faille permettent de dédramatiser la maladie mentale et de changer son image dans la population. C'est la condition indispensable pour pratiquer une psychiatrie humaine qui soit au service du malade et ne soit pas seulement l'outil de répression d'une société qui a peur de la folie. Il semble donc indiscutable qu'il y ait des rapports étroits entre société et folie. La nature de ces rapports est moins claire à déterminer. Société, cause de la folie ? Folie générant la peur et expliquant la répression et l'enfermement source, à son tour, de chronicité ? Il n'y a pas si longtemps, fous et délinquants étaient confondus dans les mêmes geôles et le statut de maladie n'était pas donné à la folie. Le psychiatre ne serait-il que l'agent d'exécution d'une société qui se protège ? D'authentiques résultats thérapeutiques actuels ne permettent plus de soutenir cette hypothèse, mais elle n'était pas sans fondement à l'époque du gardiennage et des hauts murs. Ce n'est pas la structure idéologique et politique de la société qui est en cause, mais la collectivité humaine qui la compose. Toute société n'existe que par ses lois. La transgression de la loi, son inobservance ou sa contestation entraînent toujours une répression, car il s'agit de menaces pour la cohésion de la société. La folie engendre des comportements qui peuvent être des transgressions de la loi générale ou des contestations de la loi familiale. Un tel danger doit être dénoncé et amène à l'enfermement. Un alcoolique chronique, qui ruine la Sécurité sociale par les conséquences de son intempérance, utilise la loi – certes de manière abusive – mais il ne la transgresse pas. S'il reste dans cette limite, il ne court aucun danger. Ce n'est qu'en devenant un état guérissable que la folie changera de statut et modifiera ses rapports avec la société.

3. Les mesures d'aide sociale en psychiatrie et l'institution soignante

C'est la durée de l'hospitalisation (en hôpital psychiatrique) qui compromet le plus sûrement les chances d'autonomie ultérieure du malade. Or cette durée n'est pas toujours liée – loin s'en faut – à la sévérité des symptômes. L'institution peut donc fonctionner comme outil de la chronicisation. Une coupure d'un an, loin du milieu de vie, nécessite une réadaptation impliquant les efforts du sujet et de son entourage. Plusieurs années de séparation induisent des fissures profondes dans la vie sociale. Au-delà de cinq ans, la rupture est consommée. On conçoit que l'hospitalisation doit toujours être la plus brève possible et que le maintien des liens avec l'extérieur est le meilleur facteur de pronostic pour l'avenir. La relégation entraîne un réaménagement des liens familiaux, une altération de l'image donnée aux autres, une perte de l'identité, une mise à distance du milieu professionnel et du cercle d'amis de la même génération. Cette désocialisation doit avant tout être prévenue, plutôt que traitée. Dans tous les cas, c'est la communauté et au premier chef l'institution qui peuvent permettre une réintégration satisfaisante dans la vie sociale.

Le groupe peut avoir sur l'individu une vertu structurante ou déstructurante. Il faut être très solide psychologiquement (avoir un « Moi » fort, diraient les psychanalystes) pour résister à certaines entreprises de démolition émanant du groupe social. Les rumeurs, les calomnies sont des exemples connus du pouvoir du groupe sur l'individu et sur l'opinion. L'instinct grégaire de l'être humain rend indispensable sa reconnaissance par les autres. Certains individus n'existent que par les autres lorsqu'ils n'ont pas en eux-mêmes les ressources suffisantes (sagesse, culture, vie intérieure, créativité artistique...) pour faire face au rejet par le groupe. Tels sont les personnages publics du monde du spectacle, de la politique, des médias, etc. Ils n'arrivent au niveau de notoriété qui est le leur que grâce au groupe, mais c'est ce qui fait à la fois leur force et leur faiblesse. Tout individu est dans cette situation. Ne plus être salué par sa concierge ou son épicier peut constituer une grave blessure narcissique. Or, l'isolement au cours de l'hospitalisation éloigne du groupe qui structure, et risque de transformer l'institution psychiatrique, surtout lorsqu'elle s'y prête, en référence unique de la société. Après une « longue absence », c'est un ré-apprentissage de la vie sociale qui est nécessaire. Savoir entrer dans un magasin, faire un achat, prendre un autobus tout en étant « naturel »...

C'est un accompagnement dans ces actes de la vie quotidienne qui sera nécessaire afin de « resocialiser » celui qui aura connu l'exclusion. Le but ultime de l'aide sociale, c'est de rendre autonome celui qui ne l'était plus. Il existe des droits sociaux qu'il faudra faire valoir, des protections qu'il faudra apprendre à utiliser. La finalité est claire : redonner une identité et surtout une autonomie, suppléer des manques, assister en cas de défaillance. Mais les risques sont énormes. La sécurité n'est jamais synonyme de liberté. Une nouvelle forme de dépendance est souvent créée. L'assistance doit être temporaire, faire l'objet d'un accord limité dans le temps, sinon elle risque de devenir le principal obstacle à l'autonomie. Enfermés dans le quotidien, écrasés sous le fardeau de la paperasserie, poussés par la nécessité de résoudre rapidement des situations d'urgence, les soignants sont parfois incapables de prendre le recul nécessaire pour redéfinir le sens de leur mission. En outre, comme on le reverra, des aspects narcissiques et affectifs peuvent aussi jouer un rôle de frein à la définitive autonomie d'un patient. Se battre pour un malade avec qui des liens d'amitié s'établissent, obtenir ce qui semblait impossible et accepter qu'il disparaisse définitivement de votre horizon est, pour le soignant, un deuil parfois difficile à assumer. Or il ne s'agit pas de transformer celui qu'on aide en assisté à vie. La tentation est trop facile pour tout le monde : pour l'intéressé et pour ceux qui s'intéressent à lui.

Il faut aussi noter la place du travail dans cette réhabilitation à la vie sociale. Finalement, le critère de toute autonomie, c'est l'obtention d'un emploi rémunéré. On va « mimer » cette situation dans certains cas, où les malades seront admis dans des « centres d'aide par le travail » (CAT), ce qui souligne combien la folie possède de liens étroits avec la société. Guérison et intégration sociale deviennent synonymes. Tout cela, c'est l'esprit général des mesures d'aide sociale qui visent à rétablir des liens entre un individu isolé et ceux qui l'entourent : soignants, autres malades, puis le monde extérieur. On voit l'importance déterminante de cet ensemble de mesures, mené en parallèle au traitement médicamenteux et à l'aide psychologique.

L'aide sociale, au sens large du terme, va prendre des formes très nombreuses qui mobiliseront à des degrés divers les différents acteurs de « l'équipe soignante ». Si l'assistante sociale et les travailleurs sociaux sont au premier plan, le plus souvent les différentes facettes médicopsychologiques de l'aide sociale et institutionnelle vont mettre à contribution médecins, psychologues, infirmiers, aides soignants, ergothérapeutes, etc.

Aider, protéger et réinsérer dans le tissu social sont les objectifs des mesures qui vont être évoquées.

En premier lieu, il existe des lois susceptibles de garantir les intérêts des malades mentaux. Elles concernent la pro-

tection des biens et permettent, par la nomination de cura-
teurs ou de tuteurs appartenant à la famille ou à l'administration, de ne pas laisser le patient défaillant seul face aux
démarches ou aux décisions nécessaires à la gestion de son
patrimoine. C'est le seul moyen d'éviter la dilapidation ou
la spoliation des biens, en particulier chez les personnes
âgées dont les fonctions intellectuelles faiblissent. Des allo-
cations financières, destinées aux adultes handicapés ne pouvant pas travailler, permettent d'assurer un minimum vital.
Des emplois protégés sont prévus dans les entreprises et dans
les grandes administrations afin de faciliter les réinsertions
professionnelles.

Mais il ne s'agit là que de quelques aspects précis. En fait,
l'assistante sociale intervient de multiples manières pour
aider à la bonne marche des affaires familiales, pour sur-
veiller la prise en charge des enfants et, parfois, pour aplanir
les conflits entre conjoints. C'est elle qui peut susciter l'intervention, le cas échéant, du psychiatre ou du psychologue.
Les moyens mis en œuvre sont variables selon que le patient
est hospitalisé, rentre chez lui tous les soirs, ou vit complètement à son domicile.

Au sein de l'institution, les mesures sociales et communautaires visent à empêcher l'isolement du malade, à l'engager dans des tâches actives et à créer des communications
au sein de groupes de soignants et de soignés. Tous les
moyens sont bons s'ils sont bien employés. Des « ateliers »
ou des « clubs » s'organisent autour d'une activité précise :
photo, cuisine, musique, travaux manuels, peinture,
danse, etc.

Des excursions ou des séjours de courte durée permettent
une reprise de contact avec le monde extérieur et contribuent
à réaménager les rapports entre soignants et soignés.

Mais la grande difficulté demeure la sortie de l'hôpital
après un long séjour pour une affection dont l'évolution se

fait à long terme. Parce que la guérison symptomatique n'est pas encore totalement obtenue, ou parce que le malade n'a plus d'attaches extérieures et qu'il ne peut pas encore travailler, la question cruciale est celle de son lieu de vie.

Diverses solutions sont utilisées pour traverser au mieux cette période intermédiaire, si délicate, entre l'hospitalisation complète et l'autonomie totale. Il faut bien dire que ces solutions relèvent beaucoup plus du dynamisme des soignants, de leur créativité et de leur opiniâtreté que des structures officielles mises en place par les pouvoirs publics. Il faut faire avec les moyens du bord et les associations « loi de 1901 » sont alors irremplaçables. Il peut s'agir d'endroits où les patients vont habiter (appartements loués dans des HLM) ou de véritables structures d'accueil. Des colonies familiales se sont ainsi créées : des particuliers, des fermes, des villages, moyennant une rétribution, reçoivent des malades en voie d'autonomie et qui vont recommencer à travailler. Des « lieux de vie » divers, en général communautaires, ont vu le jour avec le risque de création d'un microcosme qui se repliera sur lui-même et créera sa propre chronicité.

Plus satisfaisantes sont les solutions qui mélangent anciens malades et non-malades au sein de foyers d'accueil. Des centres d'aide par le travail permettent un apprentissage, prélude à une insertion professionnelle. Mais toutes les structures « officielles » sont en nombre insuffisant pour faire face à la demande et réaliser une véritable désinstitutionnalisation. C'est pourquoi trop de malades vivent encore en hôpital psychiatrique alors qu'ils ne devraient plus s'y trouver. Le coût de l'hôpital est trop lourd et, en France, il est prévu de supprimer 30 à 40 % des lits d'hospitalisation. Cela ne saurait se faire, si l'on ne prévoit pas au préalable la création de « structures intermédiaires » qui sont indispensables.

Une bonne solution – encore trop peu répandue – pour répondre aux besoins est le « centre de jour ». Un tel centre doit être situé en ville, loin de l'hôpital et au contact de la population. Ce peut être un vaste appartement, une villa, etc. Une équipe diversifiée de soignants accueille deux catégories de patients. Certains, nécessitant encore des soins attentifs, viennent le matin et repartent chez eux le soir. Ils participent à toutes les activités du centre et passent un contrat limité dans le temps avec les soignants pour cette prise en charge appelée « hôpital de jour ». D'autres, beaucoup plus autonomes, fréquentent le centre, à leur guise ou selon des rendez-vous, pour participer à des activités précises de type « club ». Il en est ainsi des personnes âgées qui, tout en vivant chez elles, trouvent ainsi des contacts sociaux qui brisent leur solitude. Le centre peut aussi faire office de lieu d'écoute pour des personnes vivant une crise psychologique passagère. Une aide morale, un soutien, des conseils, voire une discrète intervention médicale éviteront la psychiatrisation. L'absence de blouse blanche et un climat amical évitent la dramatisation et visent à ne pas mettre le visiteur en situation d'infériorité par rapport aux soignants.

À un degré de plus dans l'autonomie, le sujet (l'ex-malade) vit chez lui, travaille éventuellement, mais a toujours besoin d'une aide. Des visites à domicile, une aide familiale ou la présence d'une tierce personne, selon les cas, pourront répondre à des nécessités précises.

Ces mesures d'aide sociale sont des mesures « techniques ». Bien différent est le rôle de l'institution organisée collectivement comme outil de soins, même si elle utilise ponctuellement tels ou tels moyens évoqués précédemment (club, atelier, activité de groupe).

L'ensemble des soignants, médecin-chef de service en tête, constitue un collectif qui possède ses fantasmes, son inconscient, son narcissisme, et parfois ses perversions. L'institution fonctionne alors comme un tout qui peut être structurant et thérapeutique ou au contraire source de chro-

nicité et d'entrave à la guérison. Le fonctionnement psychologique d'un tel groupe a modérément intéressé les psychanalystes qui voyaient peut-être dans un tel objet d'étude une
pratique dévoyée de la psychanalyse. Certains d'entre eux,
pourtant, ont apporté des contributions fondamentales à la
compréhension de « l'institution ». Les raisonnements sont
d'ailleurs valables pour tout groupe social uni par un but
commun et au sein duquel les efforts de chacun concourent
à une finalité identique. Au sein des entreprises, la réflexion
sur l'institution et l'utilisation des ressorts qui l'animent sont
parfois remarquablement développés. Il existe d'ailleurs,
dans le secteur privé, des « médecins » des entreprises
capables de poser un diagnostic, de proposer une thérapeutique et... de faire augmenter le chiffre d'affaires. Ceci est
une autre histoire, qui n'a comme seul intérêt que de montrer
que les hommes sont les hommes et que les forces qui les
meuvent sont toujours les mêmes. En effet, les individus qui
composent un groupe peuvent s'identifier à ce groupe. Celui-
ci possède alors une existence propre, et un pouvoir indépendant des gens qui le composent. Le groupe, l'entreprise,
ou l'institution possèdent leurs buts, leurs ambitions, leur
image, leurs joies, leurs déceptions, leur éthique. Parfois,
l'institution entre en guerre contre l'extérieur, ce qui renforce
sa cohésion. Elle est aussi perçue par le milieu d'une manière
qui n'est pas neutre. Il existe des rivalités entre institutions.
Mais ce qui nous préoccupe, c'est le milieu psychiatrique.
Lorsqu'un malade entre dans une institution de cette nature,
son avenir est largement conditionné par le comportement
du groupe soignant à son égard. Ce comportement est fonction de toute une série de fantasmes, d'images, et de représentations. On peut citer pêle-mêle : le visage de la folie, la
guérison, la dangerosité de la maladie mentale, le rôle des
différentes modalités thérapeutiques, la liberté, le pouvoir, etc. Il ne s'agit pas de l'opinion de chaque individu,

mais de l'inconscient collectif du groupe, très largement forgé par ceux qui le dirigent et qui donnent l'exemple. Des mécanismes de défense contre l'angoisse primaire des soignants vont se forger et se traduire en actes dans la vie quotidienne d'une institution. Il existera de « bons » malades et de « mauvais » malades selon des critères très variables, largement inspirés par l'opinion de la hiérarchie : médecins, surveillants, etc. En outre, l'institution vit ses drames internes en la personne de chacun et refoule ceux de ses désirs qui ne sont pas réalisables. La prise de parole est nécessaire au sein d'un groupe pour que les tensions soient canalisées, que les émotions se libèrent, que le non-dit soit exprimé et que les passages à l'acte soient évités. C'est en général par malades interposés que ceux-ci ont lieu lorsque l'institution est malade.

Parmi ce qui est refoulé figurent la mort et la sexualité. La mort d'un patient, par suicide en général, culpabilise l'institution dans sa totalité. La sexualité, entre malades, ou entre soignants et soignés, est un sujet en général tabou. Si la parole ne permet pas, au cours de réunions de groupes, d'aborder ce qui crée des tensions, celles-ci se traduiront dans le comportement de l'institution. La nature des rapports interindividuels obéit aussi à la nature des fantasmes totalitaires ou égalitaires du groupe soignant, et à celle des mythes qui sont entretenus ou poursuivis. Certains malades deviennent les « patients désignés » sur qui se cristallisent les fantasmes du groupe : « Monsieur Untel est dangereux... » Exprimée ou non, cette formulation sera perçue par le patient qui justifiera en général pleinement la crainte fantasmatique par un passage à l'acte témoignant du pouvoir que le groupe lui aura conféré. Cette dynamique complexe entre l'institution et ceux qu'elle prétend soigner doit donner lieu à une prise de conscience, à une réflexion, à des discussions s'appuyant parfois sur des intervenants extérieurs à l'institution. Le risque est d'y prendre goût de manière exagérée et de cultiver la « réunionnite », oubliant le malade et favorisant le nombrilisme et le narcissisme des soignants. Il n'est pas simple d'être une institution thérapeutique...

Tout ce qui vient d'être évoqué se référait à l'hôpital psychiatrique. Mais la situation est tout à fait transposable aux cliniques privées. Il en est schématiquement deux catégories. Celles dont le fonctionnement se calque sur celui de l'hôpital à quelques nuances matérielles près. La nature des rapports est plus axée sur les relations interpersonnelles, mais « l'effet institution » est toujours présent. Et puis celles qui ne réalisent qu'un gardiennage plus ou moins doré et dont le but mercantile exclusif est d'obtenir un taux d'occupation des lits de 100 % tout au long de l'année. Différents moyens sont mis en œuvre pour y parvenir, auxquels s'ajoute une panoplie inutile, dispendieuse, et parfois dangereuse d'examens complémentaires et de thérapeutiques diverses. Souhaitons simplement que les premiers soient plus nombreux que les seconds...

Toute cette vie inconsciente de l'institution va se traduire dans le comportement général des soignants lors de chaque acte de la vie quotidienne. C'est l'accueil des malades et de leurs familles, c'est l'intégration des nouveaux arrivants, c'est la maturation d'une décision de sortie, c'est l'attitude face aux différentes modalités thérapeutiques, le degré de liberté laissé aux malades, la patience, la tolérance et jusqu'à la vigilance qui sont en cause.

Schématiquement, on peut distinguer trois sortes d'institutions. Certains groupes de soignants sont des absences d'institution. Aucune ambition commune n'anime la collectivité ; chacun vient quotidiennement effectuer mécaniquement des tâches répétitives pour justifier un salaire. Des sous-groupes se créent, fonctionnant pour eux-mêmes, autour d'intérêts dont le malade est exclu. En général, l'encadrement est absent, défaillant, ou symboliquement inexistant.

Le deuxième cas de figure concerne les mauvaises institutions. Elles sont mauvaises parce que le comportement général des soignants aggrave les maladies ou fabrique la chronicité.

L'institution peut être perverse et posséder ses archétypes sur la maladie mentale, la guérison, les libertés, le droit à la parole, etc. Il s'agit souvent d'institutions très hiérarchisées, obéissant à un modèle médical strict, d'où le droit à la parole, c'est-à-dire à la contestation, est banni. Le « bon » malade, obéissant, passe la journée en pyjama dans son lit. Calme et silencieux, il absorbe les médicaments qui constituent son unique traitement et attend sagement le matin la visite des grands docteurs en blouse blanche qui lui jettent quelques paroles au passage et discutent entre eux de ce cas intéressant. Le malade objet, être inférieur car malade, et de surcroît atteint d'une maladie mentale, n'a le droit d'exprimer aucun désir et il doit se contenter de subir. Ses rapports avec l'extérieur – téléphone, droit de sortie, droit de visite – sont régis par des puissances supérieures qui ne le consultent jamais. Toute question concernant son avenir immédiat, et posée timidement d'une voix bredouillante, lui attirera un « on verra ça plus tard... » qui le projettera vers des horizons infinis et obscurs. Tout malade est défini par ses symptômes qui engendrent un diagnostic et entraînent un traitement médicamenteux. Le « bon » malade est celui dont les symptômes cèdent en un temps décent, ce qui permet de le faire sortir pour recevoir le suivant. Une résistance au traitement est considérée comme une preuve de mauvais esprit, une opposition délibérée et conduit à une escalade thérapeutique d'où l'intention de punir n'est pas exclue. On pourrait multiplier les exemples, pris dans la vie quotidienne d'une telle institution, pour montrer qu'en toute bonne foi dans bien des cas, c'est la perversion des rapports humains qui engendre la perversion du système de pensée de l'institution. Mais il existe des institutions tout aussi mauvaises et qui, avec la même bonne foi, se situent aux antipodes. Ce sont les institutions captatrices. Celles qui absorbent le malade, qui l'incorporent au sein de leur tissu communautaire. Une fois entré, on n'est jamais sûr d'en sortir. Le mythe égalitaire efface les repères, dissout les réalités et noie soignants et soignés dans une fraternité fusionnelle et psychotisante. Chaque malade devient l'objet d'un investissement narcissique de l'institution qui survalorise toutes ses actions comme une mère qui s'émerveille des « areu » de son nouveau-né. Le « bon » malade, bon par définition puisqu'il est malade, trouve à ses côtés l'institution tout entière dressée contre la « mauvaise » famille source de tous les maux. Famille qui, de surcroît, vient interférer avec la relation thérapeutique en osant demander des nouvelles. Coupé du monde extérieur, gratifié au sein de cette néo-famille, fondu dans ce microcosme autarcique, le malade vit une autre forme de chronicité lénifiante dans laquelle la folie n'existe plus puisque tout le monde est devenu fou. Dans ce contexte, la sortie d'un patient devient un deuil impossible à assumer par l'institution, qui se ferme sur elle-même et sur son renfermement.

Mais la bonne institution existe. Je l'ai même rencontrée, parfois.

Elle repose sur trois principes de base : former le personnel soignant, l'informer des décisions et lui donner la parole avant de les prendre. Cela permet de définir les objectifs en commun, de donner un sens à toute intervention, et de rendre chacun susceptible d'accepter la critique sans la vivre comme une dévaluation. C'est-à-dire qu'à tout moment, et par n'importe qui (malade ou soignant), chacun sans exception peut être mis en question dans le respect réciproque et la courtoisie. C'est la dignité du patient qui est préservée et la reconnaissance de son identité qui est assurée.

Une réflexion permanente sur la finalité des actions entreprises et sur leur signifié maintient l'institution dans sa vocation thérapeutique, limite le passage à la chronicité et restaure le malade comme sujet. La maladie mentale n'est pas une maladie comme les autres. Elle éloigne du groupe social, ce qui est sa gravité majeure. Mais elle nécessite aussi l'effort du groupe social pour élaborer ce qu'on appelle une guérison.

CHAPITRE 7

Les guerres de religion

Chacun a son idée sur l'origine de la folie. Antonin Artaud, qui savait de quoi il parlait, proposait son explication : « Il y a dans tout dément un génie incompris dont l'idée qui luisait dans sa tête fit peur, et qui n'a pu trouver que dans le délire une issue aux étranglements que lui avait préparés la vie... »

Il n'est donc pas étonnant que la neurobiologie, la psychanalyse et la psychiatrie sociale (ou plutôt la sociologie de la psychiatrie) aient construit une idéologie de la maladie mentale. Il s'agit bien d'une idéologie en tant que système d'idées, c'est-à-dire une philosophie des comportements humains pathologiques. Ces idéologies doivent être différenciées des résultats bruts obtenus par la démarche neurobiologique, psychanalytique ou sociologique en tant que sciences. Mais déjà le bât blesse et commencent alors les guerres de religion. En effet, la neurobiologie dénie le statut de science à la psychanalyse.

Chacun des grands courants évoqués dans les chapitres précédents a donc développé à partir de son champ spécifique d'observation un ensemble de concepts débouchant sur une théorie explicative des troubles mentaux. Des applications thérapeutiques sont venues conforter les positions de chacun. En effet, les médicaments psychotropes, les psychothérapies et les sociothérapies sont des méthodes de traitement qui ont toutes leurs lettres de noblesse.

Chaque idéologie occupe une position impérialiste d'exclusivité, mais les affrontements se déroulent essentiellement entre le courant neurobiologique et le courant psychanalytique. Cette guerre idéologique dépasse largement le champ de la psychiatrie pour envahir le grand public et connaître même une récupération politique. Les conséquences de cette intolérance réciproque sont loin d'être négligeables pour les malades, leurs familles et pour la formation des psychiatres. On peut se débarrasser rapidement de la théorie sociologique des troubles mentaux, car elle n'occupe pas le devant de la scène, pour envisager plus en détail les deux idéologies dominantes.

Comme on l'a vu plus haut, l'explication sociologique de la folie est simple. Cette position repose sur trois affirmations : premièrement, la folie n'existe pas ; deuxièmement, c'est la société qui rend fou ; troisièmement, pour guérir la folie il faut réformer la société. Beau programme !

Le mouvement antipsychiatrique, issu de cette idéologie, est mort de ses propres excès. Une telle dialectique hautement révolutionnaire avait tout pour connaître le refus du grand public et ne trouver un écho que dans les milieux politiques très à gauche. Ce fut le cas en Italie pour le mouvement né à Trieste et qui ne subsiste que grâce à un fort appui idéologique et économique du parti communiste qui tient la municipalité de cette ville. En France, quelques phalanstères s'inspirent de cette idéologie et constituent des microcosmes très fermés au monde extérieur où soignants et soignés changent alternativement de rôles et s'entre-examinent inlassablement le nombril.

Au-delà des aspects anecdotiques et mineurs, le rôle du milieu sur la maladie mentale a été reconnu et efficacement utilisé par les thérapeutes qui s'intéressent aux systèmes de communication entre individus.

En dépit de la violence qui l'a parfois animée, l'explication sociologique de la folie est restée marginale. Disqualifiant tout et tout le monde, elle s'est disqualifiée elle-même. Il n'est resté en scène dans le grand débat idéologique que deux interlocuteurs. C'est entre la neurobiologie et la psychanalyse que la guerre de religion s'est installée. La psychanalyse a occupé le terrain la première. À partir de la théorie psychanalytique et de son honnête application sur le divan, une idéologie psychanalytique totalitaire s'est développée. Lacan n'a pas été pour rien dans ce phénomène fondamentalement parisien à son origine. C'est lui qui fascinait des salles hétérogènes composées d'éternels étudiants, de vieilles hystériques et de minettes désœuvrées, tous fanatiques et béats, ayant perdu – s'ils l'avaient jamais possédé – l'ombre de tout esprit critique.

L'idéologie psychanalytique, comme toute idéologie, repose sur des principes de base très simples. Toute maladie mentale a son origine dans des conflits inconscients. C'est l'interprétation de l'inconscient qui permet de comprendre tous les comportements humains. Pour interpréter l'inconscient, il faut se faire analyser par un psychanalyste. Pour devenir psychanalyste, il faut se faire analyser par un psychanalyste, qui lui-même, etc.

Entendons-nous bien, cette vision n'est pas une critique de la théorie psychanalytique ni de ses applications raisonnées. C'est l'exposé d'une idéologie qui s'est nourrie de la psychanalyse et qui l'a caricaturée en allant beaucoup trop loin dans ses généralisations. Si les plus chevronnés des psychanalystes ne sont pas dupes de cette idéologie, ce n'est pas le cas d'un grand nombre d'adorateurs bêlants qui, aveuglés, fascinés, propagent avec fanatisme l'idéologie et l'entretiennent aux limites de l'absurde.

Les maîtres raisonnables de la psychanalyse devraient bien entendu dénoncer et condamner les excès de l'idéologie. Certains s'y emploient, mais avec une timidité et une retenue qui s'expliquent par le désir de ménager l'appareil et de ne pas tuer la poule aux œufs d'or. La situation, nous le verrons, est strictement identique pour l'idéologie neurobiologique.

Les concepts étant réduits à leur plus simple expression (ce qui les renforce) et la théorie étant d'une pureté linéaire, il fallait former des adeptes pour que l'idéologie puisse se propager.

Ce fut en France la grande période de l'idéologie psychanalytique des années soixante.

Il n'y avait, à cette époque, guère de grande aventure intellectuelle pour l'apprenti psychiatre. On se faisait psychanalyser ou l'on passait pour un imbécile – que de sacrifices, que d'investissements ! L'immersion dans la cure psychanalytique (trois quarts d'heure par séance, trois ou quatre fois par semaine pendant une durée indéterminée, jamais inférieure à quatre ans) laissait peu de place pour toute autre réflexion, pour toute lecture, tous contacts sociaux et même toute vie personnelle. Seul Moon a fait mieux dans le genre !

Ce laminage de la personnalité laissait la masse de ceux qui ne s'étaient pas suicidés en cours de route dans la seule disposition d'esprit possible : la volonté mégalomane de rattraper le temps perdu. Que l'on songe à ce qu'était la vie d'un jeune psychiatre de province qui « montait » à Paris pour se faire psychanalyser. Après avoir consenti tous les sacrifices, avoir passé plus de temps dans le train que sur le divan, avoir entretenu une semi-clandestinité sur l'opération, il fallait récupérer la mise aussi bien sur le plan financier que sur le plan narcissique. Dans chaque ville de province, pourvu qu'elle fût d'une certaine importance, le club des initiés se constituait. Devenu psychanalyste, on jouissait d'un statut social valorisé par les médias. Quels pouvoirs étranges et considérables étaient prêtés à ceux qui répondaient aux questions par le silence ou par une autre question, tout en soulageant les portefeuilles d'une manière si drastique qu'elle ne pouvait susciter que l'admiration !

La technique consistait à prendre en analyse suffisamment de notables ou de gens socialement puissants pour que l'idéologie psychanalytique récupère pour son propre compte le pouvoir des analysés. Il existe encore bien des pressions fondées sur ces étranges liens... C'est de moins en moins vrai à Paris, mais c'est toujours exact dans de nombreuses villes de province.

La multiplication anarchique des « formations » de psychanalystes a forcément conduit à une dégradation de la situation et, dans certains cas, à des usurpations pures et simples de compétence. La formation n'a aucune reconnaissance officielle, ce qui est moins le fait d'un ostracisme des académies que d'un désir intéressé de maintenir un flou bien utile sur la valeur de certains « thérapeutes ». Il existe bien entendu des sociétés psychanalytiques où la formation possède une rigueur et une qualité indiscutables. Malheureusement, le grand public ignore ces lieux de réflexion, de travail et de formation. Pour un malade, est psychanalyste celui qui se dit tel, et les risques sont nuls pour celui qui abuse de la situation puisque les titres officiels n'existent pas. Les usurpateurs de la psychanalyse furent les plus ardents propagandistes de l'idéologie psychanalytique. Le pouvoir de l'idéologie couvrait tous les abus : pseudo-psychanalyses, excès de toutes sortes aboutissant aujourd'hui à une situation qui devrait tomber sous le coup d'une loi qui n'existe pas : celle qui protégerait les abus de confiance en matière de souffrance morale.

Personne ne s'offusque de trouver dans les boîtes aux

lettres des publicités pour la « psychanalyse ». Tel dépliant récent prône les « ateliers de travail analytique » de Monsieur X, psychothérapeute, qui propose : « Venez découvrir cet univers intérieur qui est le vôtre ! Le Psy est là pour vous aider, le Psy est là pour vous guider. Séances individuelles, de couples ou de groupes. Stage de week-end, etc. » L'idéologie psychanalytique a produit de tels mirages que la psychanalyse authentique s'en trouve aujourd'hui bien affaiblie.

À la grande époque, ce sont les médias qui ont contribué à installer dans l'esprit du public l'image d'une idéologie psychanalytique toute-puissante. Journaux, magazines et films ont propagé des clichés propres à susciter l'admiration, l'espoir et un certain respect mêlé de crainte. Par le seul jeu d'une écoute bienveillante, il était possible d'interpréter les rêves et pourquoi pas, de deviner les pensées secrètes. Être assises à côté d'un psychanalyste dans un dîner en ville, donnait aux dames de délicieux frissons et d'étranges langueurs. Quel pouvoir ! Le psychanalyste devenait le « bon » psychiatre. Celui qui soigne par des méthodes naturelles, sans violence ni contrainte, et qui retrouve au fond des souvenirs d'enfance l'horrible traumatisme qui explique tout. La culpabilité était déviée sur le papa ou la maman, considérés en général comme la source de tous les maux.

La pensée de gauche était très favorable à l'idéologie psychanalytique, qui lui semblait mieux ménager la liberté individuelle que l'électrochoc, l'enfermement ou le médicament. Sartre, cependant, s'est toujours montré fort circonspect à l'égard de la psychanalyse...

Dans un contexte aussi favorable, l'idéologie psychanalytique ne pouvait être que totalitaire. Le système explicatif étant devenu universel, le pouvoir était considérable, et le pouvoir ne se partage pas. Nulle possibilité pour le cerveau de faire une incursion dans la maladie mentale. Il fallait choisir : la vérité ou l'hérésie ! Le jeune psychiatre devait opter pour un camp, c'est-à-dire pour une filière de formation. Point d'éclectisme ou de lectures dangereuses, l'évangile était monoïdéique. Les étudiants en psychologie furent particulièrement vulnérables au totalitarisme idéologique et purent ainsi se former et exercer au fil des années en ignorant que le cerveau existait. Les questions sur la neurobiologie entraînaient en général un sourire silencieux et indulgent. Nul besoin de commentaires ou d'argumentations, sauf en ce qui concernait les médicaments psychotropes. Là, le bât blessait un peu plus. Il fallait bien dire quelque chose et ce pouvait être : « Vous y croyez, vous ? » ou bien : « Et l'effet placebo, qu'est-ce que vous en faites ? » pour terminer en général par : « Vous avez le courage de donner à vos malades tous ces effets secondaires ? ». La guerre idéologique était totale et les conséquences n'en étaient pas négligeables. On a vu devant quel dilemme étaient placés les jeunes psychiatres. Le choix effectué, il fallait s'y tenir sous peine de passer pour un renégat. Mais les vraies victimes, ce furent, comme toujours, les malades et leurs familles.

Les patients devaient épouser l'idéologie de leurs soignants. C'est un acte de foi qui leur était demandé. Certains furent ainsi soumis, par des psychothérapeutes approximatifs, à de longues années de prises en charge coûteuses et totalement inefficaces. Une psychothérapie analytique nécessite une indication mûrement réfléchie et n'est pas une panacée. L'idéologie aveugle, appliquée de manière systématique, écartait des malades de méthodes thérapeutiques efficaces et renforçait leur pathologie. Les familles étaient particulièrement malmenées. Convaincues de leur lourde responsabilité dans la genèse des troubles de celui qui souffrait, elles étaient tenues à l'écart de toute information au nom de la sacro-sainte relation duelle. Le couple soignant/soigné devenait l'adversaire acharné de la famille coupable. Une telle attitude détériorait rapidement et définitivement la communication, la compréhension et l'affection entre un malade et ses proches. Les ravages les plus importants furent probablement réalisés dans le domaine de la pédo-psychiatrie, où le jeune enfant était strictement incapable de s'affranchir de la férule qui le coupait des siens. Tels furent, à leur acmé, les excès de l'idéologie psychanalytique.

Les années passèrent, comme passent les modes, et l'impitoyable recul du temps permit à chacun de faire des bilans.

Les grands chantres de l'idéologie psychanalytique ont vieilli, certains sont morts et les chapelles ont éclaté. Le pouvoir d'attraction sur les jeunes esprits s'est affaibli.

Les courants de pensée venant de l'étranger ont fini par pénétrer en France. Les jeunes psychiatres ont été secrètement déçus de constater que les promesses de miracles n'étaient pas tenues. Non, la psychanalyse n'était pas toute-puissante, elle ne guérissait pas la schizophrénie ou l'autisme infantile, elle ne réglait pas magiquement les conflits dans les institutions. Comprendre ne suffisait pas pour traiter, ni même pour expliquer. Les malades lassés et les familles aigries étaient prêts à entendre d'autres discours...

C'est ainsi que, progressivement depuis 1975, l'idéologie neurobiologique a pu se développer. Répétons inlassablement qu'idéologie n'est pas science et que la neurobiologie n'est pas à assimiler à l'idéologie neurobiologique qu'elle a pourtant enfantée. Toutes les idéologies suscitent des développements de même nature et la règle n'a pas failli dans notre guerre de religion.

Le décor était planté, l'illusion était tarie et l'attente d'un renouveau était grande – lorsque l'irrésistible ascension des neurosciences fut portée à la connaissance de l'opinion publique. Le cerveau livrait ses mystères. À l'échelle moléculaire, on savait comment les neurones communiquaient entre eux. Simultanément, de complexes machines livraient en couleurs des images du cerveau humain en activité. La folie allait enfin pouvoir être expliquée !

Quelle analogie frappante entre l'idéologie neurobiologique et l'idéologie psychanalytique. Les concepts de base sont tout aussi lapidaires. La folie est un trouble de la pensée et des comportements. Or la pensée et les comportements sont produits par le cerveau. Il suffit donc de comprendre comment fonctionne le cerveau pour élucider les causes des pensées pathologiques et des comportements aberrants. Cet objectif sera atteint demain si les pouvoirs publics consacrent assez d'argent à cette recherche. C'est là une grande différence avec la psychanalyse. Ce sont les fonds publics qui financent la recherche neurobiologique. C'est bien. En revanche, ils ne doivent pas financer une idéologie neurobiologique totalitaire et mégalomane. On voit que la théorie est très simple : le cerveau sécrète la pensée comme le rein sécrète l'urine.

Les remarquables découvertes de la neurobiologie sont souvent exploitées d'une manière intellectuellement malhonnête. Les hypothèses sont présentées comme des faits et les spéculations comme des certitudes. Il faut être très compétent pour s'y retrouver et démonter les généralisations non fondées ou les promesses abusives. Ce n'est pas à la portée de la plupart des psychiatres qui demeurent, comme toujours, fascinés par ce qu'ils ne comprennent pas. Deux points stimulent en outre leur adhésion à l'idéologie neurobiologique.

Le premier est la possibilité d'explorer chez les malades certaines hypothèses biochimiques à l'origine de leurs troubles. Cela « scientifise » la psychiatrie, permet des publications internationales, et accroît le prestige de ceux qui pratiquent ces investigations. L'ennui, comme on l'a vu, c'est qu'elles n'ont strictement rien apporté au plan pratique et ne permettent d'accorder du crédit à aucune hypothèse en vigueur. Cependant, il est de bon ton dans les milieux scientifiques de « faire comme si... » et de ne pas être trop critique. C'est le mauvais aspect de ce qu'il est convenu d'appeler la « psychiatrie biologique ».

Le deuxième point est l'espoir de trouver selon cette démarche des traitements médicamenteux à la folie. Cet espoir n'est pas vain, mais appelle deux remarques. Les médicaments actuellement disponibles et déjà très efficaces ont été découverts par hasard et aucune stratégie neurobiologique n'a permis, jusqu'à ce jour, une véritable innovation. Depuis les années soixante, l'industrie pharmaceutique n'a en fait produit que des copies légèrement modifiées des grandes classes de médicaments psychotropes.

La deuxième remarque concerne l'efficacité de ces médicaments. Ils agissent, rappelons-le, uniquement sur des symptômes et ne guérissent pas à proprement parler les maladies mentales. Les antidépresseurs sont irremplaçables et gomment les symptômes de la dépression. Ils n'ont cependant aucun effet sur l'image que le déprimé conservera de ce qu'il a été au cours de son épisode, ni *a fortiori* sur les conséquences de celui-ci sur son entourage.

L'idéologie neurobiologique, dans ce qu'elle a de plus crédible, devrait être plus modeste. Les médias alimentent largement l'idéologie neurobiologique. Le savant en blouse blanche, cela plaît. On livre ainsi au public une série d'espoirs selon l'actualité des congrès ou des publications. Ces espoirs sont parfois fondés, mais on oublie de préciser dans quel délai ils pourraient être concrétisés. Le cerveau permet le sensationnel et fait augmenter les ventes. C'est à la mode ! Il est attristant de constater que de nombreux scientifiques, pour des raisons de gloriole et de crédits de recherche, accréditent souvent le leurre de l'idéologie neurobiologique.

Au lieu de s'en tenir aux données de la réalité expérimentale, on transpose à la pathologie humaine. Le nouveau peptide découvert chez le rat devient potentiellement la cause de la schizophrénie. On parle de maladie mentale sans avoir jamais vu un malade. Ce qui est grave, c'est que l'on utilise de nouveaux outils en conservant d'anciens concepts. La génétique moléculaire ou l'imagerie cérébrale sont utilisées pour la recherche de LA cause de LA maladie mentale. On confond en permanence la structure et la fonction, la cause et la conséquence, le quantitatif et le qualitatif. Tous les totalitarismes idéologiques produisent les mêmes effets ! Un scientifique renommé faisait pourtant remarquer que les nouvelles techniques d'exploration cérébrale montreront qu'il faut probablement autant de consommation de glucose et d'oxygène au cerveau humain pour produire une pensée géniale et une pensée stupide. En serons-nous plus avancés pour autant ?

L'idéologie neurobiologique par ses excès, aboutit à la vision d'un homme prédéterminé, programmé, dont la machinerie cérébrale détraquée génère la folie. Il est donc facile de différencier le normal du pathologique et de remédier au défaut cérébral grâce aux progrès de la science. Contrairement à la psychanalyse ou à la sociologie, la récupération politique de cette idéologie se fait plutôt à droite. Un grand hebdomadaire titrait : « La biologie moléculaire traque déjà les criminels. » Les « détectives en blouse blanche » seront chargés de repérer les criminels potentiels et de leur appliquer le traitement adéquat.

La guerre idéologique n'est pas moins vive chez les défenseurs d'un neurobiologisme primaire qu'elle ne l'était chez les propagandistes d'une psychanalyse de pacotille. On rend ainsi désuète toute aide autre que le médicament, qui prend une toute-puissance loin de correspondre à la réalité d'aujourd'hui. Dans un joyeux amalgame, on confond espoir, hypothèse, analogie, spéculation, anthropomorphisme, généralisation... Heureusement, parfois, un peu de rêve se glisse dans ce fatras et, même en science, il a droit de cité. L'idéo-

logie neurobiologique, comme sa concurrente psychanalytique, vise à disqualifier l'adversaire. Les arguments sont
d'une haute volée intellectuelle. « Si l'inconscient existe,
vous le situez où ? Dans les doigts de pied ? » « Le cerveau
n'est tout de même pas une motte de beurre... » « La psychothérapie est peut-être utile, mais, dites-moi, comment ça
marche ? » À ces phrases définitives répondent en écho les
doutes ironiques sur l'explication par la biologie moléculaire
du narcissisme, du refoulement ou du fantasme. L'intolérance est au moins également répartie dans ces idéologies
simplificatrices qui manquent tellement d'idées !

Les conséquences pratiques de l'idéologie neurobiologique sont considérables et pernicieuses. Elles concernent les
malades, leur famille, les jeunes psychiatres et les pouvoirs
publics.

De même qu'il existait des patients engagés dans d'interminables psychanalyses qui devaient résoudre toutes leurs
difficultés, l'idéologie neurobiologique a sécrété des excès
thérapeutiques médicamenteux.

Il existe des adeptes simplets des chimiothérapies qui sont
devenus des dévots incompétents du médicament psychotrope. Non seulement ils sont incompétents en psychiatrie,
ignorant superbement les courants de pensée autres que
l'idéologie neurobiologique, mais ils sont souvent incapables de manier correctement les traitements. Les malades
ne sont plus considérés comme des êtres humains qui
souffrent mais comme des collections de symptômes
« cibles » qu'il s'agit de faire disparaître comme on efface
les boîtes de conserve avec une balle en chiffon à la foire.
Mais ici les balles ne sont pas en chiffon et peuvent faire
mal. Le principe est simple. Tout symptôme aura droit à son
médicament spécifique. Plus le symptôme est accentué, plus
la posologie sera élevée. On augmente ainsi les doses régulièrement comme on ajoute du sel dans une mauvaise cui-

sine. Un malade délirant, un peu triste et anxieux, qui dort mal, aura droit à quatre médicaments auxquels viendront s'ajouter les traitements « correcteurs » des effets désagréables engendrés par les premiers médicaments. Cette spirale infernale transforme en zombies bavants, trémulants et soudés dans leurs gestes des gens dont la volonté abolie ne leur permet plus que de déambuler inlassablement dans les mornes couloirs des asiles. Voici l'un des triomphes de l'idéologie neurobiologique !

Les familles ne sont pas moins marquées par ce sectarisme qui exclut d'autres approches que médicamenteuses et réduit la relation et la communication entre le patient et les siens à une quantification du symptôme et du nombre de gouttes ou de comprimés nécessaires pour le réduire. La dialectique est pauvre, le discours réduit et l'affectivité évacuée. Quelle image peut-on avoir de soi-même et quelle image donne-t-on aux siens lorsque le seul échange possible passe par le compte-gouttes ?

Le jeune psychiatre en formation est aujourd'hui dans une situation difficile.

Il existe un fossé entre la psychiatrie et la neurobiologie. La distance est cependant plus grande dans un sens que dans l'autre. Il y a en effet un nombre non négligeable de psychiatres qui ont acquis une formation en neurobiologie. L'inverse n'existe pas. Pourtant, certains neurobiologistes parlent au nom de la psychiatrie et de son avenir. Il y a là une anomalie qui ne semble choquer personne. Auraient-ils l'outrecuidance de parler d'une autre discipline à laquelle ils ne connaîtraient strictement rien ? Il n'y a que les prix Nobel qui peuvent donner un avis sur toute chose !

Il est légitime que le jeune psychiatre souhaite se former en neurobiologie. C'est une formation parallèle qui exige un gros effort personnel et passe par un séjour de plusieurs années dans un bon laboratoire. Il est souhaitable qu'un nombre suffisant de psychiatres possèdent cette formation permettant de jeter des ponts entre une discipline clinique et une discipline fondamentale dont on doit légitimement espérer des applications. Malheureusement, une telle formation est aujourd'hui sans avenir dans le système français. La compétence neurobiologique n'est d'aucune utilité dans une carrière clinique et la compétence psychiatrique est un handicap dans une carrière de recherche fondamentale. Pourtant, ce sont ces doubles formations qui devraient donner le droit à la parole. L'idéologie neurobiologique est propagée par des psychiatres qui ne connaissent rien à la neurobiologie et par des neurobiologistes qui ne connaissent rien à la psychiatrie.

Il faut enfin évoquer une dernière conséquence de l'idéologie neurobiologique : celle qui s'exerce sur les pouvoirs publics, c'est-à-dire sur les dispensateurs des fonds publics.

Les décideurs ne peuvent rester indifférents lorsqu'on leur promet l'explication de la folie pour demain et en prime son traitement. Le spectre de la maladie mentale, son coût économique sont tels, qu'il apparaît légitime d'investir là où se situent les promesses. Qu'en serait-il, si le discours était différent ? Si l'on disait par exemple : nos hypothèses sont aléatoires, même si elles sont justes les applications seront à très long terme, mais il existe aujourd'hui des souffrances que l'on pourrait alléger en répartissant mieux les moyens appropriés. Le bonheur, c'est toujours pour demain.

On voit que la folie est prisonnière des totalitarismes idéologiques. Comment peut-elle se libérer d'une telle tenaille ?

C'est aux psychiatres et aux neurobiologistes dignes de ce nom – heureusement ils existent – de dénoncer les excès des idéologies. C'est à eux de préparer l'avenir. Mais il existe un présent à gérer, un présent fait de souffrances bien réelles. Il nécessite la mise en œuvre de tout ce qui n'est pas dit, de ce qui n'appartient en propre à aucune idéologie, sinon à l'humanisme. Le bon sens, l'intelligence, l'écoute bienveillante, la chaleur humaine, l'amour de l'autre, la « sympathie » devant des réalités non modifiables, le refus d'enfermer le malade dans un microcosme faussement sécurisant, tout cela n'est pas très glorieux, mais c'est bien utile dans le « ici et maintenant », lorsqu'on y met de la sincérité et de la conviction.

L'humanisme peut être scientifique. Il faut cependant croire à l'homme d'abord, à la science ensuite lorsqu'elle aura démontré ses bienfaits. L'homme existe aujourd'hui, la science promet pour demain. C'est l'homme qui fait la science, ce ne doit pas être l'inverse.

Aujourd'hui il faut utiliser, face à la maladie mentale, toutes les ressources disponibles : biologiques, psychodynamiques et sociales. On peut se demander si cet œcuménisme des soins préfigure un œcuménisme des idéologies. Les thérapeutes sont en général pragmatiques. Psychiatres de ville et psychiatres en institutions n'ont pas d'états d'âme dans le domaine des soins. Ils utilisent ce qui est efficace sans préjuger des idéologies sous-jacentes. Les médicaments, les différentes formes de psychothérapies et les mesures de psychiatrie sociale peuvent être mis en œuvre simultanément ou successivement selon les cas.

Tous ces efforts ont souvent une efficacité synergique et potentialisatrice. Le médicament sans aide psychologique est dérisoire. La psychothérapie du déprimé sans antidépresseur est dangereuse. On peut multiplier les exemples concrets. Les trois grandes théories sur la cause des maladies mentales ont engendré chacune des thérapeutiques efficaces. C'est sans doute la démonstration qu'il existe une part de vérité dans leurs assertions. Est-ce pour autant une justification aux tentatives d'unification de la trilogie ?

Certains sectaires, défenseurs de l'un des trois grands courants idéologiques, campent sur leurs positions. Pour eux,
aucune transaction n'est possible avec l'idéologie d'en face,
la cause de la folie (et donc ses traitements) étant obligatoirement contenue dans la dialectique qu'ils soutiennent. Laissons ces impérialistes de la pensée dans leur propre enfermement.

Plus intéressantes à considérer sont les relations réciproques éventuelles entre cerveau, pensée et milieu.

Le cerveau est le support matériel de la pensée, mais la
pensée modifie biologiquement le cerveau comme les techniques d'imagerie cérébrale le démontrent. Le milieu agit sur
le cerveau, là encore il s'agit d'une action biologique qui
peut être parfois néfaste (virus, toxique, etc.). Mais le milieu
agit aussi sur la pensée, en particulier grâce aux interactions
sociales. Enfin, la pensée est le support de toute action sur
le milieu.

Voici les éléments de la triangulation. Il existe donc des
interfaces entre cerveau, pensée et milieu. L'étude de ces
interfaces pourrait-elle faire progresser la connaissance ?

Il faut, pour tenter cette expérience, s'affranchir des idéologies évoquées précédemment. Un comportement humain
peut être schématisé en quelques grandes étapes. La première
est en général l'apparition dans le milieu, c'est-à-dire l'environnement, d'un événement déclenchant. La réaction adaptée à ce changement va nécessiter un décodage par le cerveau. Celui-ci comporte deux aspects : l'un est
neurophysiologique, c'est la perception de l'événement ;
l'autre est psychologique, c'est l'interprétation de celui-ci
afin qu'il prenne un sens. Ce n'est qu'à partir de cette opération de la pensée qu'un comportement adapté répondra au

message du milieu. Cette réponse peut, elle-même, être ana-
lysée selon deux modes : les faits eux-mêmes qui sont un
nouvel événement et le sens de ce comportement, c'est-à-
dire l'interprétation que la pensée peut en faire. Nous retrou-
vons la triangulation obligatoire milieu, cerveau, pensée. La
question cruciale qui se pose est celle des rapports entre le
cerveau et la pensée. S'agit-il de la même chose ou de deux
réalités distinctes ? La pensée peut-elle être réduite au cerveau ou est-elle une entité propre et dépendant du cerveau
uniquement par des liens de support matériel ? Cerveau et
pensée ont-ils des rapports de type outil et fonction ? L'outil
permet le fait (le comportement) et la fonction lui donne son
sens spécifique. Ainsi le marteau (outil) est nécessaire pour
enfoncer un clou (fonction). La fonction a une existence en
soi qui transcende l'outil, mais qui n'est possible que grâce
à lui. Un défaut de l'outil engendre bien entendu une altération de la fonction, mais la finalité de la fonction est indépendante de l'outil.

Certains neurobiologistes réduisent la pensée au cerveau
sous le prétexte que sans cerveau, il n'y a pas de pensée. En
fait, ce qui sécrète la pensée, c'est l'interaction cerveau/
milieu. Un cerveau mort n'a pas de pensée, mais le cerveau
neuf du nouveau-né n'en a guère.

Lorsque le cerveau cesse d'être transformé par le milieu
et ne fonctionne plus que par ses acquis, cela s'appelle la
vieillesse. Lorsqu'il commence à perdre ses acquis, cela
s'appelle la démence, et lorsqu'il n'est plus qu'un cerveau
anatomiquement semblable à tous les autres, cela s'appelle
la mort.

Si L. Eisenberg a bien dénoncé une psychiatrie du passé
sans cerveau, il a aussi mis en garde contre une psychiatrie
du futur sans pensée (*Brainless psychiatry of the past and
Mindless psychiatry of the future*).

Les neurobiologistes, même « libéraux », reviennent vite

à des positions où cerveau et pensée se confondent. Steven Rose, dans un article récent (*TINS*, 1987, vol. 10, n° 4), considère que dès lors que tout processus psychique a son corrélat neuronal approprié, la distinction entre fonctionnel et organique est un artefact. J.-P. Changeux, lui, refuse le mot « esprit » car il s'oppose à « matière ». Il accepte le mot « raison » comme une fonction supérieure du cerveau et le mot « mental » parce qu'il porte sur des fonctions cérébrales qui correspondent à un niveau d'organisation bien défini du système nerveux central. On peut parfaitement le suivre lorsqu'il dit : « Les fonctions mentales ne sont pas indépendantes du substrat neuronal, elles sont au contraire déterminées par ce substrat au même titre que les propriétés de la cellule vivante sont déterminées par les molécules qui composent la cellule. »

Il est plus difficile d'adhérer à son propos lorsqu'il déclare que suivre le cheminement d'une pensée abstraite au niveau neuronal est possible. N'est-ce pas, à tout le moins, le cerveau entier qui est responsable de la plus petite pensée ? J.-P. Changeux appuie son affirmation sur le fait que des lésions précises du cerveau perturbent les capacités de calcul.

C'est peut-être assimiler l'outil et la fonction, car ce n'est pas dans le centre du calcul que l'on peut localiser la pensée des grands mathématiciens. Tout être humain possède un centre du calcul, mais seuls quelques rares génies feront progresser les mathématiques.

Alors, cerveau/esprit sont-ils des entités distinctes ou deux aspects différents d'un même « objet » selon le regard que l'on porte ? Certains ont essayé d'appliquer le raisonnement de la physique quantique, selon laquelle un objet quantique peut être tantôt onde, tantôt particule, selon la question que l'on pose et l'appareillage que l'on utilise. L'onde et la particule ont leur réalité propre dans cette perspective. En accord avec le principe de complémentarité, l'électron est onde ou particule, car on ne peut apprécier simultanément le caractère ondulatoire ou le caractère corpusculaire d'un même objet. C'est peut-être une approche intéressante qui justifierait l'abord d'un même phénomène par le biais des sciences exactes et des sciences humaines.

Le cerveau existe, la pensée existe et le milieu également. Comment les faire coexister sans tentation de dévoration réciproque ? Des psychiatres, pour renforcer l'exclusivité de l'approche biochimique dans les troubles psychiques, n'hésitent pas, de manière puérile, à utiliser Freud contre la psychanalyse. Wortis, par exemple, cite dans un article de Freud paru en 1929 (« La psychanalyse », *Encyclopædia Britannica)* des phrases désinsérées de leur contexte comme : « La biochimie est l'avenir de la psychiatrie... » ou : « L'avenir attribuera probablement une importance plus grande à la psychanalyse comme science de l'inconscient que comme moyen thérapeutique. »

Une telle attitude ne favorise pas le progrès. La virtualité de la pensée est contenue dans le cerveau et celui-ci permet l'expression de la pensée. Mais c'est l'interaction cerveau/milieu qui détermine la nature de la pensée et c'est même plus précisément l'interaction humaine qui en façonne les caractéristiques. Ceci est également vrai pour les affects. On ne peut être jaloux, amoureux, hautain ou courtois qu'en présence de l'Autre, qu'il soit réalité physique ou représentation mentale.

Leff, Vaugh et leurs collaborateurs ont beaucoup étudié le rôle des interactions humaines sur les résultats thérapeutiques dans la schizophrénie. On peut retenir quatre conclusions de leurs travaux :

– Le risque de rechute chez des schizophrènes sortis de l'hôpital est plus élevé chez des patients retournant dans des familles hostiles à « expression émotionnelle bruyante ».

– Dans de telles familles, si le contact en face à face est

inférieur à trente-cinq heures par semaine, le risque de rechute diminue de 50 %.

– Les phénothiazines (médicaments traditionnels de la schizophrénie) protègent des rechutes dans des familles hostiles, mais offrent moins de bénéfices dans des foyers accueillants, illustrant ainsi les interactions entre médicament et environnement.

– Si l'on diminue l'expression émotionnelle dans des familles à risques, le taux de rechute diminue en parallèle.

De tels exemples illustrent l'articulation entre cerveau, pensée et milieu.

L'interaction cerveau/milieu joue un rôle dans les maladies neurologiques tout à fait « organiques ».

Récemment, Peter S. Spencer, dans la revue *Science,* a attiré l'attention sur le rôle causal possible de « neurotoxines », en particulier alimentaires, dans la genèse de maladies comme Parkinson, Alzheimer ou sclérose latérale amyotrophique.

Un nouveau courant de recherche intègre parfaitement milieu-cerveau-pensée et corps : c'est la neuro-psycho-immunologie. Cette discipline s'intéresse aux liens entre un événement psychologique baptisé « stress » et la réponse immunitaire, c'est-à-dire les capacités de défenses de l'organisme. Pour être plus précis, l'immunologie, c'est la reconnaissance du « soi » (l'organisme de l'individu) et du « non-soi » (tout ce qui est étranger à l'organisme). Un « choc » psychologique fortement chargé en émotions est perçu par le cerveau, l'appareil psychique lui donne un sens qui n'est signifiant que pour un être humain précis et, dans ce cas, la réponse immunitaire (aux infections par exemple) est modifiée. Un tel phénomène a été mis en évidence au cours du deuil et de la dépression. Ces relations entre émotions et immunité ne sont pas encore bien connues. Il apparaît cependant que c'est l'intensité subjective de l'événement vécu (« life-event ») qui est importante plus que l'événement lui-même. En effet, un même événement peut, selon le sujet en cause, induire une forte émotion, ne rien induire du tout ou produire des émotions inverses. On ne réagit pas de la même manière à la mort d'un inconnu et à celle d'un être cher. Le décès d'un parent très éloigné qui amène un héritage considérable peut apporter plus de joie que de tristesse. Cette relation entre un événement psychologique et le corps est même prise en considération actuellement par les cancérologues qui étudient les liens entre stress et pouvoir mitogène des cellules.

Des essais d'intégration des éléments de la trilogie se sont développés récemment. Ces essais ont toujours été marqués par l'obédience de ceux qui les tentaient. Des neurobiologistes ont fini par admettre que toute psychothérapie, comme toute relation interindividuelle régulière et répétée, modifie le cerveau, donc le comportement. C'est d'ailleurs une des bases des liens privilégiés au sein d'une famille. Le renforcement est parfois nécessaire et se marque par des retrouvailles institutionnalisées.

Mais on retombe toujours sur la prégnance de l'explication neurobiologique. Kandel reconnaît que « la psychanalyse a parfaitement cerné l'importance des expériences existentielles dans la détermination des représentations internes et le rôle de celles-ci comme base des comportements ». H. Atlan distingue deux déterminismes. Le premier est génétique, mais il faut s'interroger sur ses limites : moléculaire, cellulaire ou au-delà ? Le deuxième est psychologique, engendré par les interactions précoces étudiées par la psychanalyse. Pour Atlan, l'appareil psychique est un système autoorganisé et enrichi perpétuellement par l'expérience. Si l'afflux d'expériences n'est pas intégré, le système se désorganise ou plutôt d'autres systèmes d'organisation apparaissent, comme le délire ou la dépression.

En fait, l'unification de la trilogie en une idéologie syn-thétique est une utopie. Les thérapeutiques qui découlent des trois courants de pensée sont synergiques et plus utiles pour le malade en association qu'aucune d'entre elles considérée isolément. Cependant, l'impossibilité de l'unification réside dans des différences de nature : il ne s'agit pas de trois facettes d'un même objet, mais de trois registres indisso-ciables et complémentaires dont la résultante réalise une entité unique : un être humain qui pense.

Si l'on considère un être humain qui pense, il est néces-saire de saisir dans la simultanéité ses trois dimensions bio-psycho-sociales, qui ne peuvent qu'artificiellement être dis-sociées pour des besoins d'étude. Le leurre consiste à penser que la nécessité méthodologique de dissocier les trois dimen-sions permet d'en privilégier une par rapport aux autres.

Un être humain dans sa globalité, ce n'est pas un compor-tement. Ce dernier peut être appréhendé de multiples manières. En psychopathologie, il existe un vaste registre de « lectures ». Selon le code de référence, le même compor-tement pourra être décrit d'une manière clinique, psycholo-gique, cognitiviste, psychodynamique, systémique, biolo-gique... Aucune approche ne contient plus de vérité qu'une autre, mais chacune concourt à approcher la vérité.

En outre, cette dissection des comportements doit être confrontée à la dimension du temps, qui, tel un kaléidoscope que l'on remue doucement, redistribue les données de l'ob-servation.

Tout comportement humain procède à la fois de stratégies communes à l'espèce, d'un déterminisme qui s'inscrit dans l'histoire génétique de la lignée, et d'une spécificité indivi-duelle, unique, qui se réfère à l'histoire personnelle de cha-cun. Vouloir pondérer l'importance respective de ces trois dimensions est une vaste entreprise ! Laissons respective-ment à la sociologie, à la neurobiologie et à la psychanalyse le soin d'aller plus avant dans la compréhension de ces trois dimensions. C'est ici que se trouvent intriquées les causalités de la folie. Pourquoi imaginer une cause unique ?

Nous sommes encore prisonniers du cartésianisme qui fait toujours préférer un effet causal unique et direct. Pourtant, on connaît des cas où le modèle est multicausal, par exemple en épidémiologie. En matière de maladie mentale, l'hypothèse d'un réseau interactif de causalité permettrait de tenir compte des trois dimensions indissociables de l'être humain.

Refuser de privilégier un modèle explicatif, c'est aussi abandonner l'idée de détenir la vérité, ou c'est du moins l'obligation de la partager. Voilà qui n'est pas facile à faire admettre.

Pourtant, l'homme n'appartient à aucune idéologie en particulier. Nul ne dispose encore de l'équation explicative et ne peut prétendre apporter par une approche unique la compréhension totale des comportements humains.

CHAPITRE 8

Les jardiniers de la folie

Mais qui sont les jardiniers de la folie ? C'est vous, c'est moi. Ce sont tous ceux, familles, psychiatres, soignants qui, à leur corps défendant, contribuent à pérenniser la folie. C'est la société tout entière qui, à force de peur, d'obscurantisme ou de prétentions scientifiques, d'égoïsme, de conservatisme, d'intolérance, a obturé petit à petit, inexorablement, toute ouverture vers l'extérieur, toute possibilité de réversibilité, condamnant la folie à se répéter, indéfiniment, victime de son étiquette.

Nombre d'institutions « soignantes » sont en fait des lieux d'exclusion, fabriquant la chronicité et constituant le grand ghetto des incompris.

La folie, cette plante étrange qui pousse dans toute société humaine, est cultivée par d'innombrables jardiniers selon un processus qui peut être analysé.

Mais au-delà du rôle de chacun face à la folie, c'est aussi la folie face aux autres qui mérite d'être envisagée. C'est-à-dire cette souffrance du malade, enfermée dans la prison invisible des mots, des concepts, des a priori, des images qui tissent un réseau définitivement infranchissable entre l'exclu et les autres hommes. Il ne faut pas oublier non plus cet autre versant de la souffrance qui est celle des familles face à la folie. Pourtant, il est des attitudes, des ouvertures, des tolérances qui pourraient bien changer le statut de la folie.

Le processus qui conduit tant d'acteurs sociaux à devenir des jardiniers de la folie est sûrement très complexe. Cependant, les facteurs dominants semblent bien être l'incompréhension, l'inconnu et la peur. Le malade mental offre à son entourage un nouveau code de communication où le système de référence est différent de ce qui permet à chacun de demeurer en relation avec les autres. La folie est par essence une dialectique de l'exclusion, mais à ce jeu c'est toujours le malade qui perd. Ce qu'on lui offre sous le nom de « soins », c'est un retour au système de communication antérieur, celui qui est partagé par le plus grand nombre. Probablement est-ce en soi un objectif louable, mais ce sont les moyens mis en œuvre pour y parvenir qui sont parfois discutables. Le droit à la différence et à l'originalité est chichement mesuré dans notre société, qui est tellement normative. C'est pourquoi la folie doit être exclue. Il est possible de soigner la folie tout en respectant l'individu, mais c'est loin d'être la règle.

La maladie mentale met indiscutablement celui qui en est atteint en situation de faiblesse. Est-ce une raison pour le placer en situation d'infériorité ? Les jardiniers ont trop tendance à étendre à toutes les caractéristiques du malade le jugement qu'ils portent sur sa maladie. Si la maladie mentale est déficience, elle ne doit pas occulter pour autant les éventuelles qualités de celui qui en est atteint.

On voit souvent le désarroi des soignants devant un

patient dont la réussite sociale est éclatante, comme s'il y avait incompatibilité entre la folie et le succès.

On a parfois le sentiment que la folie doit obligatoirement éteindre tout ce qui brille chez le malade. C'est faux.

Certains, *a contrario*, vont même jusqu'à associer génie et folie. C'est sans doute excessif, mais une étude récente très scientifique pose la question des liens entre troubles de l'humeur et créativité, ainsi que celle de leur héritabilité.

Nancy Andreasen, chercheur très connu, a publié en 1987 un travail édifiant dans le respectable *American Journal of Psychiatry*. Il s'agit du suivi sur quinze ans de trente écrivains célèbres comparés à trente personnes ne faisant pas de métier de créativité, mais appariés en termes de contexte socio-économique, d'âge, de quotient intellectuel, d'éducation, etc.

80 % des écrivains ont présenté des épisodes dépressifs et 43 % d'entre eux, une psychose maniaco-dépressive. Ces chiffres s'opposent à la fréquence de 30 % de dépressions dans le groupe de comparaison. (Ces 30 % sont eux-mêmes nettement supérieurs à l'incidence de la dépression dans la population générale.) Chez les parents de premier degré, on constate des troubles de l'humeur dans 42 % des cas contre 8 % dans le groupe contrôle. Enfin, parmi les parents des écrivains, 53 % ont développé une activité professionnelle dans le domaine du roman, de la musique ou de la danse, contre 27 % dans le groupe de comparaison. Il n'en faut pas plus à Nancy Andreasen pour soulever la question des liens entre troubles de l'humeur et créativité. Voici un constat plutôt positif à l'égard de la maladie mentale, mais il n'est pas représentatif de l'opinion générale.

À bas les étiquettes ! Ce n'est pas « le fou » incarnant la folie qu'il faut considérer, mais l'homme ou la femme qui se trouve derrière l'étiquette des symptômes. C'est l'être humain, avec ses qualités et ses défauts, ses générosités et ses mesquineries, ses faiblesses et sa force, sa peur et son courage. Et le malade ne cessera d'être « le fou » que si l'on établit une communication authentique avec sa véritable identité.

En fait, pour la société, chaque malade incarne la Folie et perd son identité propre au profit des fantasmes et des jugements de valeur que la maladie mentale peut susciter. La nature humaine est ainsi faite qu'elle aime à classer, à distinguer des genres et à coller des appellations générales, là où il n'y a que des individus uniques dans leur singularité. Il s'agit d'une propension très répandue qui évite les relations interindividuelles avec ce qu'elles comportent d'inconnu et donc d'angoisse, au profit de la confrontation à une entité abstraite rassurante, car porteuse de généralisations acceptées par tous. On distingue ainsi le sportif, l'intellectuel, le Parisien, le provincial, l'homme de droite, celui de gauche, le médecin, le malade, etc. Il est difficile d'accepter qu'un sportif puisse être intellectuel ou qu'un médecin puisse être malade. L'identité s'efface derrière l'étiquette, falsifiant la réalité, et la folie est la pire des étiquettes. Lorsque l'individu est défini par un seul caractère ne laissant place à rien d'autre, lorsque l'originalité, la richesse et la diversité sont gommées par le nivellement de la généralisation alors, là, il y a un lieu pour la folie. Mais, *a contrario*, certains trouvent rassurant cet aspect conventionnel de rapports humains uniformisants. Lorsqu'une étiquette est suffisamment valorisante, on peut au moins, confortablement, se cacher derrière elle. N'est-ce pas, « Docteur », « Monsieur le Directeur » ou « Monsieur le Président » ? Il s'avère même que, par lassitude, par calcul, ou par le jeu du système, certains se cachent derrière l'étiquette de la folie.

Le commun dénominateur à tous les jardiniers de la folie, c'est bien de ne plus tisser de rapports avec un individu, mais avec une abstraction. La folie ne fait pas référence à une maladie, mais c'est la « Grand-Peur » comme autrefois à l'égard de la peste ou du choléra. C'est la peur de ce qui peut déstabiliser la société, la mettre en question ou éventuellement en péril. Cela va bien au-delà de la gêne qu'un délirant peut, dans de rares occasions, engendrer dans des lieux publics. Familles et société sont beaucoup plus perturbées par les conséquences de l'alcoolisme, mais l'alcoolisme n'engendre pas la même peur, car chacun se pense à l'abri.

La folie met en cause la société et la dérange par l'impossibilité pour ceux qui en sont atteints de se plier aux normes de fonctionnement acceptées par tous. C'est pourquoi tout groupe social est concerné : famille, milieu professionnel, soignants, autorités diverses, etc.

Les grandes épidémies mettaient en cause la société dans sa survie biologique. C'était une atteinte quantitative à son existence. Le sida, qui, c'est un truisme, a pris le relais des épidémies historiques, soulève les mêmes peurs et génère les mêmes effets. Folie et sida, par des voies différentes, ont le même impact sur la société, constituent la même menace et entraînent les mêmes conséquences : jugement de valeur péjoratif, exclusion et relégation.

Les relations entre la folie et la société ont trouvé leur point d'orgue sous Hitler qui, dans un but économique avoué (supprimer les bouches inutiles), a ordonné l'extermination physique des malades mentaux de Pologne, puis d'Allemagne. Au-delà d'une horreur, hélas partagée à cette époque par bien d'autres, ce qui est significatif c'est la terminologie utilisée pour désigner la folie : « vies sans valeur », « vies ne valant pas la peine d'être vécues »...

Si toutes les sociétés ne sont pas aussi expéditives, elles ont toutes pris des mesures de privation de liberté à l'égard de la folie. Celle-ci légitime l'enfermement en dehors de tout délit. Il fut ainsi bien commode en Union soviétique de considérer comme fous des opposants au régime et de se débarrasser en souplesse des pensées dangereuses pour la société. Ces abus politiques de la psychiatrie donnent à réfléchir sur les rapports entre la folie et la société.

Les rapports entre folie et liberté sont assez complexes en France, mais finalement satisfaisants, compte tenu d'une bonne collaboration, en règle générale, entre le corps médical et les autorités intéressées. La situation est complexe car elle est un compromis entre le souci de préserver la liberté individuelle et celui d'assurer la sécurité collective.

Le 30 juin 1838, sous Louis-Philippe, était mise en application la « loi de 38 » qui déterminait les modalités de prise en charge des malades mentaux. Tout département doit posséder au moins un établissement public spécialisé (asile) chargé de recevoir les malades selon trois modalités. Le placement libre est une hospitalisation délibérément consentie par l'intéressé. Le placement volontaire n'implique aucun accord du patient mais celui du parent le plus proche. Enfin le placement d'office est un arrêté préfectoral pris après enquête du maire ou du commissaire de police [1].

Il faut remarquer que la définition des « établissements spécialisés » habilités à recevoir des internements exclut légalement les services de psychiatrie situés dans des hôpitaux généraux. L'asile est vraiment un lieu d'exclusion.

Pour garantir les droits du malade, il est stipulé que les établissements doivent être régulièrement visités par le préfet, le président du tribunal, le procureur de la République, le juge de paix et le maire. Ceux-ci doivent recevoir les éventuelles réclamations des malades internés.

Le placement d'office, la plus contraignante des hospitalisations forcées, doit être contrôlé simultanément par le

---

1. En 1990, la loi a été légèrement modifiée et les mots « internement » et « placement » remplacés par celui d'« hospitalisation » (à la demande d'un tiers ou sous contrainte).

médecin-chef du service, le directeur de l'établissement, le préfet représentant l'autorité administrative et le procureur représentant l'autorité judiciaire. Ces mesures, il faut le reconnaître, éliminent presque totalement les risques d'internement arbitraire et celui de maintien abusif du placement. Les autorités publiques habilitées à prononcer le placement d'office le font lorsque « se trouve compromis l'ordre public ou la sûreté des personnes ». On voit que si la situation est satisfaisante, on le doit moins à la perfection de la loi qu'à l'authentique démocratie dans laquelle nous vivons. On peut imaginer ce que donnerait la « loi de 38 » dans un régime totalitaire !

Les chiffres des modalités d'hospitalisation sont éloquents : moins de 2 % de placements d'office, moins de 10 % de placements volontaires et plus de 88 % d'hospitalisations librement consenties. En outre, il est d'usage de ne pas distinguer les placements d'office relevant de la seule psychiatrie et ceux justifiés par l'internement de déments séniles, de débiles congénitaux ou d'alcooliques dangereux. Cette « loi de 38 » peut apparaître anachronique et pourtant elle semble impossible à réformer, en dépit d'innombrables tentatives. Il est vrai que l'on vit bien, dans le quotidien, sur la base du Code Napoléon !

Mais la complexité de la situation tient à l'antinomie apparente entre la mesure législative qu'est la « loi de 38 » et la mesure administrative représentée par la sectorisation du 31 décembre 1970.

La sectorisation est un ensemble de dispositions pour planifier la santé mentale. Si la « loi de 38 » protégeait la société en excluant les fous dans des asiles d'aliénés, la sectorisation veut désinstitutionnaliser, s'opposer à la séparation entre le patient et sa famille, et favoriser toutes les mesures de prise en charge hors de l'hôpital. La sectorisation, c'est un ensemble de mesures humanitaires rendues possibles par les progrès des diverses thérapeutiques, qui restaurent pour le malade le statut de sujet et respectent au mieux sa liberté. La chute des placements d'office à moins de 2 % des hospitalisations est une des illustrations de cette mentalité.

Pour que la folie sorte définitivement de son ghetto, il faut que la place du malade parmi les siens soit reconnue non seulement par les règlements et par les soignants, mais par la société tout entière.

Les processus de renforcement de la folie par l'attitude de la société touchent également l'environnement immédiat du malade : milieu professionnel, famille et même soignants.

En dehors de la trinité sacrée anxiété-insomnie-dépression, acceptable par l'entourage à condition de ne pas durer trop longtemps, tous les autres aspects des troubles mentaux sont considérés comme des stigmates incompatibles avec le maintien ou l'accueil dans un milieu professionnel. Qui oserait embaucher quelqu'un dont le comportement serait parfaitement normalisé, mais qui avouerait avoir été hospitalisé en milieu psychiatrique pour un épisode délirant ? Maintenir le flou sur sa biographie ou percevoir la gêne des autres dans leur attitude et leurs propos permet difficilement de se réintégrer au sein de la communauté.

Le comportement de certaines familles est plus subtil, mais plus pernicieux encore. Il ne s'agit pas du rôle favorisant de la famille sur l'éclosion de la pathologie, mais du renforcement continu du statut de malade, entretenu avec la meilleure foi du monde, au fil du temps. Il faut savoir aussi ce qu'une famille peut souffrir de voir se développer une maladie mentale chez un de ses membres. C'est peut-être la perte des illusions, le découragement, l'abandon des espoirs, la transformation des liens affectifs qui contribuent à réaménager les relations au sein de la famille. Ce qui est dangereux, c'est la perte du statut de sujet, renforcée chez le patient auquel on offre un statut d'objet assisté par les autres.

La société propose au malade toute une série de mesures visant à l'aider, mais qui, parfois, contribuent à l'aliéner un peu plus. L'allocation financière d'Aide aux adultes handi-capés (AAH) peut s'avérer une bonne dissuasion à tout effort pour trouver un travail. Les soignants, dont on verra le rôle parfois pervers, peuvent accentuer, eux aussi, par une assis-tance exagérée, la dépendance d'un patient du milieu qui le protège. Dès lors, il n'est pas étonnant que les familles, pour-suivant la même conduite, interdisent toute autonomie à celui qui voudrait bien exister, pour lui-même, en dehors de la folie. C'est dans le quotidien que la folie se cultive en famille. C'est dans le refus de toute originalité, de toute contestation, de toute fluctuation du comportement que l'autonomie et l'identité se perdent définitivement.

Il faut être conforme au désir de la famille sous peine d'être accusé de se trouver de nouveau dans le monde de la folie. On imagine les tentatives désespérées pour se faire entendre, pour se faire admettre tel que l'on est. Ces tenta-tives entraînent des heurts, des cris, parfois de la violence, ce qui motive l'intervention des soignants garants de la nor-malisation et du retour à la conformité. Tout le monde est sincère dans cette causalité circulaire où personne n'a vrai-ment tout à fait tort.

Mais qu'il doit être douloureux de s'entendre dire par ceux que l'on aime et qui vivent dans l'inquiétude de la rechute : « Te sens-tu bien ? N'es-tu pas un peu fatigué ? As-tu bien pris ton traitement ? », tout simplement parce que hier on a été hospitalisé et qu'aujourd'hui on est seulement un peu gai ! Comme il est difficile, dans ces conditions, de sortir de la folie lorsque l'on y est entré !

Miriam Jacob (*Journal of Clinical Psychiatry,* 1987) a bien montré que les dépressions récidivantes, même si elles possèdent des bases biologiques, ne surviennent pas sans l'influence d'autres facteurs. Elles sont incluses dans une matrice sociale complexe où le patient et les membres de sa famille s'influencent mutuellement par un processus continuel. Les attitudes et les convictions familiales sont caractérisées par l'ambivalence et par le quiproquo. Le caractère biologique des troubles n'est souvent pas perçu. Ceux-ci sont imputés à la situation et il est reproché au patient de ne pas utiliser sa volonté pour agir sur elle. Ces critiques augmentent encore les troubles et la souffrance morale du malade. Miriam Jacob conclut son étude en montrant la manière dont les tensions et les conflits interpersonnels peuvent contribuer à prolonger un épisode dépressif ou à favoriser une rechute.

Si les familles figurent en bonne place parmi les jardiniers de la folie, les soignants ne sont pas mal situés non plus. L'institution, les mentalités et les soins peuvent, souvent en toute bonne foi, pérenniser la maladie mentale.

De nombreux écrits ont dénoncé les méfaits de l'asile comme lieu d'exclusion. Foucault ou Goffman ont multiplié les analogies avec d'autres milieux clos comme la prison. Il s'agit là d'évidences, lorsque les asiles étaient des lieux d'enfermement. Cela a bien changé, du moins en apparence. Il n'est pas besoin de hauts murs, de grosses serrures ou de gardiens ivrognes pour cultiver la folie. Cela peut aussi se faire dans des institutions récentes, aux peintures propres mais à la discipline de fer. Ce que l'on est en droit d'attendre d'un séjour dans un lieu de soins, c'est d'être respecté, de retrouver son identité, d'acquérir une autonomie et des repères solides inscrits dans la réalité. Que trouve-t-on parfois ? Le port d'un uniforme, la perte des moyens de communication avec l'extérieur, la promiscuité, la ritualisation d'une existence quotidienne infantilisante favorisant plutôt la régression et la dépendance. Quelle image de soi peut-on reconstruire dans un décor et un milieu qui poussent à la dépersonnalisation ? Tutoiement, indifférence des soignants à ce qui ne concerne pas les gestes purement techniques, mise systématique en position d'infériorité, contribuent à créer un isolement psychologique aux conséquences plus graves que l'isolement physique. Les médecins psychiatres ne sont pas en reste comme jardiniers de la folie. Il n'est pas question d'évoquer ceux qui, en clientèle privée, cultivent plutôt le rendez-vous de consultation ou l'hospitalisation en clinique. Cela peut arriver en psychiatrie comme dans toute autre discipline médicale et n'a pas de spécificité. Mais au sein de l'institution publique, c'est bien dans les comportements de tous les jours que s'inscrivent les conditions de la culture de la folie. L'absence d'écoute, de vraie chaleur humaine, de disponibilité et surtout de reconnaissance du malade comme individu riche d'un potentiel de transformation et détenteur d'une identité qu'il faut découvrir, sont les éléments qui fabriquent la chronicité. Le psychiatre qui vit sa relation avec le malade en position de supériorité, parce qu'il est en face d'un malade et que lui ne l'est pas, ferait mieux de changer de métier.

Mais il est des jardiniers de la folie aux attitudes plus complexes. Ce sont les « bons » soignants, qui s'attachent tellement à leurs malades qu'ils ne peuvent accepter leur guérison. C'est aussi une manière d'entretenir la chronicité que d'être incapable d'assumer le deuil d'une guérison et d'un départ.

Les traitements utilisés face à la folie ont beaucoup plus contribué à faire douter de la santé mentale de leurs auteurs qu'ils n'ont amélioré l'état des malades. P. Morel et C. Quetel ont bien décrit cette histoire délirante des traitements en psychiatrie. Mais est-elle vraiment terminée ? Si le trémoussoir, l'appareil antimasturbation, le magnétisme ou l'hydrothérapie peuvent faire figure d'anecdotes plaisantes,

l'isolement, l'ablation de certaines parties du cerveau, les
contentions diverses ou certaines thérapeutiques de choc font
moins rire. On croirait qu'il s'agit d'un film d'horreur, mais
c'est la réalité. Ces thérapeutiques ont probablement plus
contribué à façonner l'image de la folie que ne l'a fait sa
réalité propre. Elles ont, en tout cas, largement participé à
sa pérennisation.

Mais au-delà des traitements eux-mêmes, l'utilisation qui
en était faite n'était pas moins pernicieuse dans les bonnes
vieilles institutions. Les « traitements » étaient utilisés
comme une menace ou comme une punition. Curieux amalgame entre ce qui est bon et ce qui est mauvais, que de
promettre l'isolement ou l'électrochoc en cas d'agitation ou
de manquement aux règles institionnelles. Les médicaments
psychotropes peuvent être utilisés comme chantage : « Pre-
nez votre traitement ou vous n'aurez pas de permission de
sortie dimanche ! » On peut aussi mentionner l'utilisation
large des hypnotiques, en dehors de toute prescription médicale, pour permettre aux soignants de nuit de dormir confortablement ou tout simplement de jouer aux cartes sans être
dérangés. C'est ainsi que les soignants peuvent aussi devenir
des jardiniers de la folie, et contribuer à la renforcer.

Il faut maintenant essayer d'imaginer ce que peut être la
souffrance morale de celui qui a connu la maladie mentale.

Les fous, les pauvres fous ont de grandes douleurs... et
pas grand monde pour les comprendre. Comment émouvoir,
susciter de l'intérêt ou de la compassion quand on se présente comme malade mental ? C'est pourtant les sentiments
qu'entraînerait un cancer ou un infarctus du myocarde. Les
douleurs physiques et le spectre de la mort sont-ils donc plus
dignes de déclencher la sympathie que la douleur morale ?
Pourtant, peut-on imaginer ce que représente, après une
expérience de troubles psychiatriques, le retour dans la vie
quotidienne... C'est marcher dans la rue, regarder les autres

et se dire : « Pourquoi moi ? Pourquoi suis-je différent ? Eux, ils sont bien portants, jamais ils ne connaîtront la dépression, cet épouvantable chaos qui donne si fort envie de mourir... » Avoir connu la maladie mentale, c'est avant tout se sentir coupable. Coupable de ce que l'on a fait au cours d'un état maniaque ou d'une bouffée délirante, coupable d'avoir été hospitalisé, coupable d'avoir donné de soi une image dévalorisée. C'est se sentir coupable de sa faiblesse, diminué par les effets indésirables des médicaments, c'est se sentir différent des autres, plus vraiment accepté par sa propre famille. C'est aussi éviter le regard des voisins comme ils évitent le vôtre, ne plus oser retrouver les amis et préférer s'isoler tant est fort le sentiment de ne plus avoir sa place nulle part. Et pourtant, il suffirait d'un geste, d'un mot, pour que s'ouvre de nouveau le confort douillet de l'inclusion anonyme dans le tissu social. Mais voilà, il existe tant de jardiniers de la folie, que l'on va, petit à petit, inexorablement, se trouver marqué, marginalisé, définitivement...

C'est probablement dans la psychose, c'est-à-dire dans le délire, que le danger de non-retour dans la communauté est le plus grand. L'expérience psychotique est un épisode de démolition, de déstructuration du Moi. Les repères internes du sujet, mais aussi ses repères avec l'environnement, s'estompent ou disparaissent. Les questions fondamentales pour tout être humain – en particulier sur sa propre identité – restent sans réponses... sinon celles, erronées, données par les autres (soignants, famille). Ces questions concernent l'image de soi, les repères narcissiques et les valeurs qui nous gratifient. Une telle béance peut conduire à la dépersonnalisation où les limites entre soi et les autres fusionnent dans un vaste chaos. Aider un psychotique, c'est lui permettre de reconstruire ses repères fondamentaux, vraies barrières contre la folie. Le plus souvent famille, soignants et opinion publique contribuent à l'impossibilité de cette reconstruction. Être soi-même, ce n'est pas si facile après tout... Dès lors, que reste-t-il sinon la dépendance ou le délire ?

En France, face à l'incompréhension et au rejet, le malade mental reste isolé et le plus souvent passif. Il n'en est pas de même aux États-Unis. En juin 1987, la revue *Psychiatric News* se faisait l'écho d'une réunion entre la puissante « Association américaine de Psychiatrie » et d'anciens malades membres de l'« Association nationale des Malades mentaux ». Le thème de cette confrontation concernait les stigmates laissés par une expérience psychiatrique. Rae Unzicker, ancienne malade, parlait de cette « étiquette qui dure toute la vie » comme d'une tache indélébile. « Être malade mental, disait-elle, c'est chercher du travail et être obligé de mentir sur ce que vous avez fait au cours des derniers mois ou années... Avouer que vous avez été un malade mental, c'est se voir refuser le poste. » Avoir été malade, c'est perdre définitivement toute crédibilité, y compris sur ce qu'il peut y avoir de valorisant dans le passé. Aux États-Unis, la parole est souvent donnée dans les journaux médicaux à d'anciens malades qui viennent témoigner. C'est aujourd'hui impensable en France. Dans notre pays, les gens célèbres cachent leurs propres troubles et ceux des membres de leur famille qui peuvent être atteints. C'est assez symptomatique de la mentalité générale. Il existe bien une sympathique « Union nationale des Amis et des Familles de Malades mentaux », très dynamique et défendant les intérêts des patients. Mais que de pudeur ! Dans l'intitulé de l'Association, les malades sont encore sous tutelle !

Aux États-Unis, les malades ou anciens malades apparaissent à visage découvert comme dans l'« Association nationale des Malades mentaux », l'« Association nationale des Consommateurs en Santé mentale » ou l'« Association nationale des Déprimés et Maniaco-dépressifs ». Nous n'en sommes pas encore là en France et c'est peut-être dommage lorsque l'on sait que schizophrénie et psychose maniaco-dépressive concernent chacune 1 % de la population [2].

Les patients américains se plaignent que des antécédents psychiatriques les rendent, aux yeux des autres, non fiables, inutilisables et indésirables. Ils revendiquent des concertations entre soignants et « consommateurs » de la santé mentale afin d'améliorer une situation qu'ils n'acceptent plus. Les familles sont également impliquées dans ces confrontations avec les soignants afin de ne pas toujours être considérées comme l'ennemi. On leur reproche en effet de ne pas vouloir « reprendre » le malade ou au contraire d'exiger inopportunément sa sortie, d'intervenir trop ou pas assez. La famille peut être le meilleur support du patient à condition de développer une collaboration sur un pied d'égalité avec les soignants. Si les malades américains dénoncent les stigmates de la folie, ils ont découvert que nombre de psychiatres les partageaient avec eux.

L'opinion selon laquelle « tous les psychiatres sont fous » ou l'interrogation blessante : « Mais pourquoi êtes-vous devenu psychiatre ? », sont monnaie courante. Au sein d'un hôpital général, on sait les difficultés à obtenir des moyens de l'administration lorsque l'on représente un département de psychiatrie.

Mais ce que les malades américains dénoncent avec le plus de vigueur, c'est l'appellation « maladie mentale chronique » ou « psychose chronique ». De quel droit fige-t-on ainsi l'avenir de celui que l'on condamne par cette étiquette à perdre tout espoir ?

Enfin, les associations de patients ont bien repéré que « le

---

2. Depuis la parution de ce livre en 1988, et en partie grâce à l'impact qu'il a eu parmi les malades, des associations de patients se sont créées et regroupées au sein d'une Fédération des associations de patients et ex-patients de psychiatrie.

véritable ennemi », c'est l'opinion publique. C'est pourquoi se développent des campagnes sur le thème « Apprendre à regarder la maladie mentale ».

Si les souffrances des malades sont grandes, celles des familles ne sont pas moindres.

Bien souvent, la maladie mentale éclate avec une certaine brusquerie au sein d'une famille unie et heureuse. Non, toutes les familles ne sont pas coupables et génératrices de troubles. À trop étudier l'action de la famille sur le malade – action toujours péjorative bien entendu – on a oublié d'envisager les effets de la maladie sur la famille.

Imagine-t-on ce que c'est que de voir son frère ou sa sœur devenir schizophrène ? Que peuvent ressentir des parents qui perçoivent chez leur enfant psychotique l'altération de l'affectivité et qui vivent la chronicité au fil des années, avec son alternance d'espoirs vite déçus et de rechutes ? Comment vivre avec l'être aimé qui multiplie les tentatives de suicide et comment assumer la culpabilité d'un suicide réussi ? Que sont les conséquences familiales des rechutes dépressives du chef de famille, du scandale de l'état maniaque ou de la terreur inspirée par le père paranoïaque ? Ce sont des souffrances quotidiennes, affectives, alimentées par les questions sans réponse de la culpabilité. C'est l'accompagnement pendant des années, puis la peur lancinante de ce que deviendra le malade après le décès de ceux qui le protègent. Il n'est pas toujours facile de demeurer une famille unie dans de telles conditions. On peut alors comprendre la manière dont parfois les liens se modifient entre le malade et ses proches. La survenue du premier accident entraîne l'incompréhension, la douleur et la culpabilité. On découvre la folie et on souhaite la cacher. Puis démarre la phase de lutte, la recherche du meilleur médecin, du meilleur traitement. En cas d'échec, de chronicité, c'est souvent l'abattement qui s'installe. Dès lors, il existe deux possibilités. Dans certains cas, une agressivité se développe face au malade qui « se laisse vivre », qui a tant déçu, qui n'est parfois même plus capable de répondre à l'affection des siens. C'est le début de l'abandon... Dans d'autres cas, la maladie a envahi l'existence des proches qui ne vivent plus que pour elle et par elle. On devient alors jardinier de la folie et on cultive la pathologie.

Ces situations sont favorisées par la solitude des familles, seules face au malade, vivant leur désarroi sans aide ni conseils de la part des soignants.

Seules quelques études récentes menées en Grande-Bretagne et aux États-Unis ont essayé d'évaluer les conséquences de la maladie mentale sur la famille. Celle de G. Fadden et de ses collaborateurs, publiée en 1987 dans le *British Journal of Psychiatry,* s'est intéressée à des maladies mentales sévères chez des patients vivant à leur domicile en famille. Il ressort que 50 % de patients « chroniques » restent en contacts étroits avec leur famille.

Celles-ci paraissent le plus souvent démunies d'aide, de conseils, d'informations et de support moral de la part des soignants.

Ceux-ci, souvent réprobateurs à l'égard des familles, ne les contactent que pour obtenir des renseignements sur le malade ou pour pratiquer des recherches sur la cause de la maladie et le rôle des proches sur la genèse de celle-ci.

Les conséquences d'hospitalisations, surtout quand elles sont prolongées (six mois ou un an), les retours le week-end, ou après une longue absence perturbent le couple, les enfants, les frères ou les sœurs.

Vivre, comme l'écrit Fadden, avec une « maladie mentale persistante » va engendrer chez les proches des réactions mêlées de colère et de culpabilité. Chez le conjoint, la plainte est rarement formulée, le divorce peu fréquent, la vie professionnelle est peu perturbée. En revanche, on constate la fréquence des déménagements, la tendance à la rupture des liens sociaux avec le silence sur la vérité et la restriction des activités de loisirs. Si le chef de famille est atteint, les conséquences financières sont en général marquées, avec une redistribution des rôles parentaux. Les comportements internes à la famille se dégradent : la détérioration des relations conjugales est fréquente et cela aggrave en général la pathologie.

Ce qui gêne le plus la famille, c'est la peur du danger pour le malade et pour les autres, et c'est la crainte de conflits avec les voisins. Les symptômes « négatifs » comme l'apathie, le retrait affectif, le mutisme sont beaucoup plus difficilement supportés que le délire, les hallucinations ou la confusion. Enfin, l'agressivité et la violence sont très mal supportées, car moins facilement attribuées à la maladie qu'un délire.

Bien que les familles demeurent « les soignants de base », étant « de service » continuellement, elles ne reçoivent pas d'aide systématique des professionnels de la santé mentale. Les psychiatres se focalisent sur le malade et laissent sans conseils ni informations ceux pour qui les liens affectifs avec le malade rendent difficile la neutralité dans les interactions.

L'importance quantitative de l'existence de troubles psychiques au sein d'une famille est beaucoup plus élevée qu'on ne peut l'imaginer. Pour le seul diagnostic de dépression, Fadden note qu'en Grande-Bretagne 11,9 % des hommes et 20,2 % des femmes seront hospitalisés au cours de leur vie. Cet auteur termine son étude en disant : « On peut conclure que les proches supportent un fardeau considérable, bien souvent sans se plaindre et parfois au détriment de leur propre santé mentale. On les utilise comme source d'information, mais leurs propres interrogations demeurent sans réponse de la part de l'équipe soignante. On leur propose rarement une aide ou des conseils et ils ont du mal à comprendre la maladie du patient. Ils ont souvent l'impression d'être tenus pour responsables de l'état du malade sans qu'on leur donne la moindre idée de la manière dont ils pourraient modifier leur comportement afin d'améliorer la situation du patient... »

Décidément, les jardiniers de la folie font de nombreuses victimes...

Au terme de ce périple à travers la folie, peut-on imaginer le futur de la psychiatrie ?

Les exercices de style qui consistent à prédire l'avenir sont toujours dangereux et en règle générale inexacts, qu'il s'agisse d'économie, de science ou de société. Tout au plus peut-on faire des paris sur l'intérêt des investissements intellectuels et matériels qui seront consacrés à la recherche. On peut aussi, légitimement, attendre d'heureuses surprises du hasard qui fait parfois si bien les choses.

Si la prospective est une stimulation dont on aurait tort de se priver, la psychiatrie au quotidien demeure, avec la nécessité de toujours croire en l'homme, afin d'atténuer les souffrances du malade et de lui donner, au moins à lui, un avenir.

En matière de recherche, il est légitime d'espérer dans les neurosciences, mais il est illusoire de tout en attendre. La génétique moléculaire, la neuro-immunologie et les explorations nouvelles en imagerie cérébrale appartiennent aux outils nouveaux les plus prometteurs. Il ne faut pas pour autant y consacrer la totalité des moyens disponibles. Le bilan honnête de vingt ans de neurosciences ne permet de dégager ni de médicament vraiment nouveau, ni un seul examen biologique à intérêt diagnostique, pronostique ou étiologique réellement indiscutable. Ce n'est pas un procès, c'est un constat et il faut être patient et persévérant. Mais si les nouveaux outils sont indispensables, de nouveaux concepts ne le sont pas moins.

L'homme bio-psycho-social doit enfin exister. L'étude des interfaces entre le cerveau et le milieu est balbutiante. On manque cruellement de recherches épidémiologiques et sociologiques sur les troubles mentaux. C'est peut-être la génétique moléculaire qui amènera à s'intéresser au milieu comme facteur étiologique indispensable à l'éclosion des troubles.

À équipement génétique analogue, il est possible que l'expression de la folie vienne de facteurs contenus dans le milieu, qu'il s'agisse de virus, de toxiques ou... de situations psychologiques particulières. Le milieu doit être saisi dans sa complexité biologique mais aussi dans sa composante d'environnement sociopsychologique. Plus simplement encore, l'observation clinique n'a peut-être pas fini d'enrichir nos connaissances. L'étude de cas individuels, observés sur de longues périodes, peut permettre de corriger des erreurs.

Depuis fort longtemps on n'observe plus les malades. On raisonne sur des a priori, des théories ou même sur d'autres raisonnements. On est « pour » ou « contre » telle ou telle position. On a oublié les raisons historiques des descriptions des grands ancêtres. Le pithiatisme décrit par Babinski est confondu avec l'hystérie de Charcot. L'école de Bernheim à Nancy est évoquée seulement à travers le voyage que Freud y fit un jour. On ne lit plus les textes anciens en les replaçant dans le contexte conceptuel et idéologique de l'époque. Puis les classifications pharmacologiques, nosologiques, etc., ont stérilisé notre capacité à observer et à décrire la réalité. Notre dérisoire savoir se cache derrière l'interprétation du symbole langagier qui semble contenir toute la réalité du fait psycho-pathologique. Quand les cliniciens ouvriront-ils enfin les yeux ? Quand se libéreront-ils de leurs a priori théoriques pour observer ce qui *est* et non pour décrire ou interpréter ce qui devrait être selon les théories, fussent-elles psychanalytiques ou biologiques ?

Chaque malade doit nous enseigner que le cadre nosologique que nous lui assignons n'est pas forcément fait pour lui. Chaque malade peut nous montrer la vérité clinique de la maladie mentale, mais nos yeux sont fermés et nos regards se portent vers des constructions intellectuelles auxquelles nous essayons – vainement – de plier la réalité.

La psychiatrie s'est aseptisée ; on n'examine plus les malades mais on cote des échelles de comportement. L'individu, pourtant si riche de sa singularité, disparaît derrière le symptôme ou derrière l'interprétation.

Une autre sémiologie clinique, plus utile pour la recherche, verra peut-être le jour. Plus universelle, elle sera faite d'une approche cognitive où les grandes fonctions cérébrales : attention, concentration, vigilance, mémoire seront prises en compte. Ce retour à la clinique n'a d'intérêt que pour la recherche et n'est pas utile pour les soins. Comme il y eut un « retour à Freud » prôné par Lacan, on connaîtra peut-être un retour à la clinique comme retrouvailles avec la réalité.

Et la psychologie dans tout ça ? Elle ne disparaît pas. Elle demeure – et la psychanalyse en particulier – le moyen privilégié de comprendre l'homme, c'est-à-dire de commencer à l'aider. Il s'agit bien de le comprendre, c'est-à-dire de communiquer, mais pas de l'expliquer. L'homme qui souffre n'a cure d'être expliqué, mais il a tant besoin d'être compris.

En marge d'une recherche que l'on peut rêver à son gré dans un futur idéal, les soins s'inscrivent dans un présent bien souvent aride et raboteux. Que peut-on offrir au-delà d'une technicité qui n'est pas nulle mais qui demeure encore bien dérisoire ? Chaque malade a besoin d'être reconnu comme individu unique, de ne pas se sentir seul et de retrouver à travers une image de lui-même son identité.

Ce ne sont pas les symptômes qui peuvent servir à la communication entre le médecin et le malade. Les symptômes ne peuvent qu'amoindrir et aliéner. Ce qu'il faut, c'est fouiller en chaque homme, jusqu'à retrouver l'étincelle de ce qu'il porte en lui d'exceptionnel. Au risque de paraître bien naïf, c'est aussi, je le crois sincèrement, être capable de compassion pour celui qui vit la terrible expérience de la folie.

Chaque psychiatre devrait faire sienne la phrase de Boris Vian dans *L'Écume des jours* : « Ce qui m'intéresse, ce n'est pas le bonheur de tous les hommes, c'est celui de chacun. »

La parution, en 1988, des *Jardiniers de la folie* suscita de nombreuses réactions. Je n'en fus pas surpris. J'avais décrit sans parti pris, dans la transparence, le monde opaque et complexe de la psychiatrie ; cela ne pouvait pas laisser indifférent. Si des universitaires à l'esprit conservateur témoignèrent à sa lecture d'un certain agacement, je me rendis compte que le milieu des soignants en psychiatrie, dans l'ensemble, partageait mon point de vue. Dans le secteur public, psychiatres, psychologues et infirmiers eurent le sentiment que l'on disait enfin tout haut ce que beaucoup, depuis longtemps, pensaient tout bas. En revanche, les psychanalystes furent franchement divisés. Les uns considéraient que *Les Jardiniers de la folie* ouvraient leur discipline à d'autres courants d'idées et s'en félicitaient, les autres se sentaient outragés. L'explication ? Elle est sans doute liée à une identification variable selon les situations que je décrivais. Les neurobiologistes, quant à eux, gardèrent pour la plupart le silence. L'écho le plus favorable, mes thèses le recueillirent chez les médecins généralistes, un certain nombre de psychiatres libéraux et, surtout, chez les étudiants : le livre fut utilisé comme outil d'enseignement, en particulier dans les écoles d'infirmières et les groupes de travail institutionnels au sein d'établissements psychiatriques.

Le livre ne toucha pas que mes confrères. Des sociologues, des épistémologues et des historiens trouvèrent également un intérêt à cette présentation sans fard des courants qui agitent la psychiatrie. Mais l'approbation la plus massive vint, comme c'était prévisible, des malades eux-mêmes et de leur famille. Très vite le bouche à oreille se mit à fonctionner, contribuant à la diffusion des *Jardiniers de la folie* auprès d'un large public. Le phénomène prit de l'ampleur, inquiétant certains psychiatres – plus nombreux qu'on l'imagine – qui n'admettent pas la critique. À tel point qu'un jour, l'un d'entre eux s'insurgea devant moi : « Mais alors, maintenant, les malades vont nous poser des questions ! » Il ne pouvait me faire plus plaisir... J'avais écrit ce livre en grande partie pour cela, pour faire bouger les choses. Les lecteurs y trouvaient leur compte. Alors que les psychiatres pratiquent traditionnellement la langue de bois, je décrivais avec simplicité la réalité des troubles psychiques et des systèmes qui prétendent les soigner. Ayant la possibilité d'accéder à la connaissance, les patients et leurs proches pouvaient enfin envisager de prendre la parole et de se déculpabiliser. Bref, les troubles psychiques commençaient à perdre l'image négative qu'ils avaient. Des malades se regroupèrent en associations – une première dans notre pays ! –, parmi lesquelles un certain nombre font aujourd'hui partie de la Fédération des associations de patients et ex-patients de psychiatrie. Des questions nouvelles furent posées, des questions qui dérangeaient. Comment puis-je reconnaître un bon psychiatre ? Quel traitement choisir si je suis soigné ? Quelle est la formation du psychiatre que je consulte et à quelle idéologie se réfère-t-il ? Toutes questions jugées autrefois inopportunes et déplacées lorsqu'elles étaient posées par les usagers...

En cinq ans, *Les Jardiniers de la folie* m'ont valu plusieurs milliers de lettres envoyées par des patients, leurs proches ou des médecins. Toutes ces lettres forment une véritable « tranche de vie » où s'expriment la souffrance dans la solitude, l'incompréhension et le rejet de la société face aux troubles psychiques. La rébellion de médecins écrasés par des systèmes contraignants qui ne leur permettent plus d'assumer pleinement leur vocation, qui est d'alléger la souffrance grâce à la relation, m'a conduit à poursuivre, avec *Des paradis plein la tête* [1], qui en est la suite logique, l'effort entrepris avec *Les Jardiniers de la folie*. Il ne s'agissait plus de décrire de l'intérieur le milieu psychiatrique et la réalité de la souffrance psychique, mais de mettre en question des comportements, des conditionnements et des dérives qui dépassent le monde de la psychiatrie pour concerner chaque individu. On peut en effet s'interroger sur la légitimité de la référence exclusivement médicale en psychiatrie et sur les dangers d'une attitude qui consiste à traiter seulement des symptômes et uniquement par des médicaments. Les caractéristiques de l'être humain sont ainsi rabotées que l'on évacue purement et simplement le sens des symptômes, propres à chacun, et le contexte relationnel, générateur de tant de difficultés. De même des abus d'une médicalisation de toute souffrance morale individuelle induite par les difficultés sociales, existentielles, relationnelles et économiques qui marquent si cruellement notre époque. La médecine ne peut être la seule réponse aux malaises d'une société. On sait d'ailleurs que la consommation effrénée des biens presque gratuits de la santé conduira fatalement à une explosion du système de soins. Je crois donc nécessaire de dénoncer les

1. *Des paradis plein la tête*, Paris, Éd. Odile Jacob, 1994.

excès d'une idéologie scientiste, le plus souvent mensongère, qui débouche sur la mise en cause de la spécificité de l'être humain. L'utilisation du psychiatre comme régulateur d'une société normative et celle du médicament psychotrope prescrit en dehors de ses indications médicales comme planificateur de la passivité sociale ne doivent constituer un idéal pour personne.

Ce n'est pas la nostalgie d'un temps révolu qui m'anime lorsque je défends le retour à une relation vraie entre le médecin et le malade, mais une ambition, celle de retrouver des liens sociaux et de développer la solidarité, de découvrir le pouvoir des valeurs spirituelles, au sens le plus large du terme, pour approcher le bonheur. Il faut d'abord avoir confiance en l'homme pour le sauver de lui-même. À l'évidence, de nombreuses personnes ne partagent pas ce point de vue, qui bouscule le conformisme, dévoile des vérités et dérange des intérêts divers. *Des paradis plein la tête* a suscité des réactions violentes, beaucoup plus violentes que *Les Jardiniers de la folie*. Ce dernier permettait aux malades et à leurs proches de parler, celui-là les amène à penser, une éventualité clairement intolérable dans la société d'aujourd'hui !

On peut se demander où va la psychiatrie. Quels seront les statuts de celui qui souffre de troubles psychiques dans notre société ? Quelle sera la place réservée à la psychiatrie dans notre système de soins ? Des intérêts divergents s'affrontent et les solutions ne sont pas toujours planifiables. On ne peut demeurer suspendu à une découverte radicale et improbable de la science. Il faut tenir compte de la revendication croissante des usagers. On doit aussi admettre que les contraintes économiques poussent à des évolutions plus marquées par le pouvoir bureaucratique que par les pratiques médicales. La peur de la folie est toujours présente, l'image des troubles psychiques est toujours menaçante, l'exclusion reste encore pour la majorité des gens le mode de protection le plus satisfaisant. Dans son rôle de régulateur social, la psychiatrie se voit de plus en plus accueillir dans son sein les déviances, les délinquances mineures, en un mot tout ce qui transgresse la norme sociale.

L'unité du milieu psychiatrique n'est pas pour demain, en dépit de certains efforts. On voit, comme hier, continuer de s'affronter les idéologies, les hommes de pouvoir et les ambitions personnelles. Après tout, cela ne surprendra personne, puisque les psychiatres sont aussi des êtres humains. Pourtant, la psychiatrie est le miroir d'une société et le trouble psychique, quel qu'en soit le déterminisme, est la résultante du conflit d'intérêt entre un individu et le groupe social auquel il appartient. Les enjeux de la psychiatrie concernent donc tout citoyen. Le comportement d'une société vis-à-vis de ceux qui souffrent de troubles psychiques révèle, comme le ferait un verre grossissant, la véritable attitude de cette société à l'égard des fondements de la démocratie. La liberté, la liberté d'expression, le droit à l'information, la capacité à être respecté dans sa dignité et toléré dans sa différence, que l'on soit malade mental ou citoyen anonyme, sont les pierres d'achoppement de la psychiatrie comme celles de la société qui la fabrique.

Édouard Zarifian
Juillet 1994

Lectures

Chapitre 3

M. LAXENAIRE, « La distinction névrose-psychose est-elle toujours justifiée ? », *Psychologie médicale,* 1987, 19, 2 : 217-219.

« La " guérison " en psychiatrie », *Psychiatrie francophone,* 1986, n° 1.

« Le normal et le pathologique », *Prospective et Santé,* 1986-1987, n° 40.

Chapitre 5

P.E. MULLEN, C.R. LINSELL, D. PARKER, « Influence of sleep disruption and calorie restriction on biological markers for depression », *Lancet,* 1986, November 8 : 1051-1054.

H. PARDES, « Neuroscience and psychiatry : marriage or coexistence ? », *American Journal of Psychiatry,* 1986, 143 : 1205-1212.

D. ROSE, « Is brain research dead ? », *Trends in Neurosciences,* 1987, vol. 10, n° 5 : 196-197.

C.A. ROSS., « Biological tests for mental illness : their use and misuse », *Biological Psychiatry,* 1986, 21 : 431-435.

M.A. SCHWARTZ, O.P. WIGGINS, « Systems and the structuring of meaning : contributions to a biopsychosocial medecine », *American Journal of Psychiatry,* 1986, 143 : 1213-1221.

Ph. SOUBRIÉ, « Reconciling the role of central serotomie neurons in human and animal behavior », *Behavioral and Brain Sciences,* 1986, vol. 9, n° 2.

L. VALZELLI, *Drugs of Today,* « Can genetic traits and emotional profile actually modify the response to drugs and other factors ? », 1986, vol. 22, n° 7 : 337-345.

D. WIDLÖCHER, « Dépression, indices biologiques et indices cliniques », *Psychiatrie & Psychobiologie,* 1986, I, n° 1 : 12-18.

Chapitre 6

T.B. KARASU, « The specificity versus nonspecificity dilemma : toward identifying therapeutic change agents », *American Journal of Psychiatry,* 1986, 143 : 687-695.

S. PERRY, A.M. COOPER, R. MICHELS, « The psychodynamic formulation : its purpose, structure, and clinical application », *American Journal of Psychiatry,* 1987, 144 : 543-550.

P. WILLNER, « A conceptual framework for psychobiological synthesis », *Biological Psychiatry,* 1983, vol. 18, n° 12 : 1447-1450.

Chapitre 7

D. GOLDBERG, « The assault on psychiatry », *Lancet,* 1986, May 17 : 1143-1144.

K. JONES, A. POLETTI, « The " Italian Experience " reconsidered », *British Journal of Psychiatry,* 1986, 148 : 144-150.

M. TANSELLA, P. WILLIAMS, « The " Italian Experience " and its implications », *Psychological Medecine,* 1987, 17 : 283-289.

M. TANSELLA, D. DE SALVIA, P. WILLIAMS, « The Italian psychiatric reform : some quantitative evidence », *Social Psychiatry,* 1987, 22 : 37-48.

Chapitre 8

J. ALTMAN, « A quiet revolution in thinking », *Nature,* 1987, 328 : 572-573.

N.C. ANDREASEN, « Creativity and mental illness : prevalence rates in writers their first-degree relatives », CNS *News Tips,* 1988, vol. 11, n° 4.

M. BENEZECH, « La nouvelle criminologie », Cahier scientifique du *Figaro Magazine,* 7 juin 1986.

W.H. CALVIN, « The brain as a Darwin Machine », *Nature,* 1987, 330 : 33-34.

M.J. EDLUND, « Causal models in psychiatry research », *British Journal of Psychiatry,* 1986, 148 : 713-717.

L. EISENBERG, « Mindlessness and brainlessness in psychiatry », *British Journal of Psychiatry,* 1986, 148 : 497-508.

Entretien avec Henri Atlan, par M. REYNAUD, *Synapse,* 1987, 37 : 18-27.

G. FADDEN, P. BEBBINGTON, L. KUIPERS, « The burden of care : the impact of functional psychiatric illness on the patient's family », *British Journal of Psychiatry,* 1987, 150 : 285-292.

G. FADDEN, P. BEBBINGTON, L. KUIPERS. « Caring and its burdens : a study of the spouses of depressed patients », *British Journal of Psychiatry,* 1987, 151 : 660-667.

G. GACHELIN, « Émotions et immunité », *La Recherche,* 1986, 177 : 662-666.

S.E. GREBEN, « Psychotherapy today, further consideration of the essence of psychotherapy », *British Journal of Psychiatry,* 1987, 151 : 283-287.

C. HOLDEN, « Politics and soviet psychiatry », *Science,* 1988, 239 : 551-553.

M. JACOB, E. FRANK, D.J. KUPFER, L.L. CARPENTER, « Recurrent depression : an assessment of family burden and family attitudes », *Journal of Clinical Psychiatry,* 1987, 48 : 395-400.

Z. JAROSZEWSKI, « L'extermination des malades mentaux sous l'occupation allemande », *Cahiers Pologne-Allemagne,* 1961, n° 3 (10) : 38-50.

J.-J. KRESS, « Les rapports subjectifs du psychiatre avec ses théories », *Psychiatrie française,* 1986, numéro spécial.

R. LEWIN, « Environmental hypothesis for brain diseases strengthened by new data », *Science,* 1987, 237 : 483-484.

P. MACAIGNE, « Jean-Pierre Changeux et les secrets de l'homme neuronal », *Recherche et Santé,* 1987, vol. 32, n° 16 : 15-24.

A.W. MacLEOD, « Some thoughts on current trends and current concerns in psychoanalysis », *Revue de Psychiatrie de l'Université d'Ottawa,* 1987, vol. 12, n° 3 : 133-136.

A. MOULET, « La loi du 30 juin 1838 sur les " aliénés " et la " sectorisation " en psychiatrie », *Techniques hospitalières,* 1979, 403 : 47-51.

J.-P. MUYARD, « Rythmes biologiques et psychopathologie de la vie quotidienne », *Homéopathie française,* 1987, 75 : 81-94.

J. O'CONNOR, « When a label lasts a lifetime : the stigma of mental illness », *Psychiatric News,* 1987, June 19 : 17-23.

R.O. PASNAU, « Presidential address : psychiatry in medicine : medicine in psychiatry », *American Journal of Psychiatry,* 1987, 144 : 975-980.

F. PETITJEAN, J.-P. BONNEFOY, F. CAROLI, G. MASSE, « Le secteur et la loi du 30 juin 1838 », *Annales médico-psychologiques,* 1982, vol. 140, n° 3 : 301-319.

G.H. POLLOCK, « Response to the presidential address : opportunities and challenges that confront medicine and its specialties, with special reference to psychiatry », *American Journal of Psychiatry,* 1987, 144 : 980-985.

« Psychopharmacologie et/ou psychothérapie », *Études psychothérapiques,* 1986, n° 4.

M.V. SEEMAN, « Technology and the diagnostic of schizophrenia : the search for a biological marker », *Revue de Psychiatrie de l'Université d'Ottawa,* 1987, vol. 12, n° 3 : 156-162.

P.S. SPENCER, P.B. NUNN, J. HUGON et al., « Guam amyotrophic lateral sclerosis-parkinsonism-dementia linked to a plant excitant neurotoxin », *Science,* 1987, 237 : 517-522.

D. Tarnowski, « Onde, particule : le double jeu quantique », *La Recherche,* 1986, 178 : 841-843.

F.K. Taylor, « Psychoanalysis : a philosophical critique », *Psychological Medicine,* 1987, 17 : 557-560.

A. Zemplini, « La " maladie " et ses " causes " », *L'Ethnographie,* 1985, 2 (numéro spécial) : 13-44.

QUELQUES LIVRES

Henri Atlan, *À tort et à raison,* Paris, Éd. du Seuil, 1986, 443 pages.

Barthold Bierens de Haan, *Dictionnaire critique de psychiatrie,* Paris, Le Hameau Éditeur, 1979, 301 pages.

Jean-Pierre Changeux, *L'Homme neuronal,* Paris, Fayard, 1983, 419 pages.

David Cooper, *Psychiatrie et antipsychiatrie,* Paris, Éd. du Seuil, coll. « Points », 1978, 192 pages.

André Manus, *Psychoses et névroses de l'adulte,* Paris, PUF, coll. « Que sais-je ? », 1987, 128 pages.

Pierre Morel, Claude Quetel, *Les Médecines de la folie,* Paris, Hachette, coll. « Pluriel », 1985, 288 pages.

Tobie Nathan, *La Folie des autres : traité d'ethnopsychiatrie clinique,* Paris, Dunod, 1986, 244 pages.

Steven Rose, *Le Cerveau conscient,* Paris, Éd. du Seuil, 1973, 438 pages.

Jean-Didier Vincent, *Biologie des passions,* Paris, Éd. Odile Jacob, 1986, 344 pages.

Table des matières

IMPRIMÉ EN FRANCE PAR BRODARD ET TAUPIN
1198 - La Flèche (Sarthe) - le 01-03-2000
N° d'édition : 7381 - 0797 - X
Dépôt légal : mars 2000